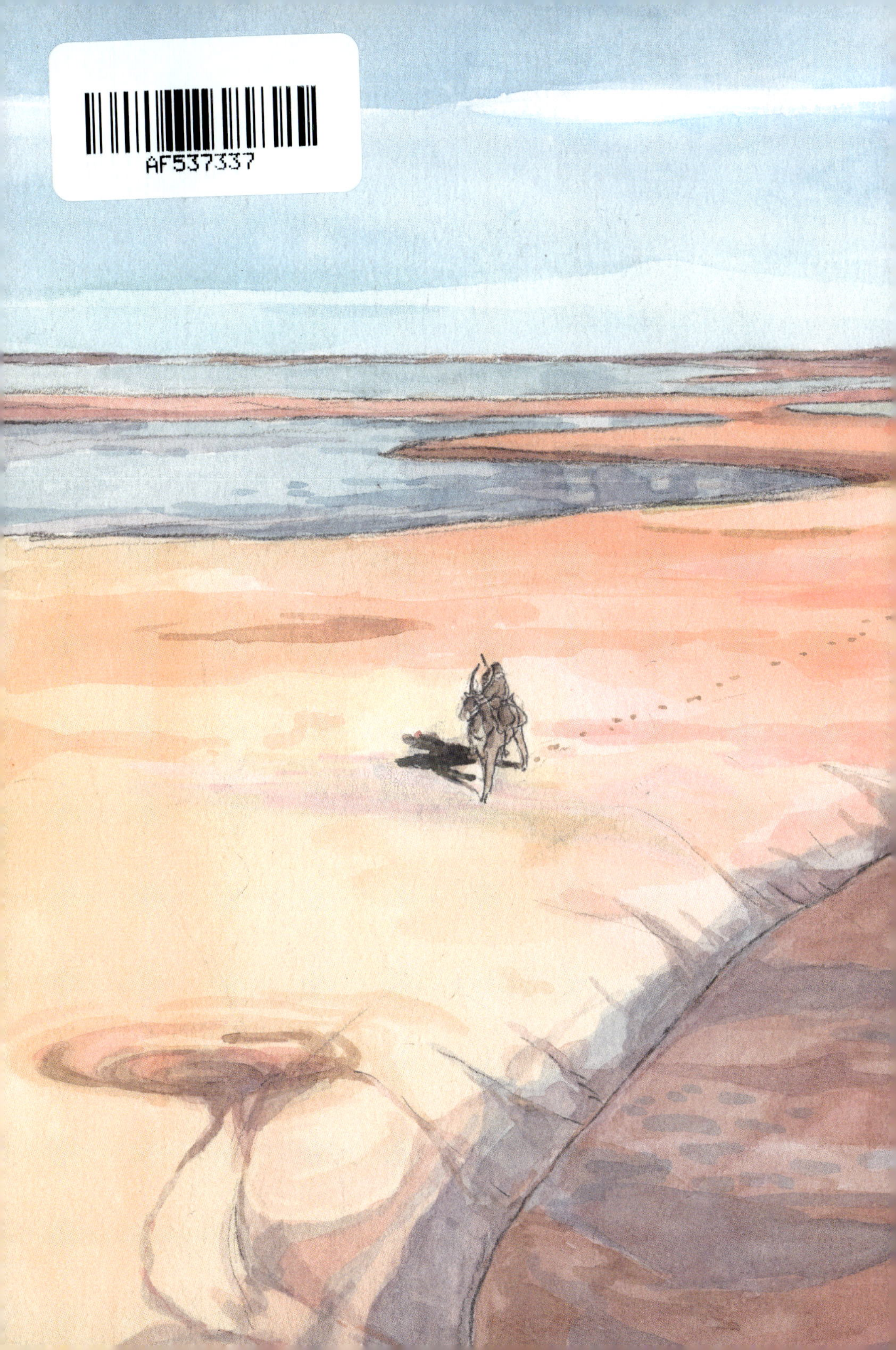

HAYAO MIYAZAKI

Shunas Reise

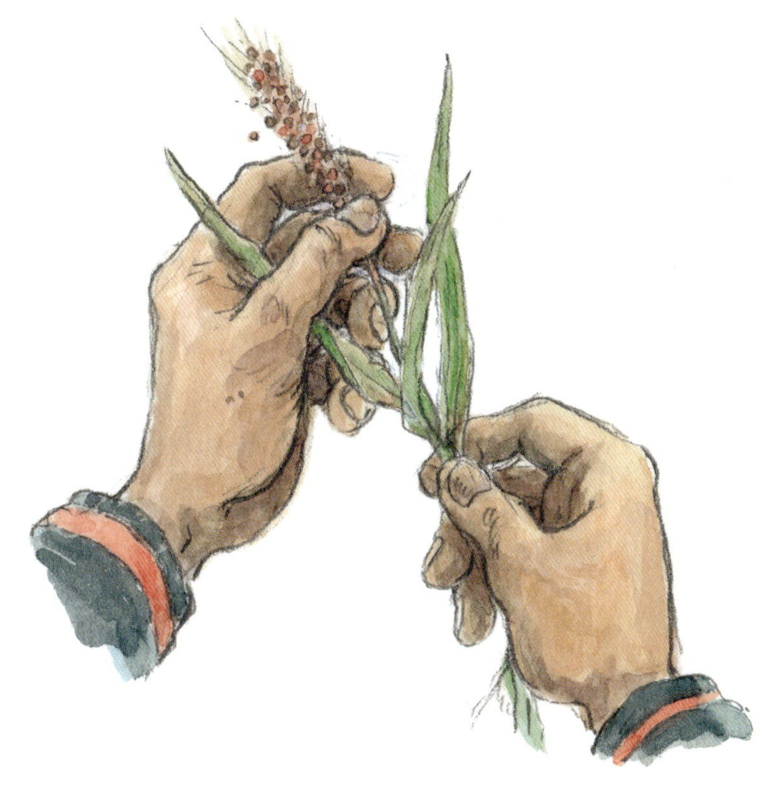

AUS DEM JAPANISCHEN VON NORA BIERICH

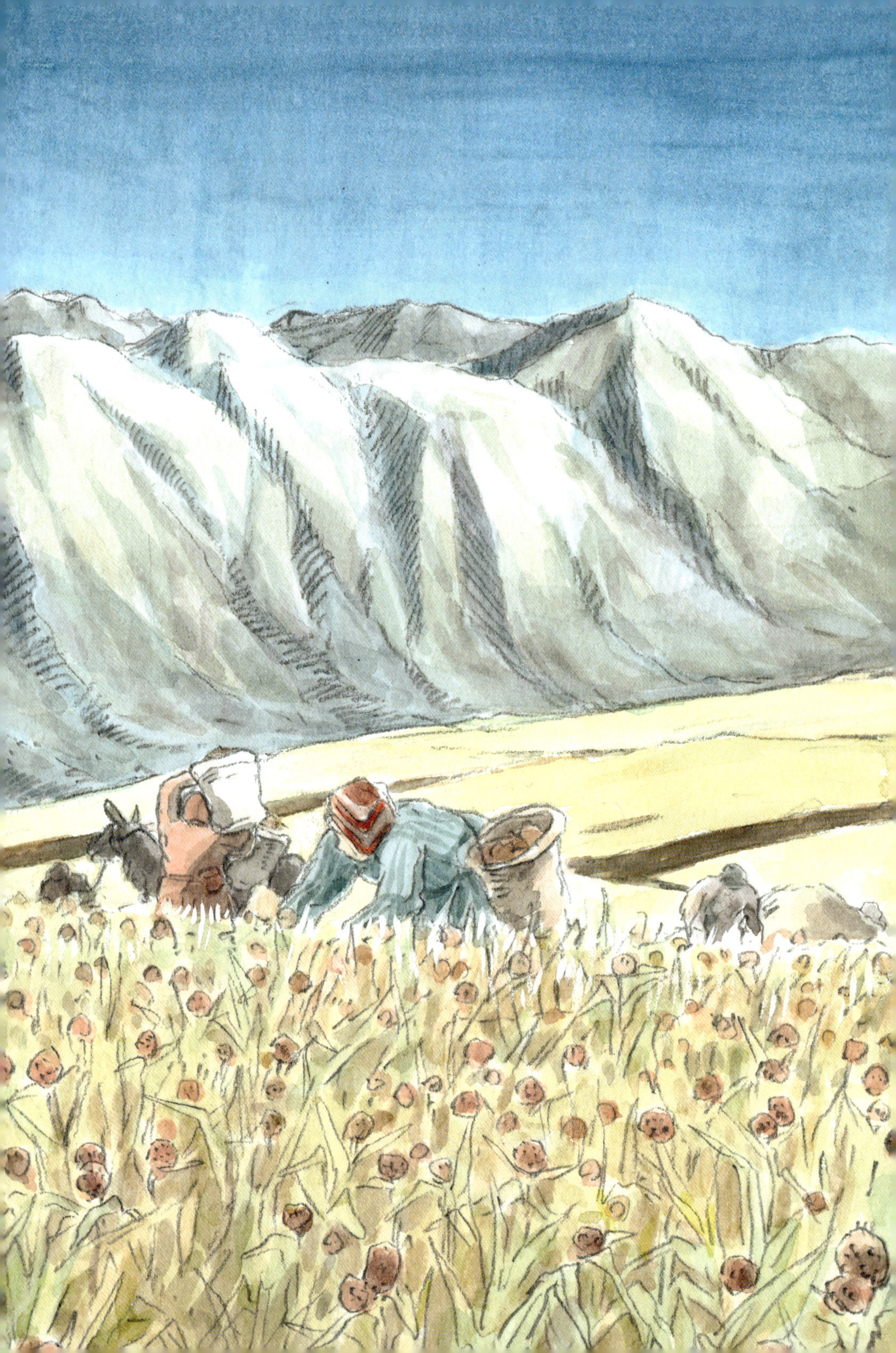

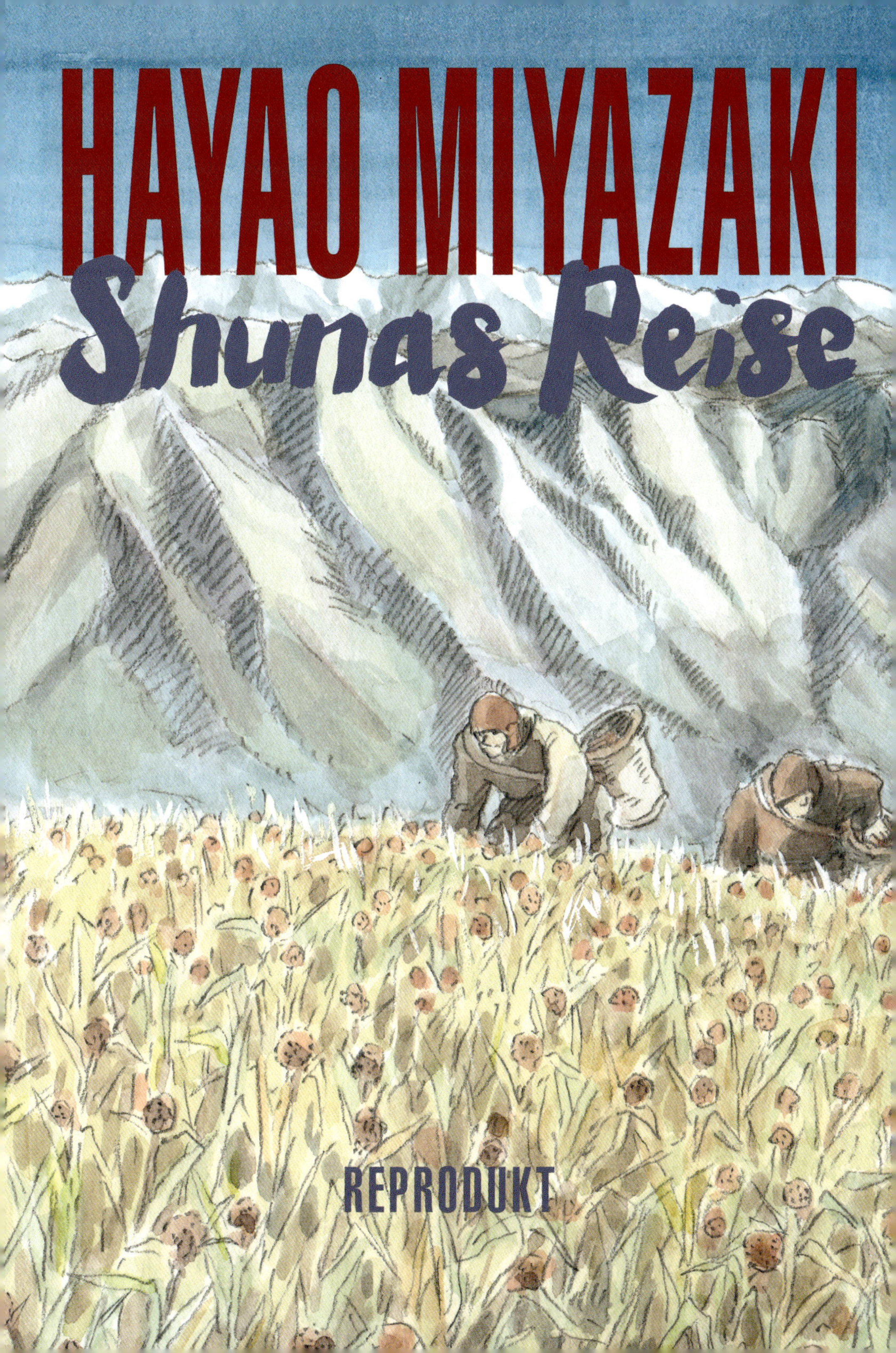
HAYAO MIYAZAKI
Shunas Reise
REPRODUKT

SHUNAS REISE

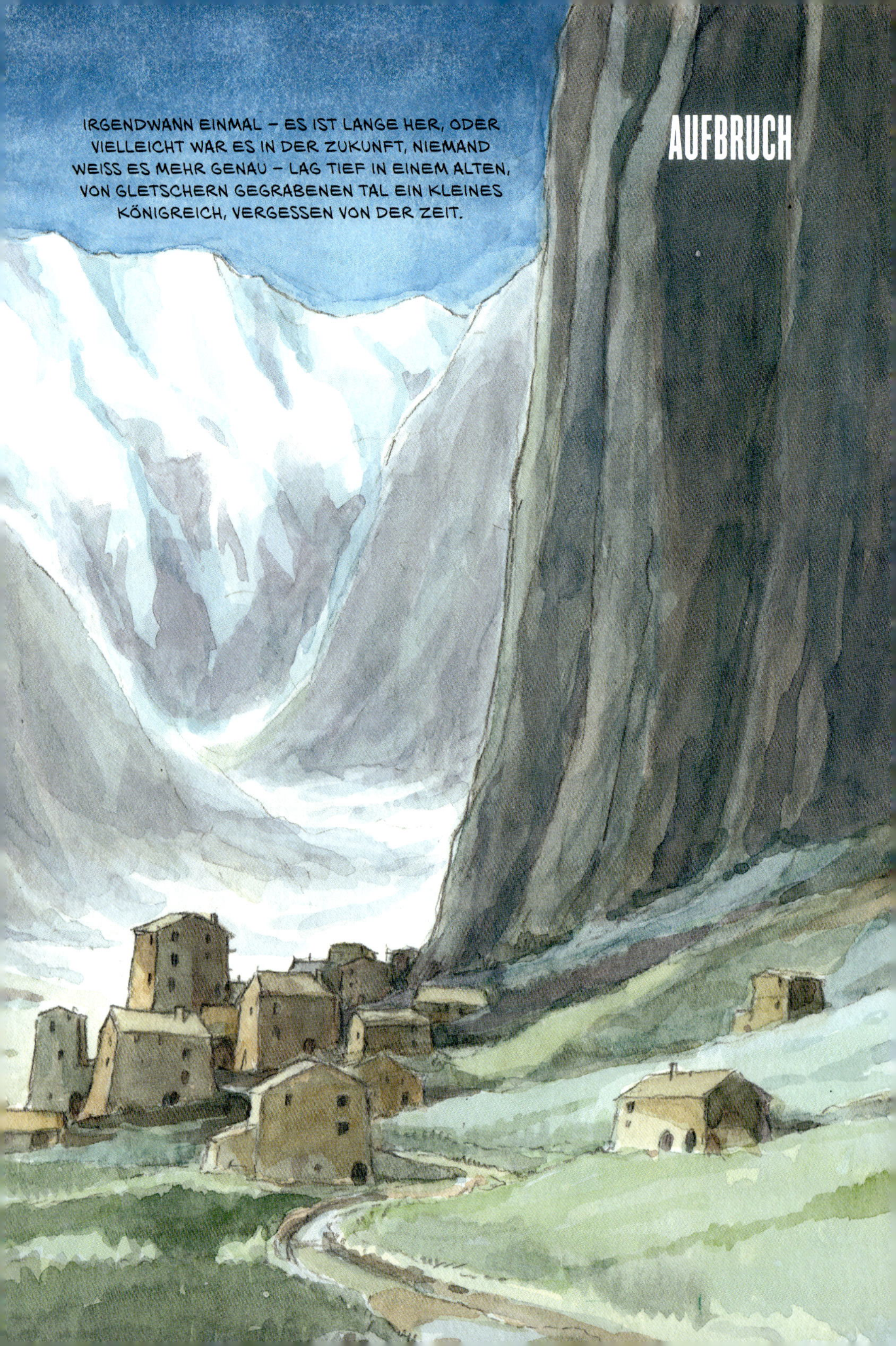
IRGENDWANN EINMAL – ES IST LANGE HER, ODER VIELLEICHT WAR ES IN DER ZUKUNFT, NIEMAND WEISS ES MEHR GENAU – LAG TIEF IN EINEM ALTEN, VON GLETSCHERN GEGRABENEN TAL EIN KLEINES KÖNIGREICH, VERGESSEN VON DER ZEIT.
AUFBRUCH

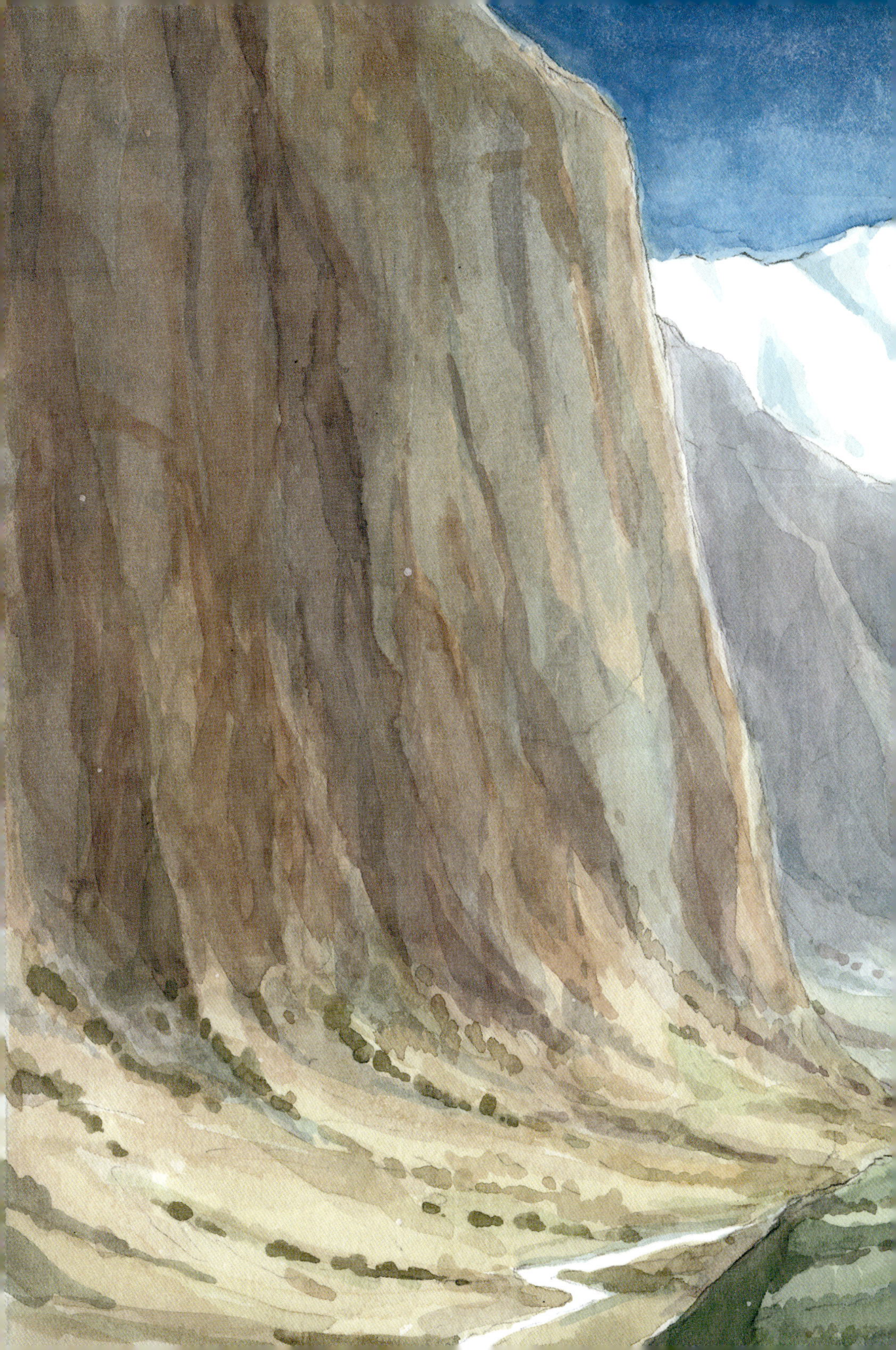

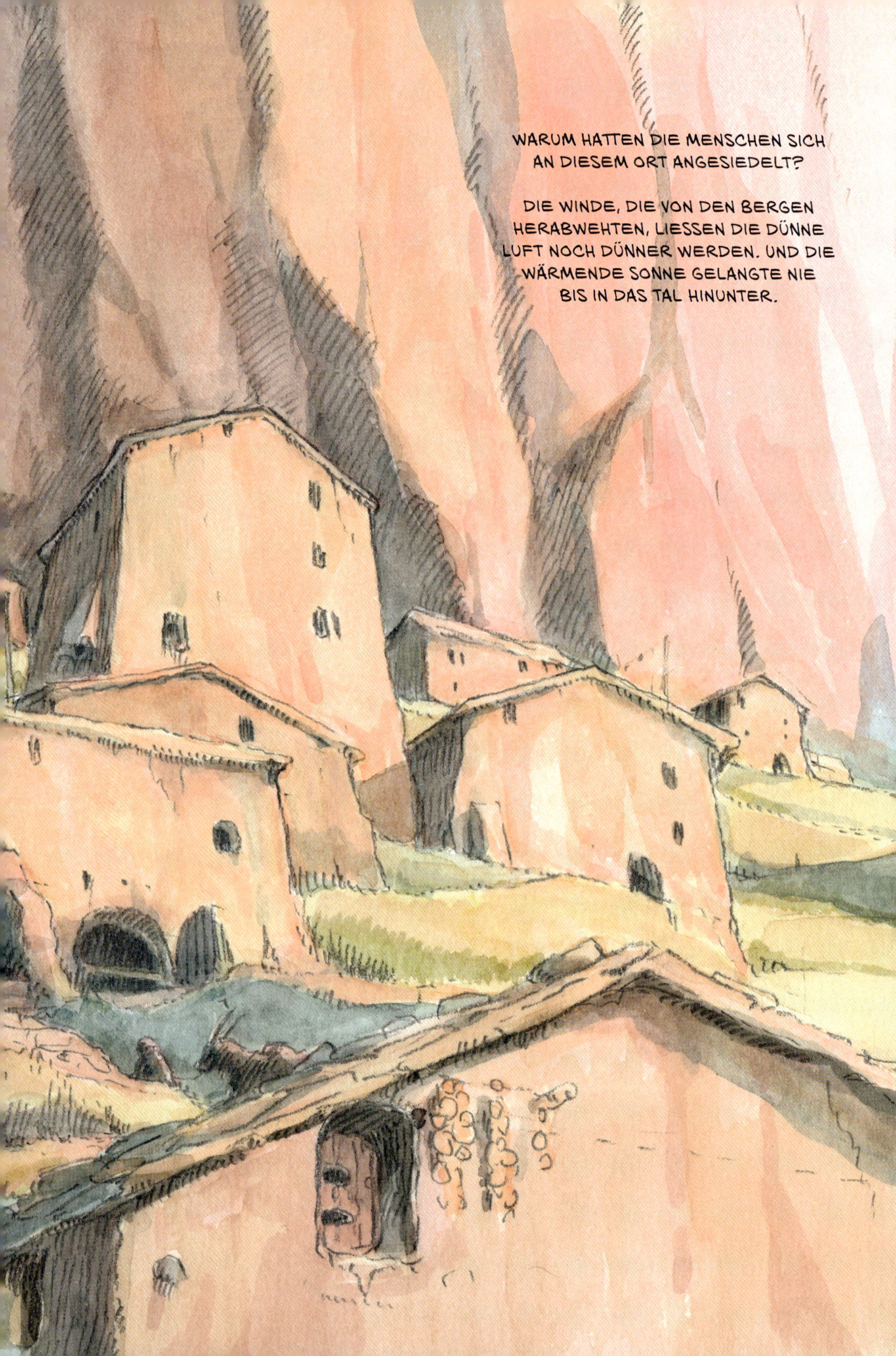
WARUM HATTEN DIE MENSCHEN SICH AN DIESEM ORT ANGESIEDELT?
DIE WINDE, DIE VON DEN BERGEN HERABWEHTEN, LIESSEN DIE DÜNNE LUFT NOCH DÜNNER WERDEN. UND DIE WÄRMENDE SONNE GELANGTE NIE BIS IN DAS TAL HINUNTER.

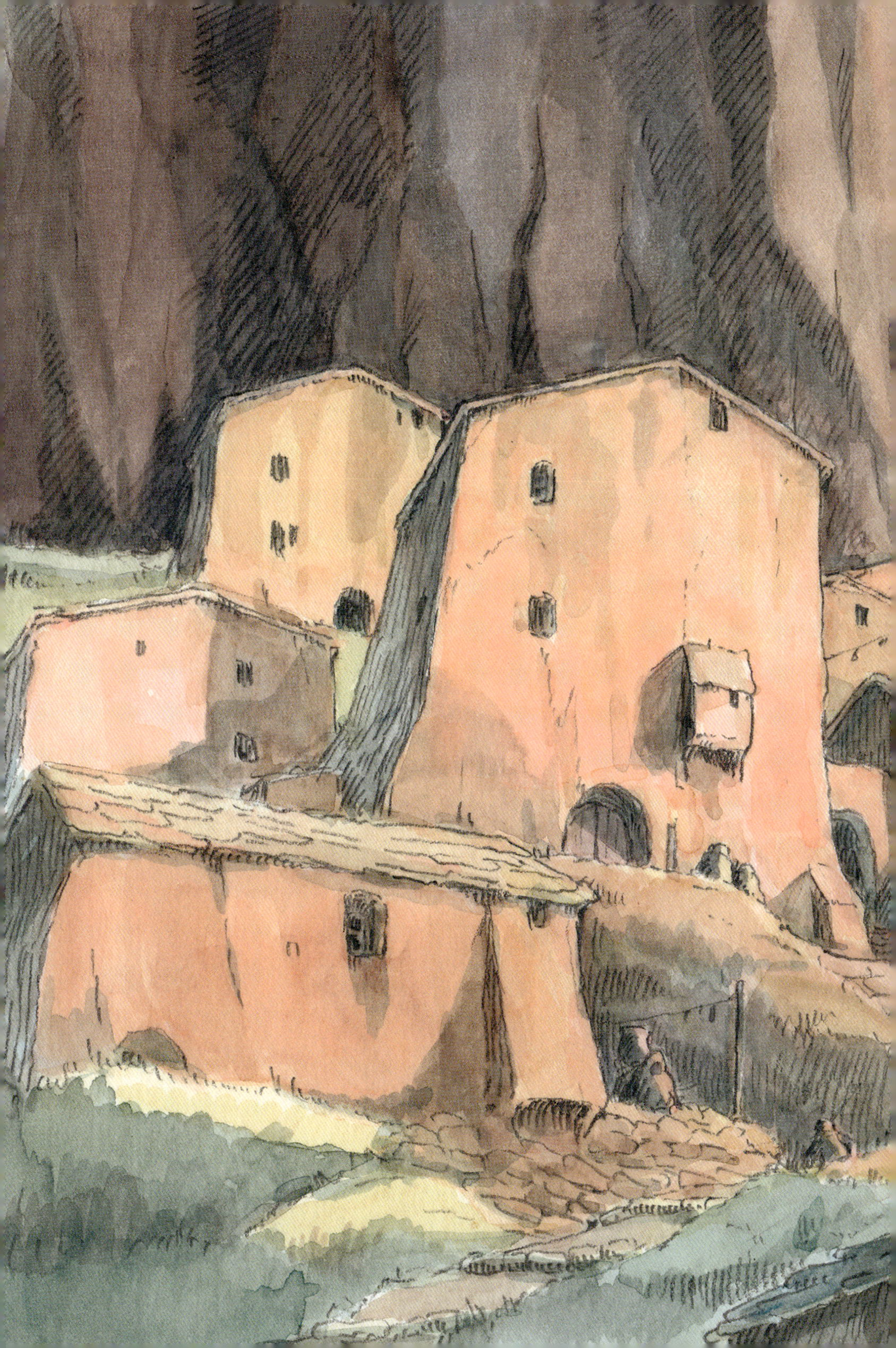

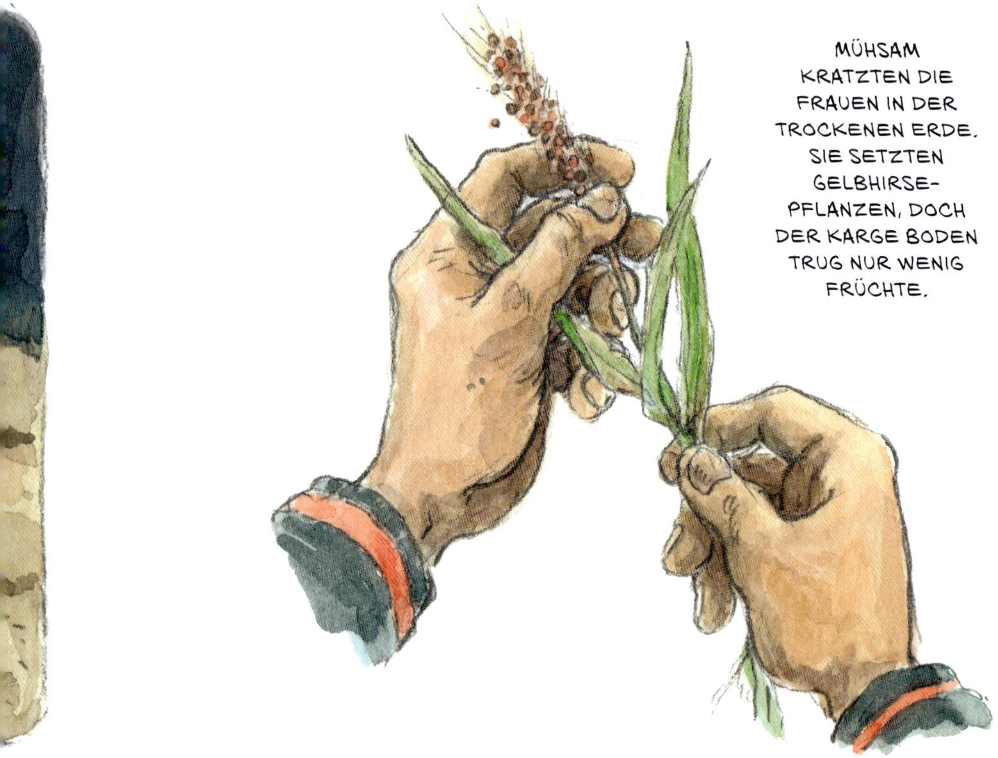

MÜHSAM
KRATZTEN DIE
FRAUEN IN DER
TROCKENEN ERDE.
SIE SETZTEN
GELBHIRSE-
PFLANZEN, DOCH
DER KARGE BODEN
TRUG NUR WENIG
FRÜCHTE.

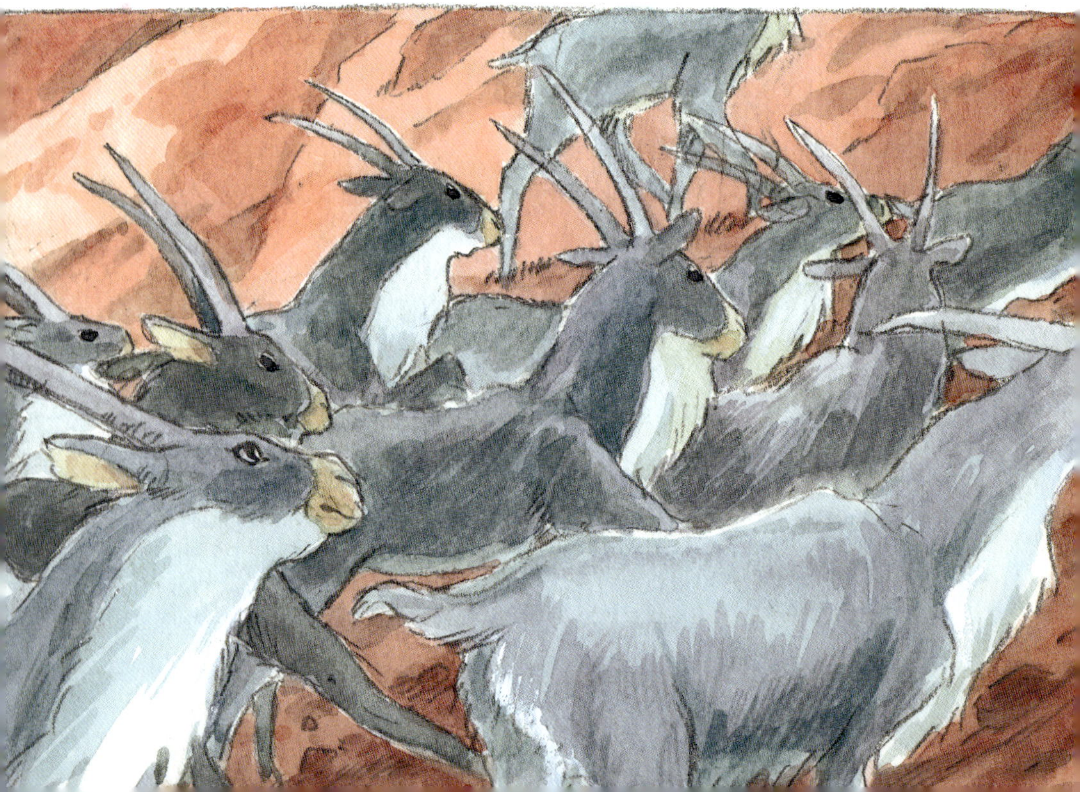

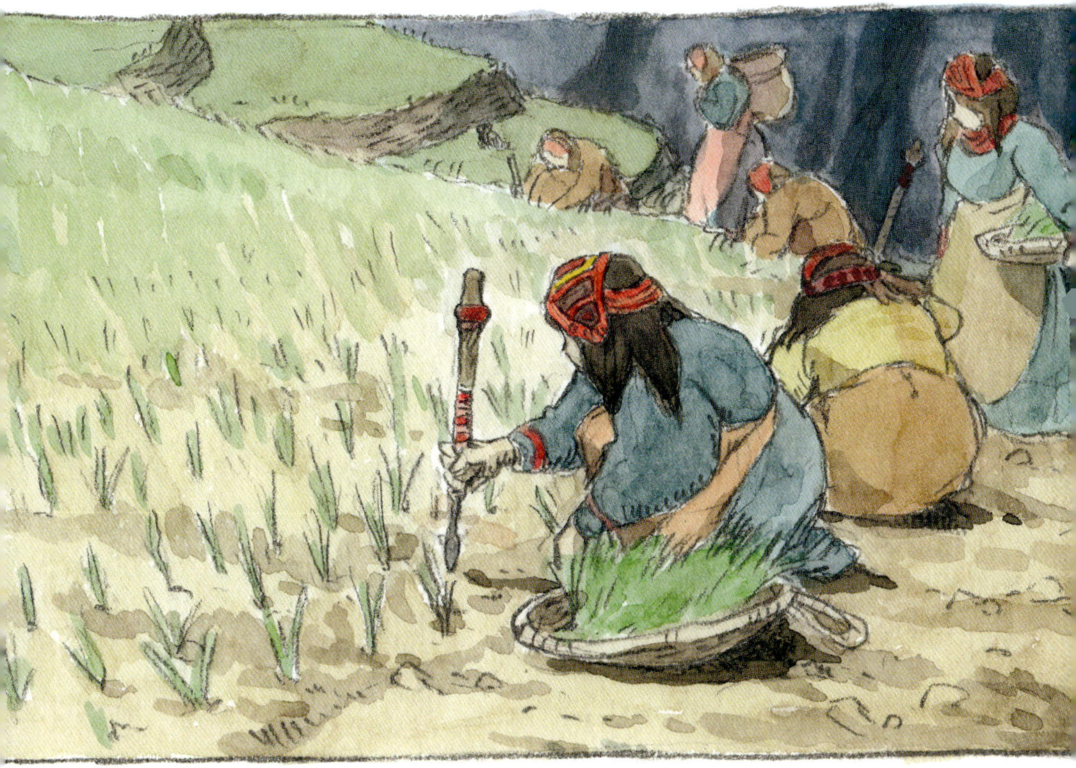

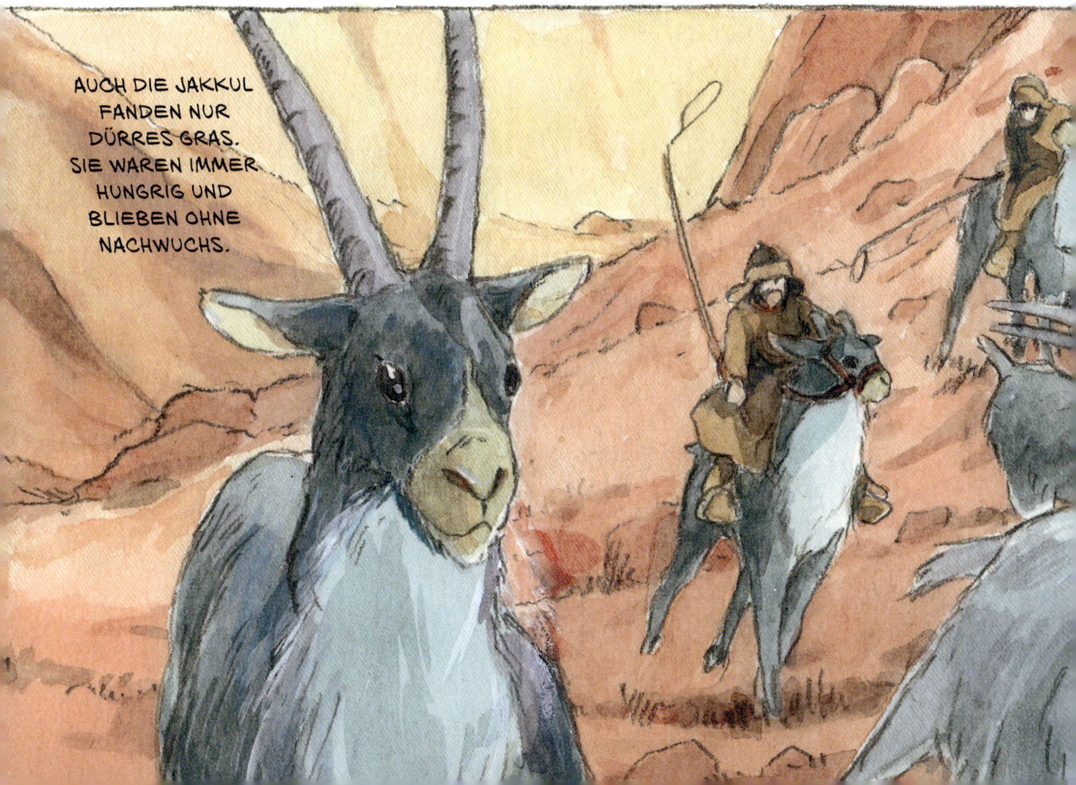

AUCH DIE JAKKUL
FANDEN NUR
DÜRRES GRAS.
SIE WAREN IMMER
HUNGRIG UND
BLIEBEN OHNE
NACHWUCHS.

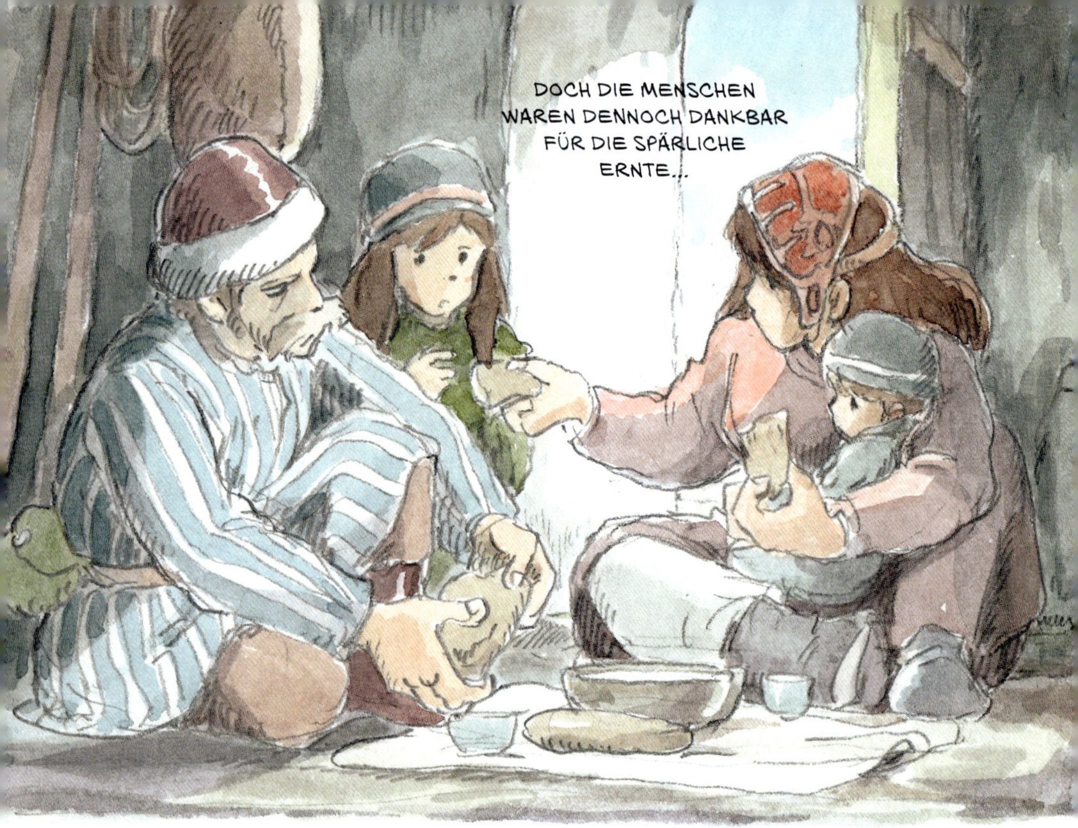

DOCH DIE MENSCHEN WAREN DENNOCH DANKBAR FÜR DIE SPÄRLICHE ERNTE...

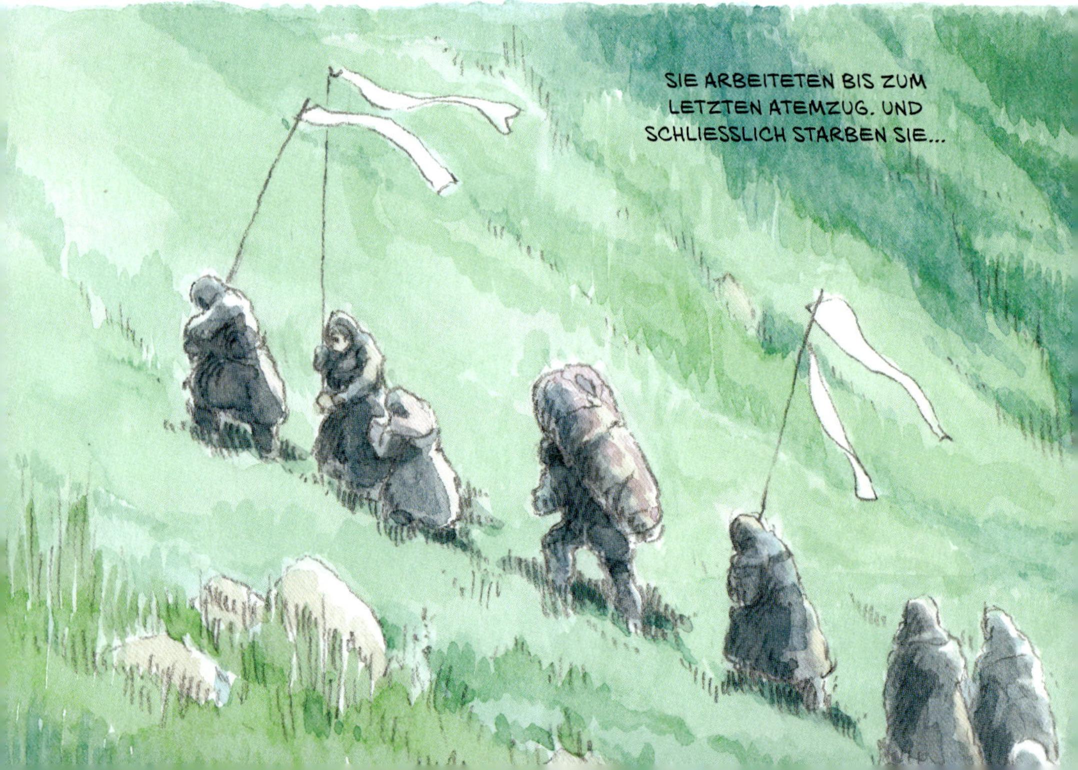

SIE ARBEITETEN BIS ZUM LETZTEN ATEMZUG. UND SCHLIESSLICH STARBEN SIE...

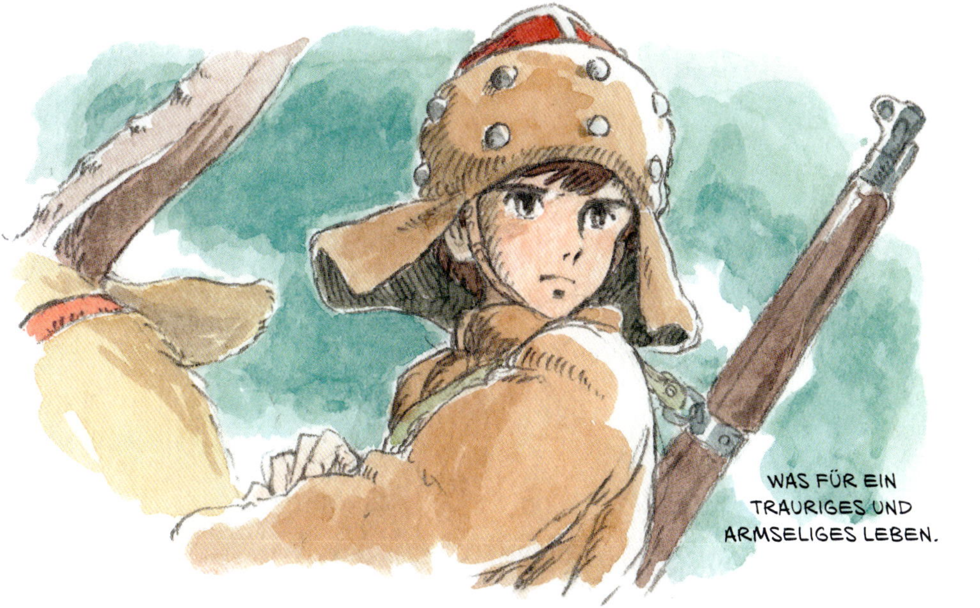

WAS FÜR EIN TRAURIGES UND ARMSELIGES LEBEN.

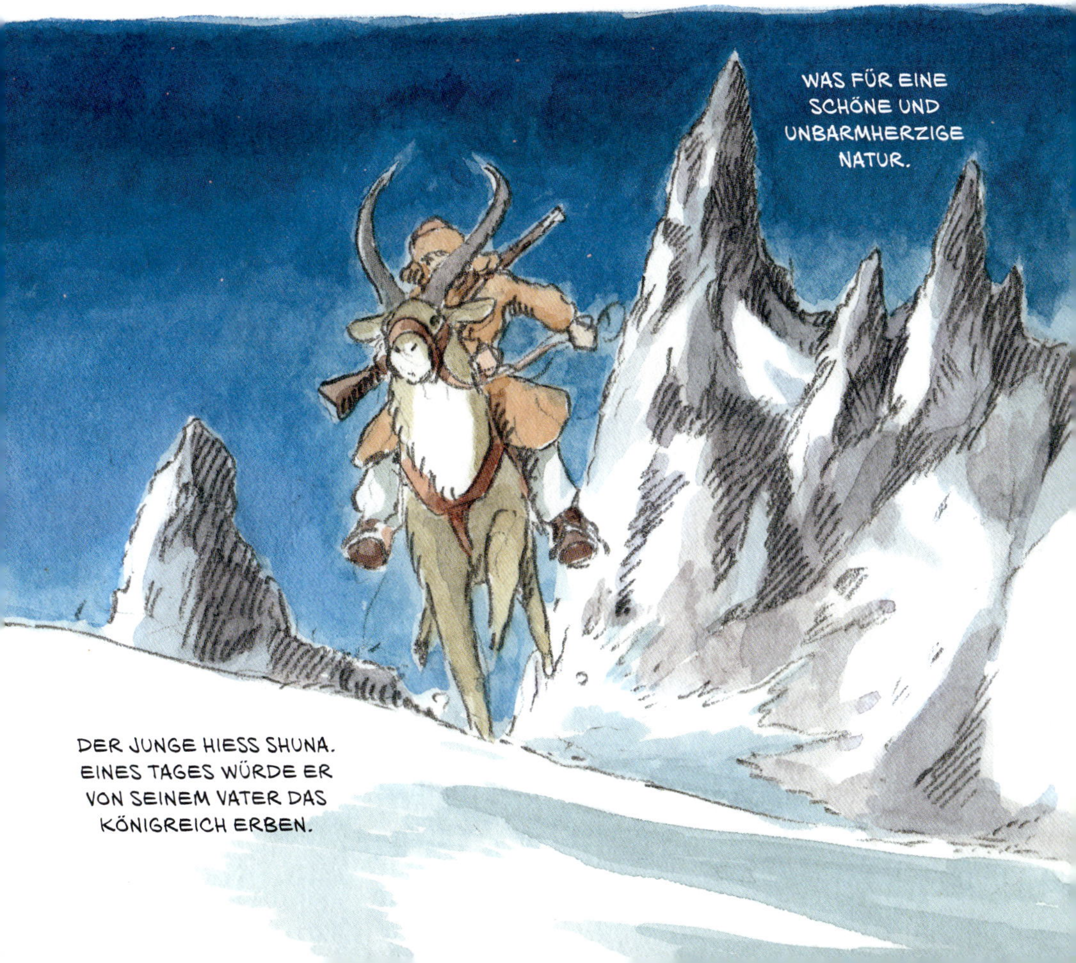

WAS FÜR EINE SCHÖNE UND UNBARMHERZIGE NATUR.

DER JUNGE HIESS SHUNA. EINES TAGES WÜRDE ER VON SEINEM VATER DAS KÖNIGREICH ERBEN.

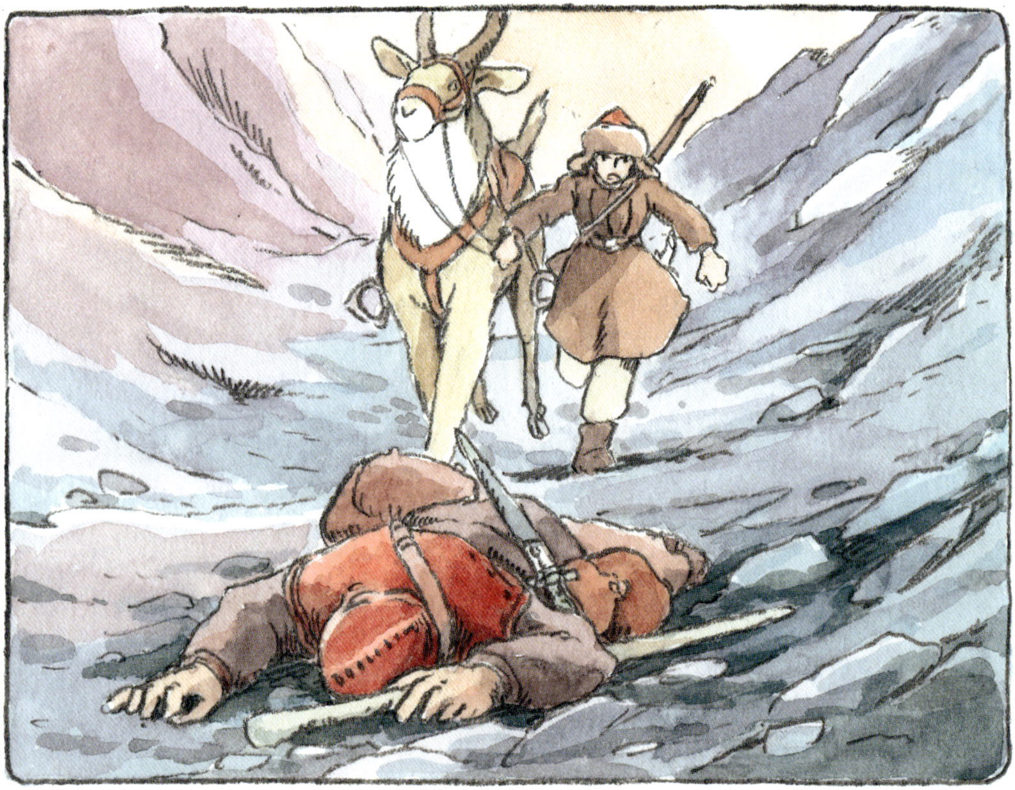

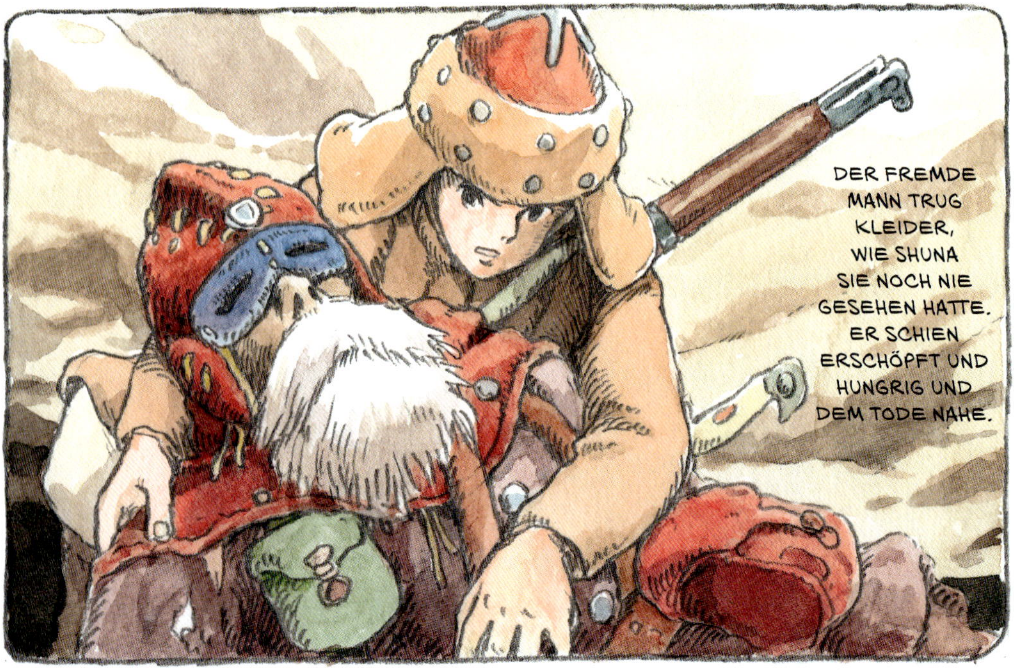

DER FREMDE
MANN TRUG
KLEIDER,
WIE SHUNA
SIE NOCH NIE
GESEHEN HATTE.
ER SCHIEN
ERSCHÖPFT UND
HUNGRIG UND
DEM TODE NAHE.

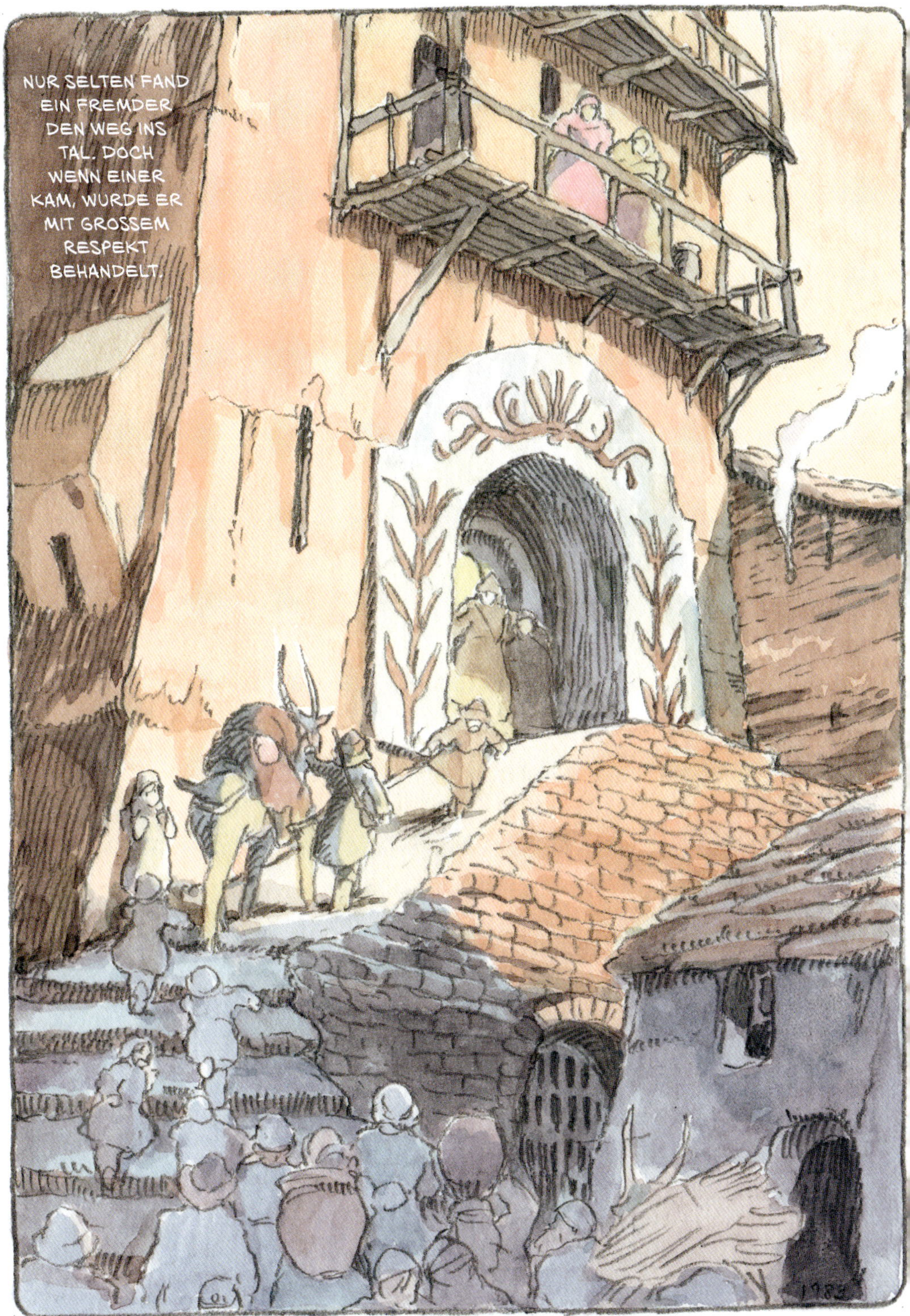
NUR SELTEN FAND EIN FREMDER DEN WEG INS TAL. DOCH WENN EINER KAM, WURDE ER MIT GROSSEM RESPEKT BEHANDELT.

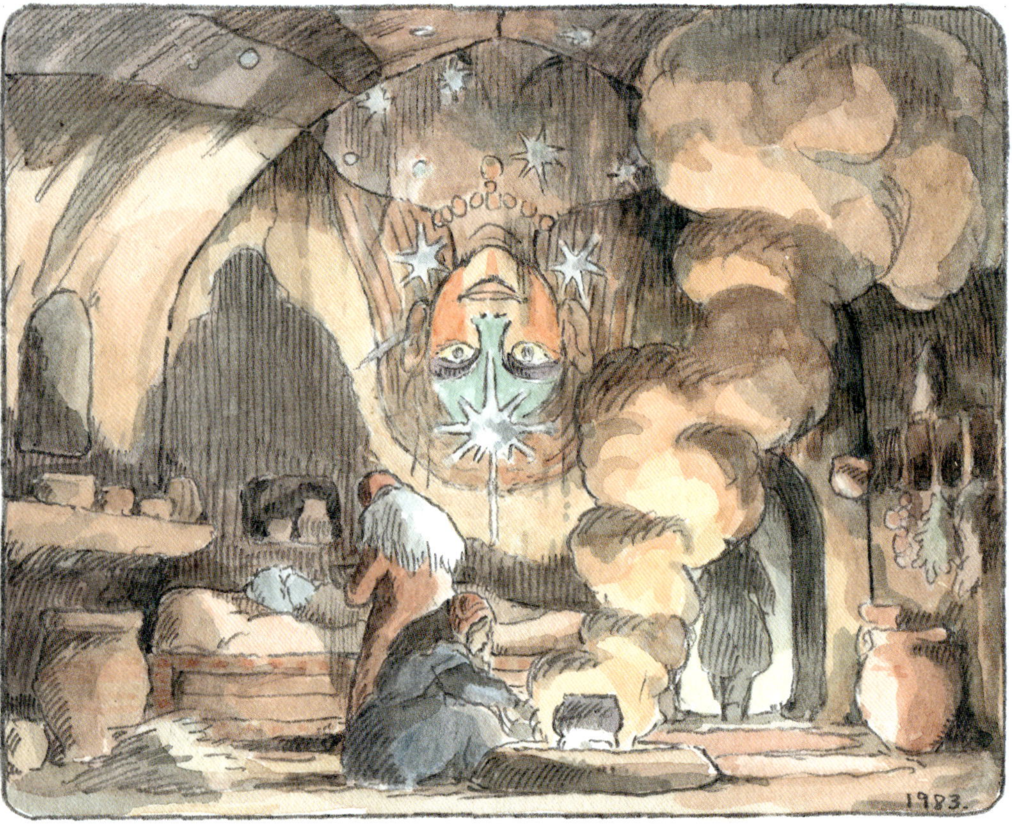

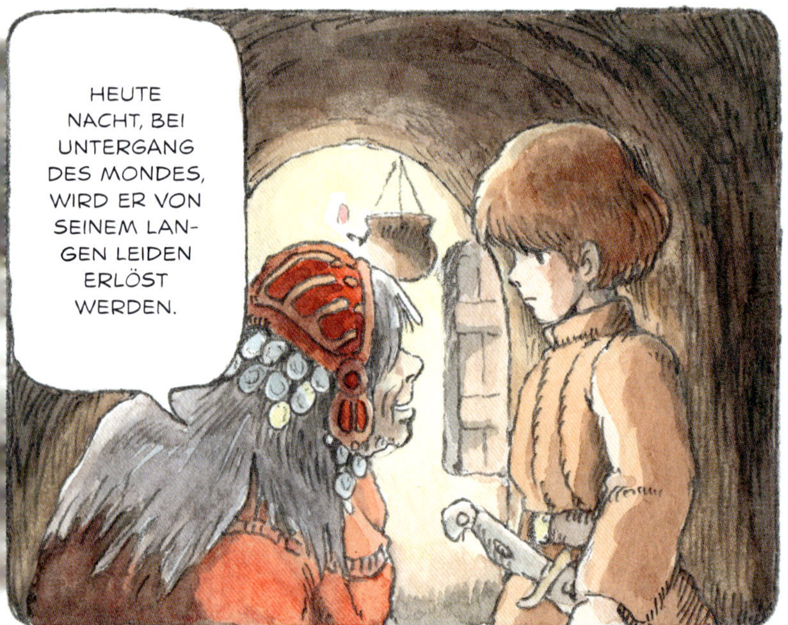

AUCH DIE WEISEN ALTEN FRAUEN KONNTEN MIT IHREN ZAUBERSPRÜCHEN UND KRÄUTERN DAS LEBEN DES MANNES NICHT RETTEN.

DER FREMDE RIEF SHUNA AN SEIN STERBEBETT. „ICH BIN DER PRINZ EINES KLEINEN LANDES, DAS WEIT IM OSTEN LIEGT. MEIN LAND IST ARM, UND DAS VOLK LEIDET HUNGER."

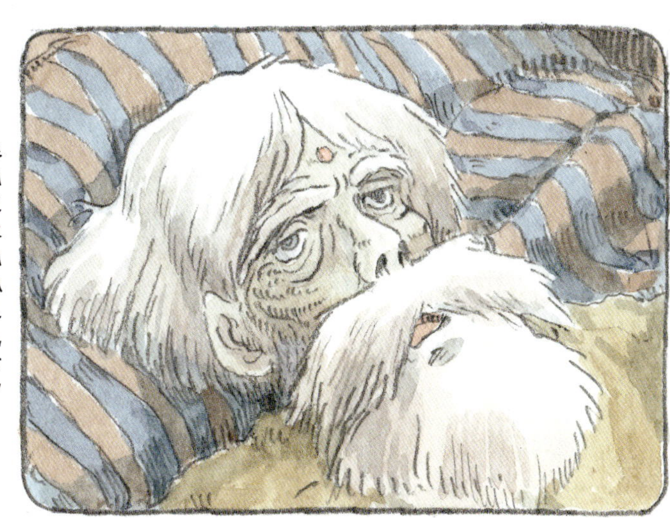

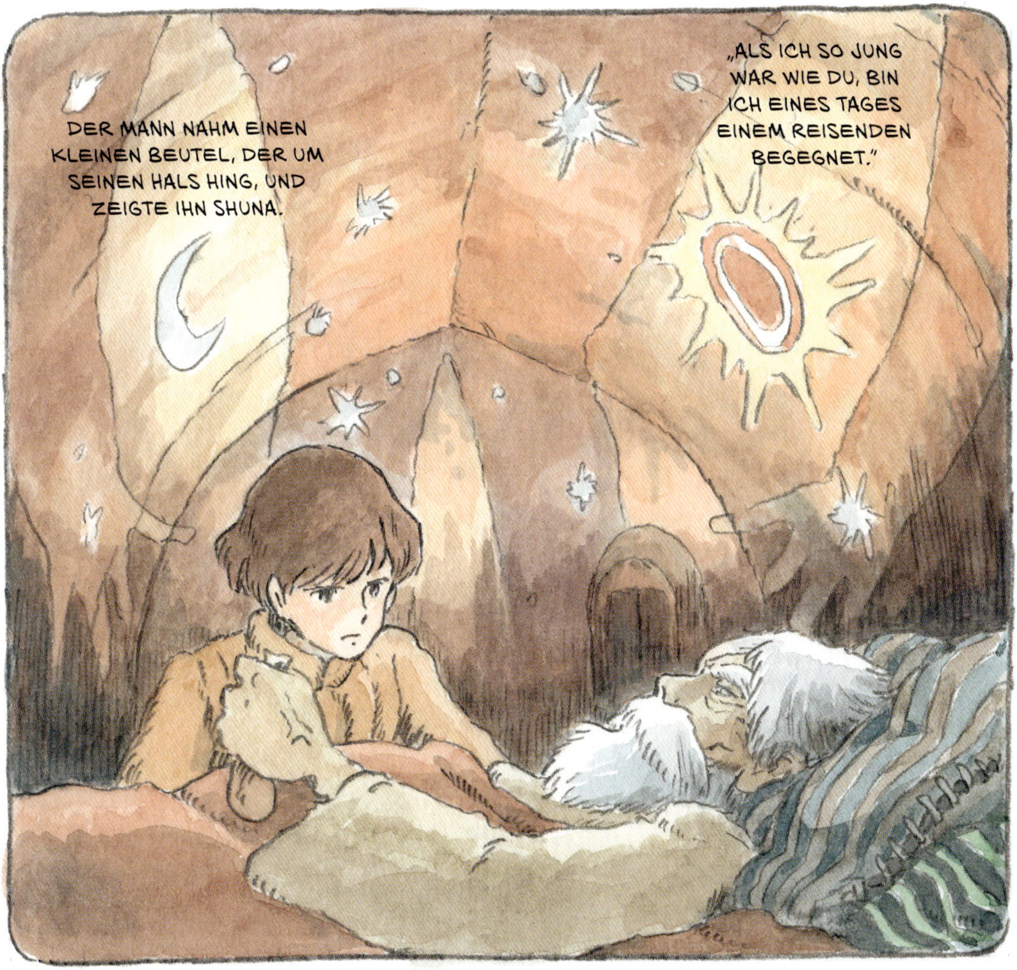

DER MANN NAHM EINEN KLEINEN BEUTEL, DER UM SEINEN HALS HING, UND ZEIGTE IHN SHUNA.

„ALS ICH SO JUNG WAR WIE DU, BIN ICH EINES TAGES EINEM REISENDEN BEGEGNET."

IN DEM BEUTEL
WAREN SAMEN, WIE
SHUNA SIE NOCH NIE
GESEHEN HATTE.
„DIE HAT MIR DER
REISENDE GEGEBEN.
MIT DIESEN SAMEN
WIRD DEIN VOLK
NIEMALS HUNGER
LEIDEN UND IN
WOHLSTAND UND
FRIEDEN LEBEN..."
DIE SAMEN WAREN
GROSS UND SCHWER.

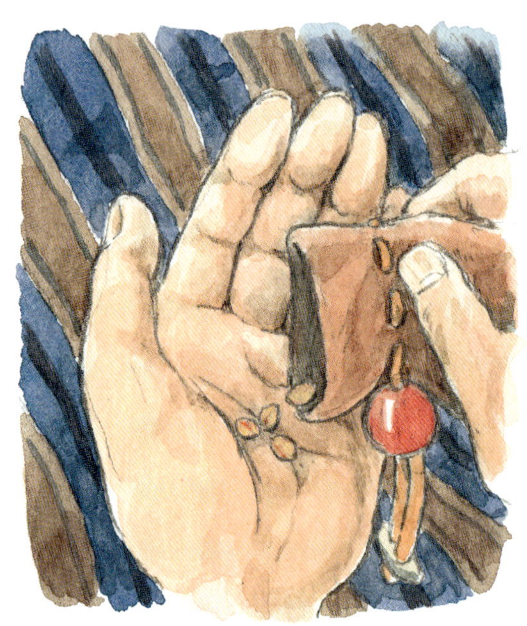

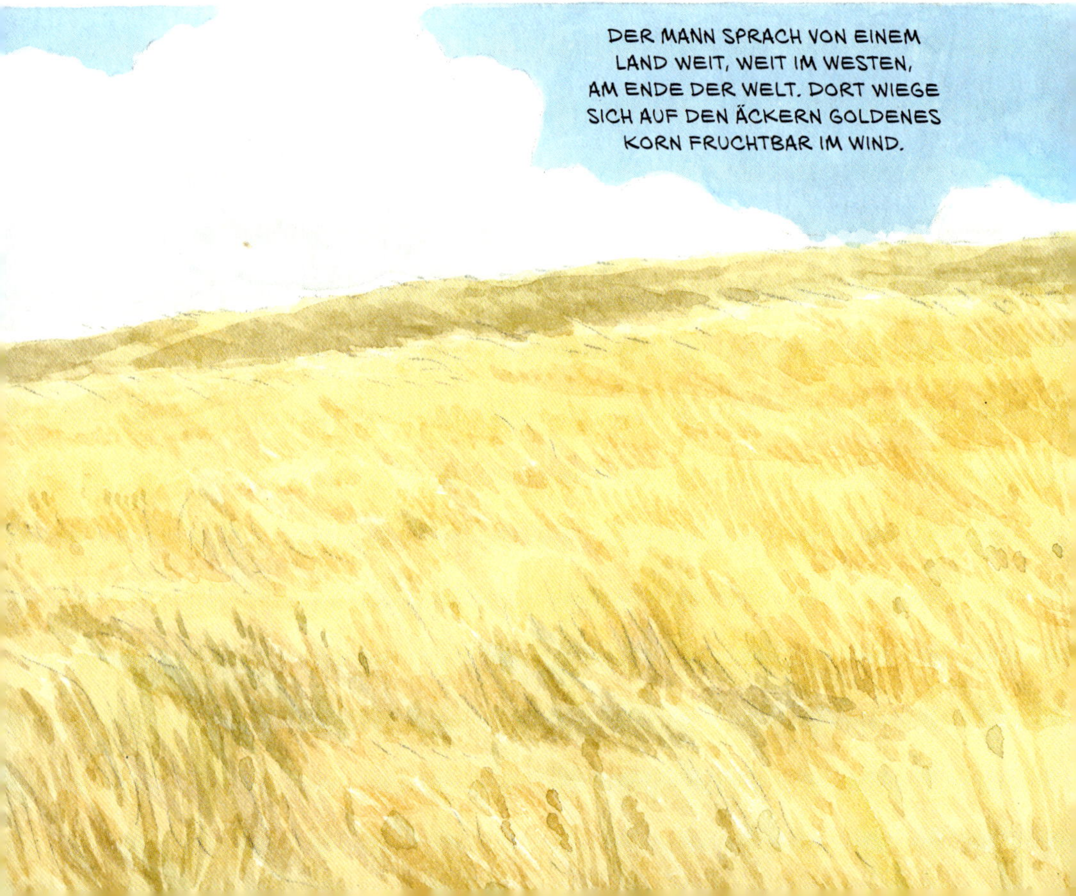

DER MANN SPRACH VON EINEM
LAND WEIT, WEIT IM WESTEN,
AM ENDE DER WELT. DORT WIEGE
SICH AUF DEN ÄCKERN GOLDENES
KORN FRUCHTBAR IM WIND.

SHUNA SAGTE: „UNSERE GELBHIRSE-
SAMEN SIND KLEIN UND MAGER.
KANNST DU UNS DEINE GEBEN?"

„DAS KANN ICH TUN, DOCH ES WÄRE SINNLOS,
SIE AUSZUSÄEN... DENN SIE HABEN KEINE
SCHALE MEHR, SIE SIND TOT. GESUNDE
SAMEN, SO HÖRTE ICH, HABEN EINE GOLDENE
SCHALE UND LEUCHTEN PRÄCHTIG...

VIELE JAHRE BIN ICH UMHERGEWANDERT
UND HABE, UM MEIN VOLK VON SEINEM LEID
ZU BEFREIEN, NACH DEN GOLDENEN SAMEN
GESUCHT. JETZT BIN ICH ALT... MEINE KRÄFTE
GEHEN ZU ENDE..."

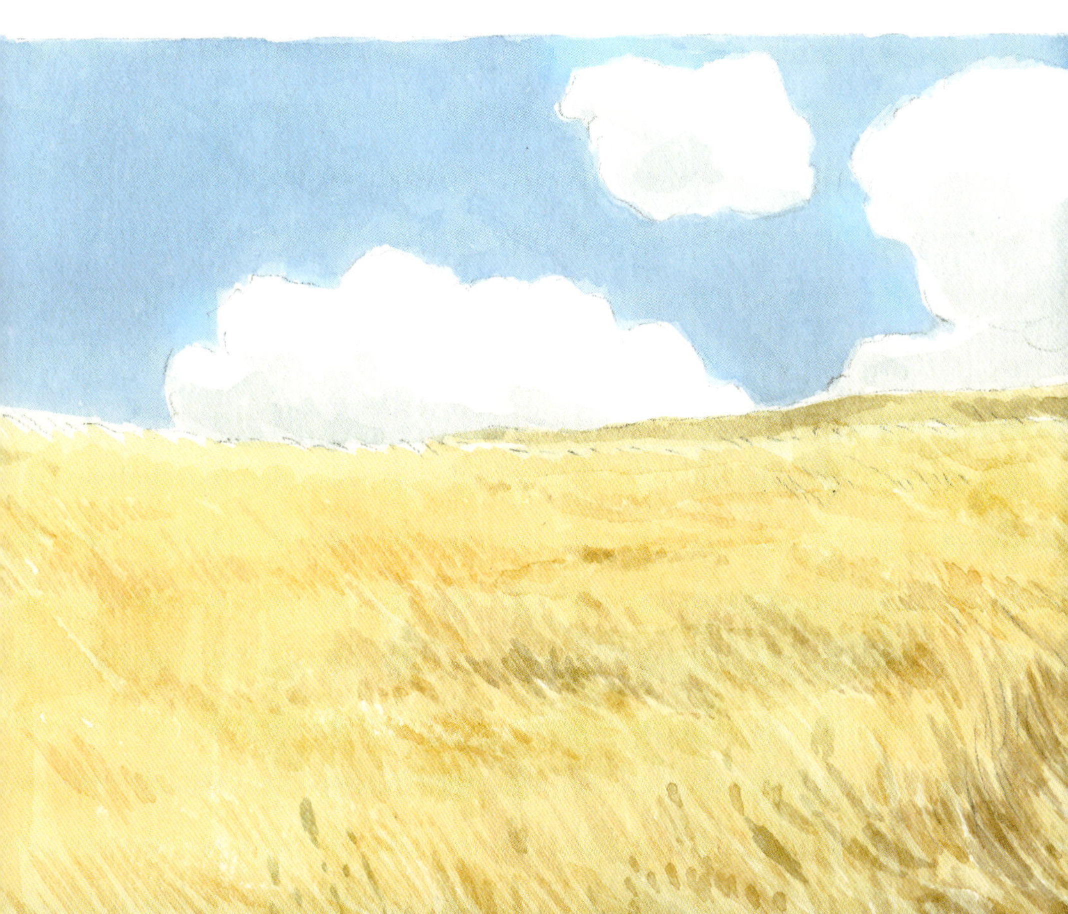

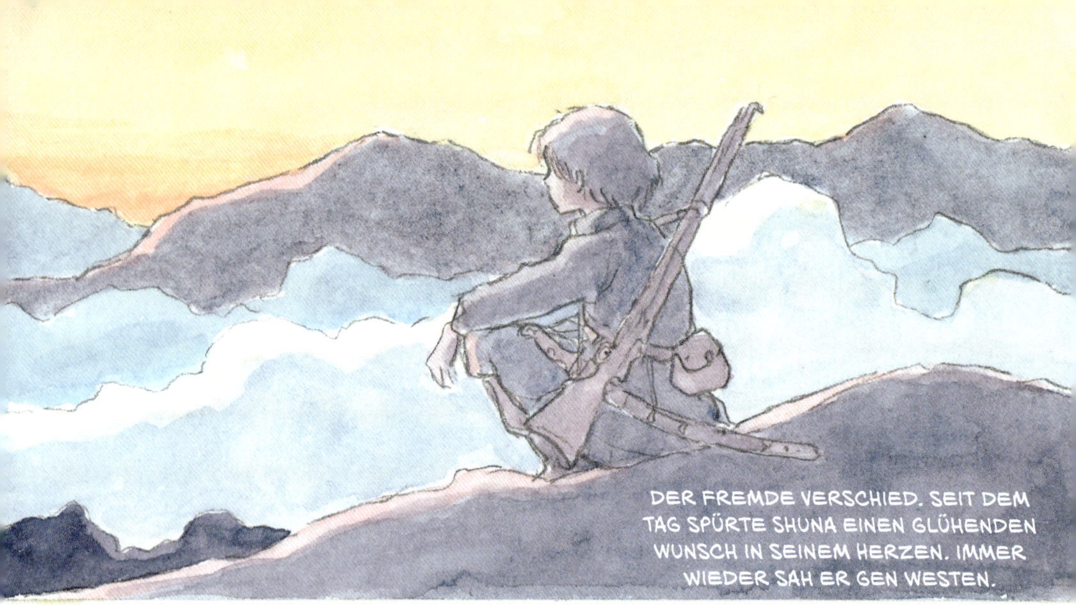

DER FREMDE VERSCHIED. SEIT DEM TAG SPÜRTE SHUNA EINEN GLÜHENDEN WUNSCH IN SEINEM HERZEN. IMMER WIEDER SAH ER GEN WESTEN.

SEIN VATER UND DIE ÄLTESTEN WAREN UNTRÖSTLICH UND SIE VERSUCHTEN, SHUNA UMZUSTIMMEN: „WIR MÖGEN ARM SEIN", SAGTEN SIE, „ABER DAS IST UNSER SCHICKSAL. ES IST UNSER LOS, HIER IN DIESER ERDE BEGRABEN ZU WERDEN."

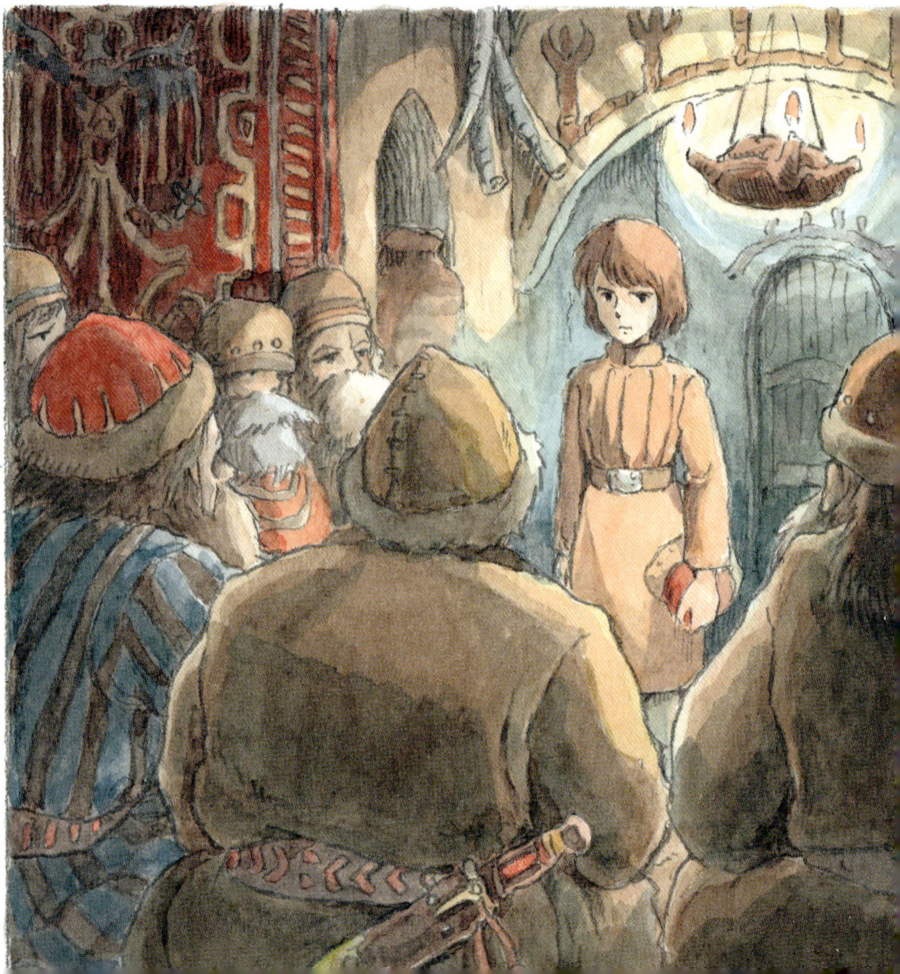

DOCH WER VERMAG ES, EINEN JUNGEN MANN AUFZUHALTEN, DER ZUM AUFBRUCH BEREIT IST…? DIE ÄLTESTEN SEUFZTEN.

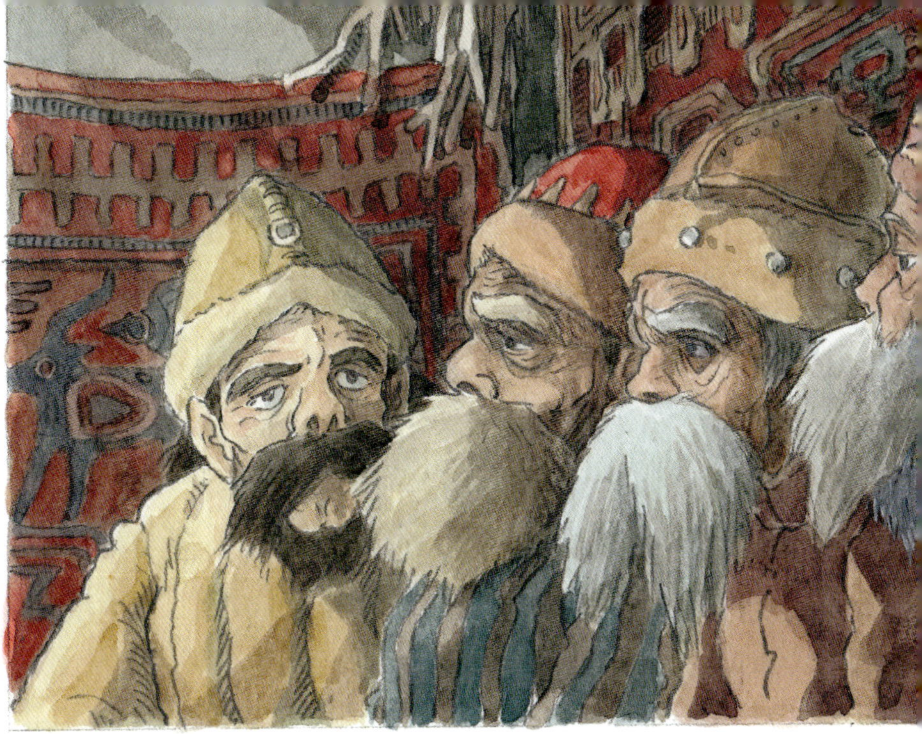

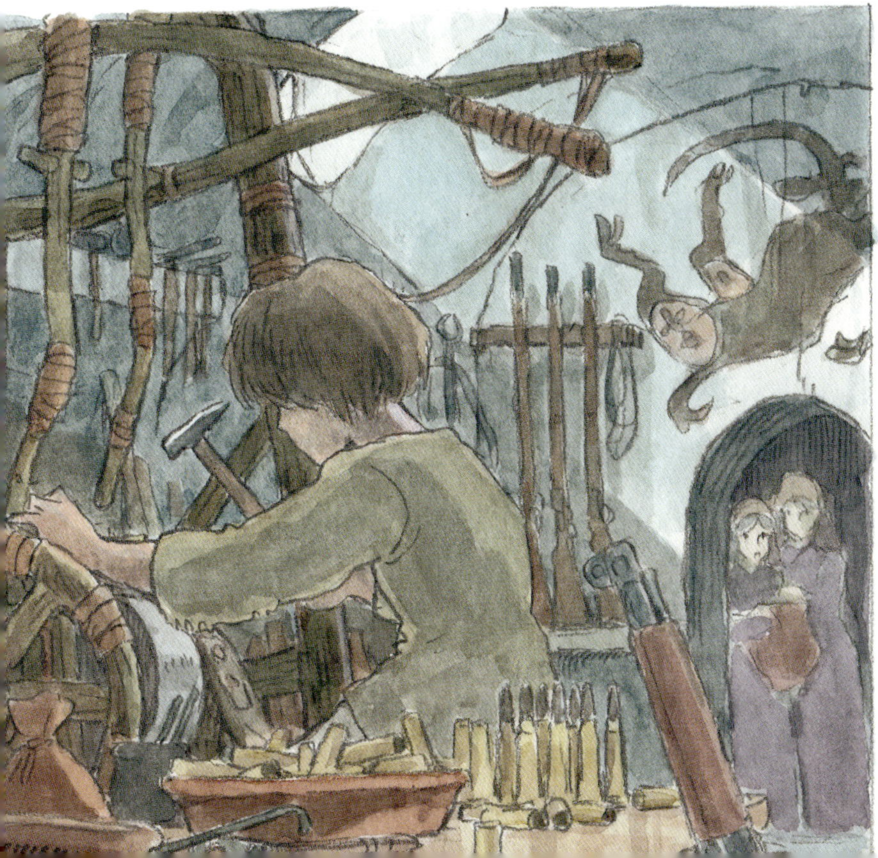

ALS DIE FRAUEN DIE VIELEN PATRONEN SAHEN, WUSSTEN SIE, DASS SHUNA FEST ENTSCHLOSSEN WAR. ES WAREN VIEL MEHR, ALS ER SONST FÜR DIE JAGD BRAUCHTE.

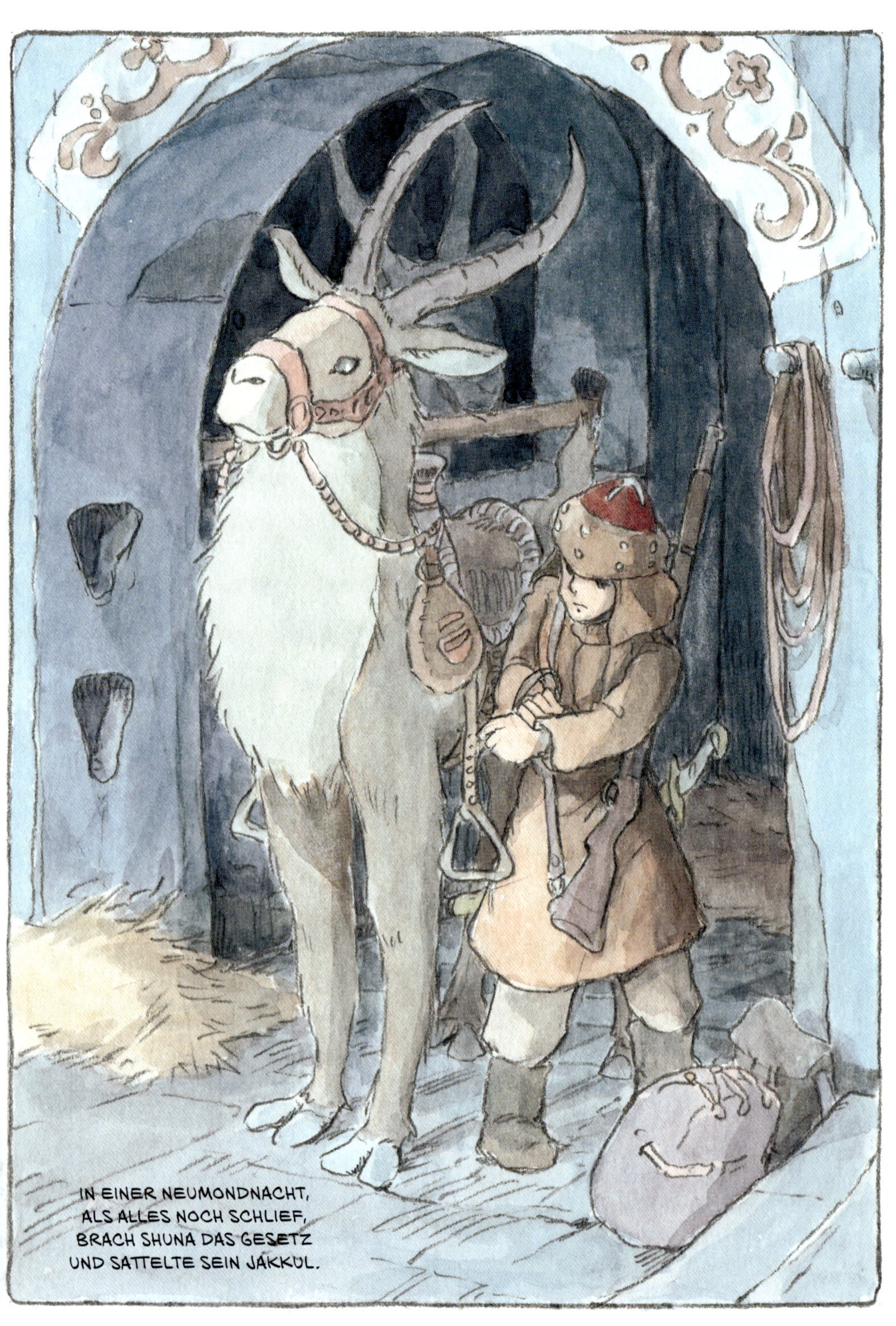
IN EINER NEUMONDNACHT,
ALS ALLES NOCH SCHLIEF,
BRACH SHUNA DAS GESETZ
UND SATTELTE SEIN JAKKUL.

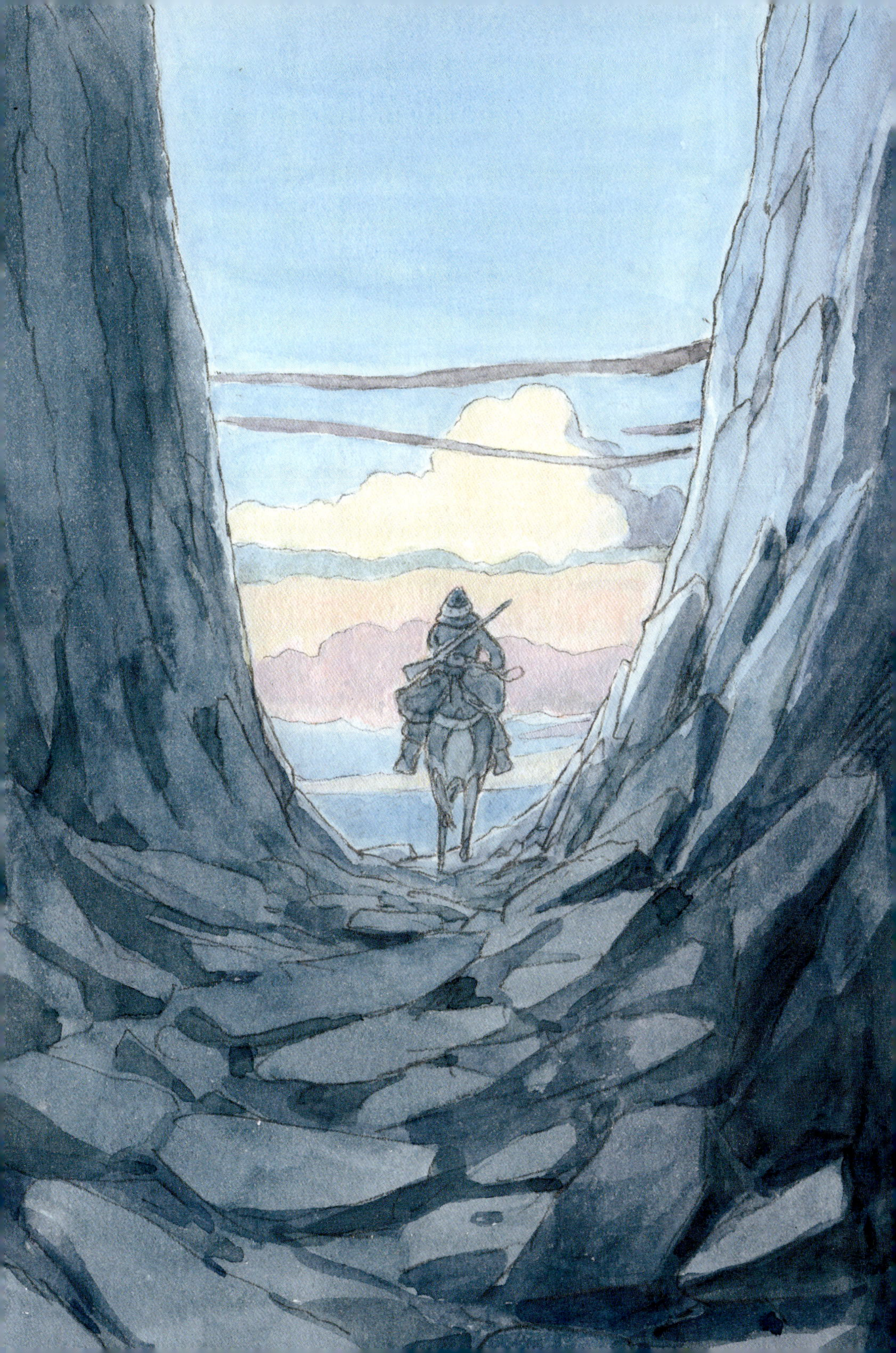

GEN WESTEN

TAGELANG WANDERTEN SHUNA UND DAS JAKKUL GEN WESTEN, OHNE EINEM EINZIGEN MENSCHEN ZU BEGEGNEN. BIS ZUM HORIZONT ERSTRECKTE SICH DIE AUFGEBROCHENE ERDE, IN KLAFFENDEN GRÄBEN STAND ROSTIGES WASSER UND DER WIND TRUG EINEN UNERTRÄGLICHEN GESTANK HERAN.

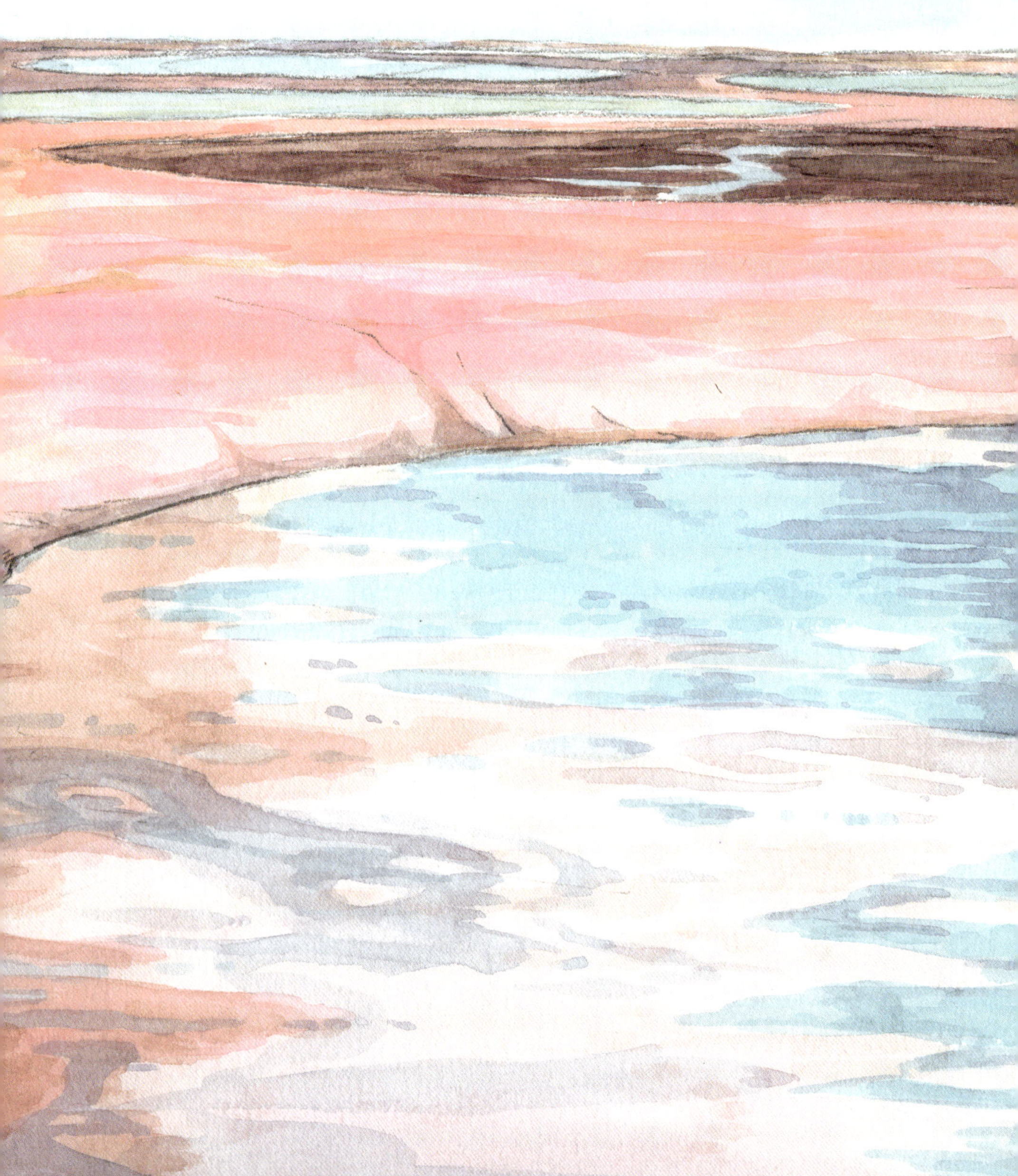

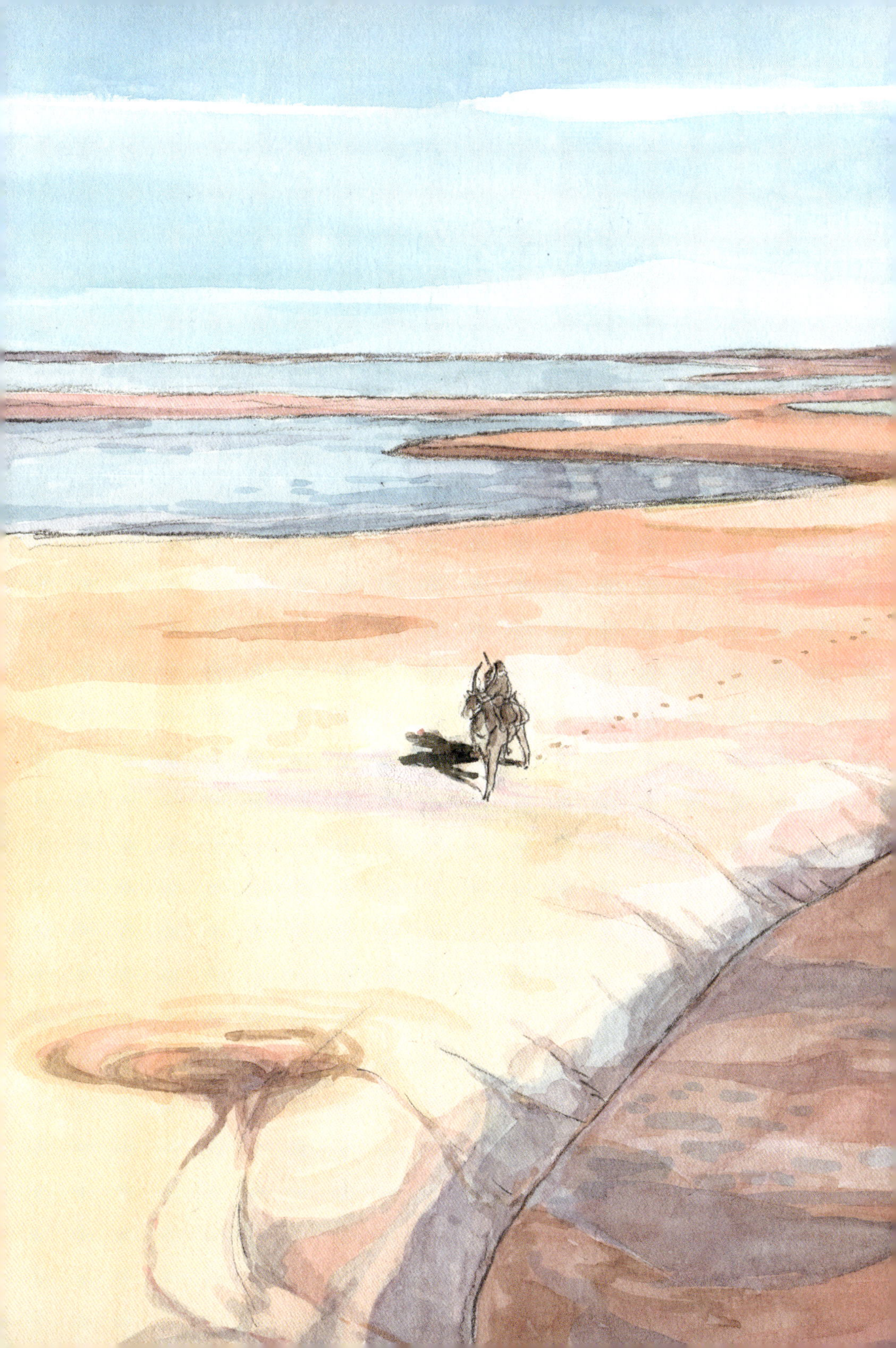

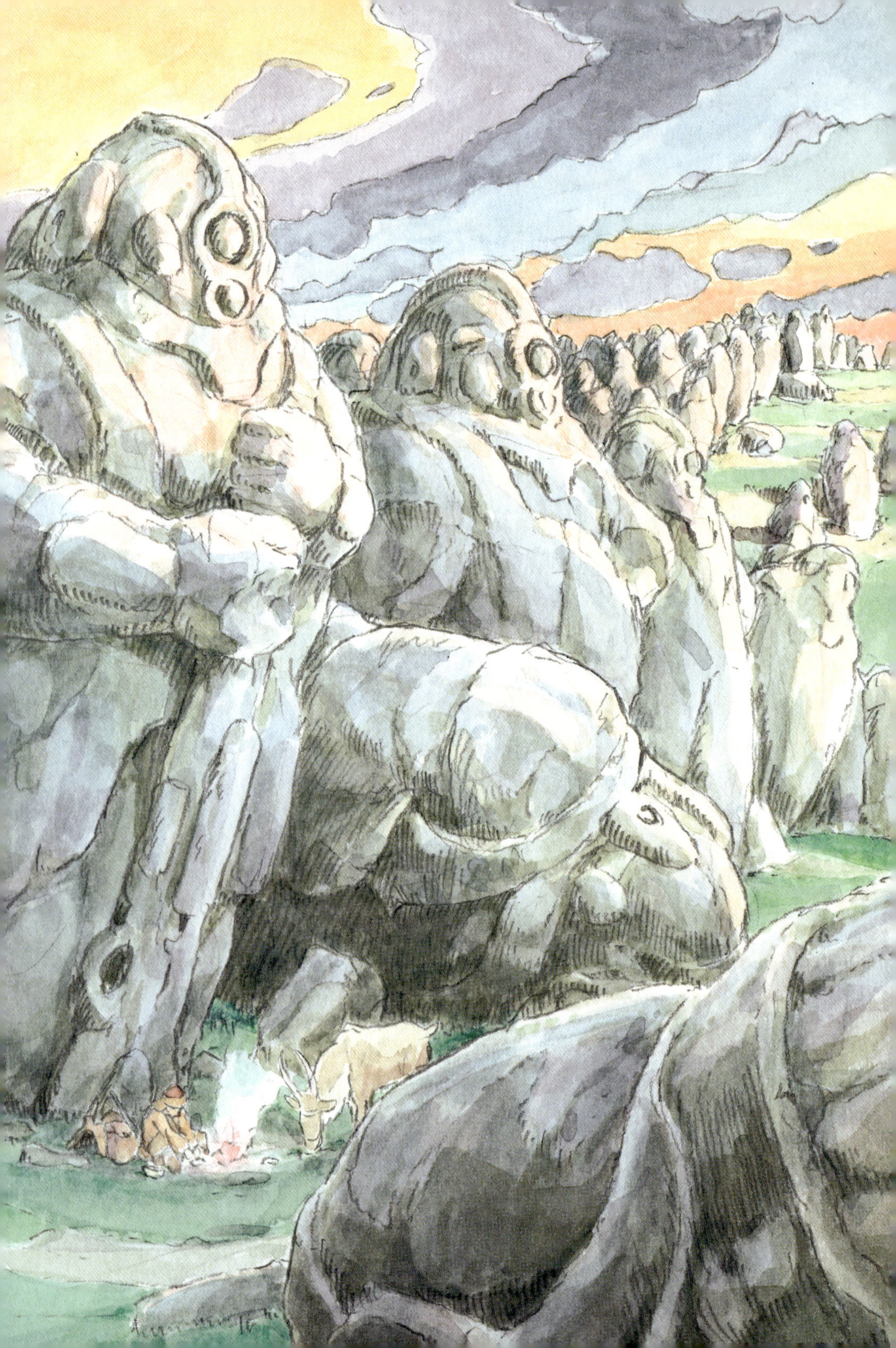

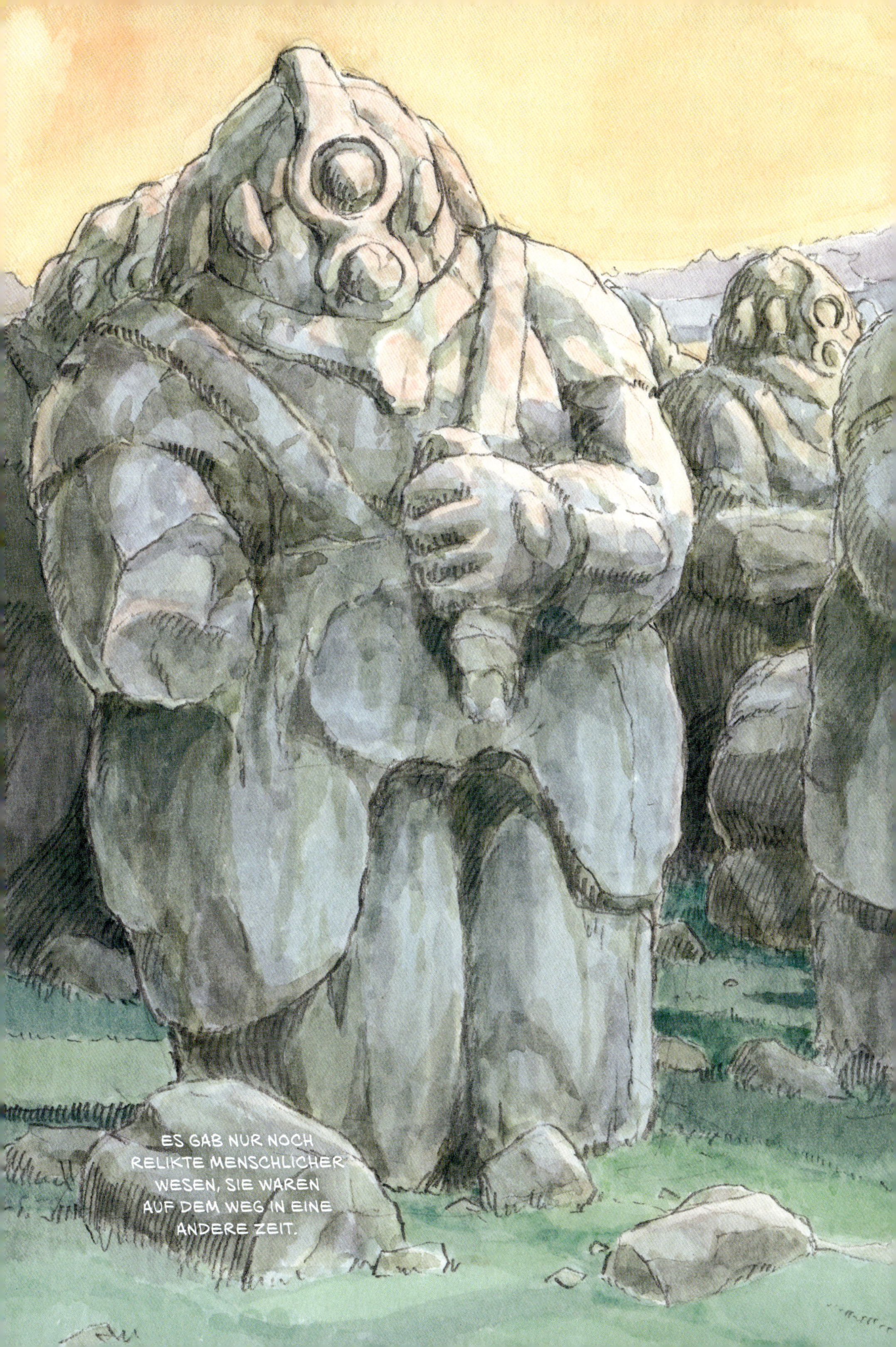
ES GAB NUR NOCH
RELIKTE MENSCHLICHER
WESEN, SIE WAREN
AUF DEM WEG IN EINE
ANDERE ZEIT.

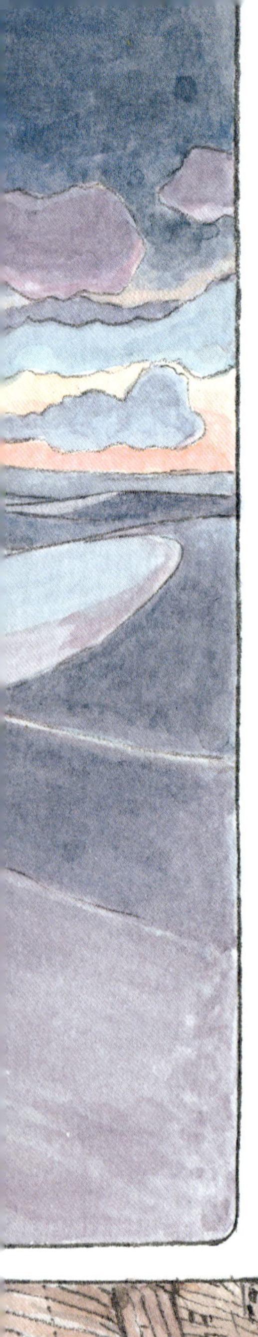

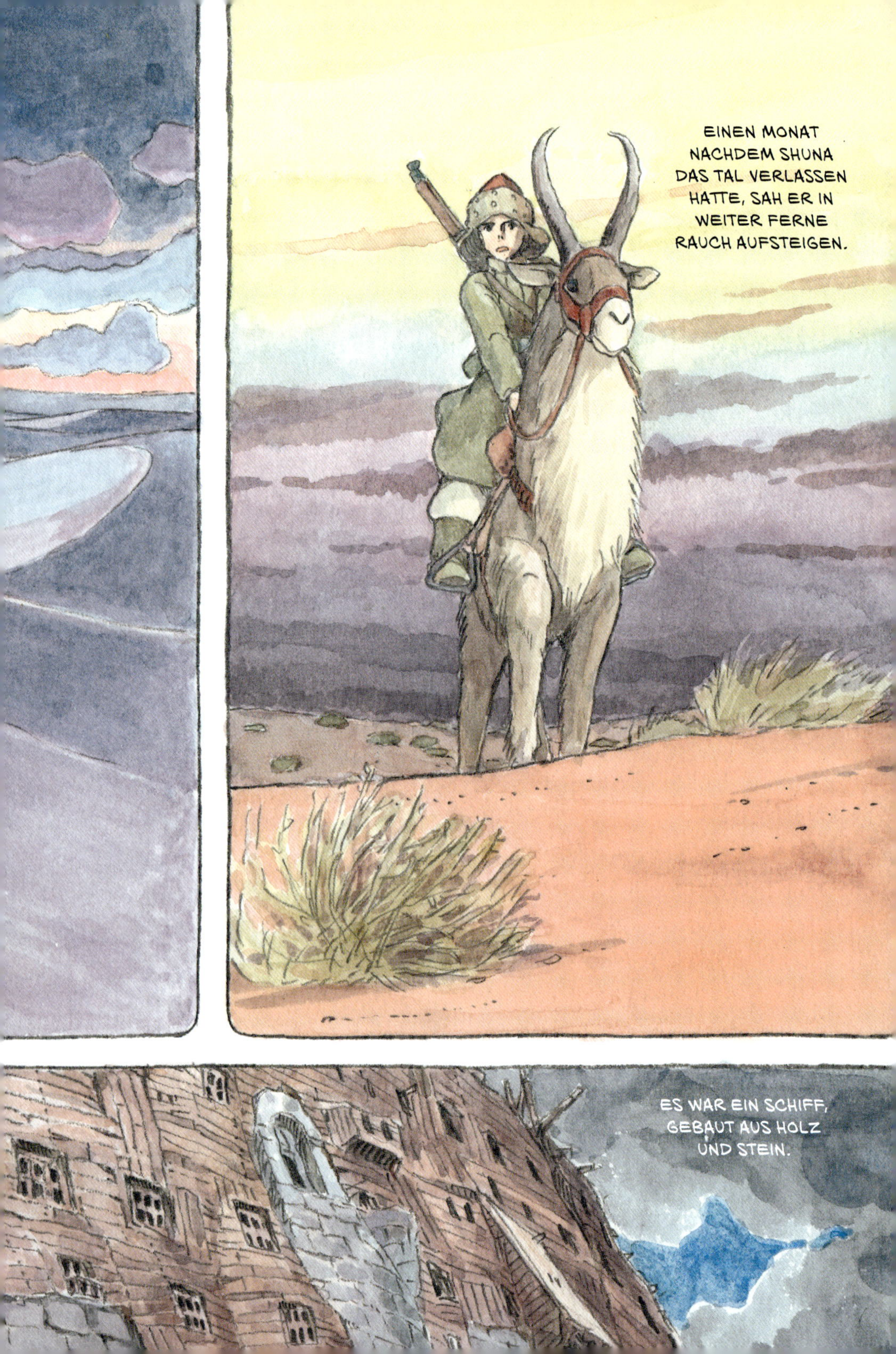

EINEN MONAT
NACHDEM SHUNA
DAS TAL VERLASSEN
HATTE, SAH ER IN
WEITER FERNE
RAUCH AUFSTEIGEN.

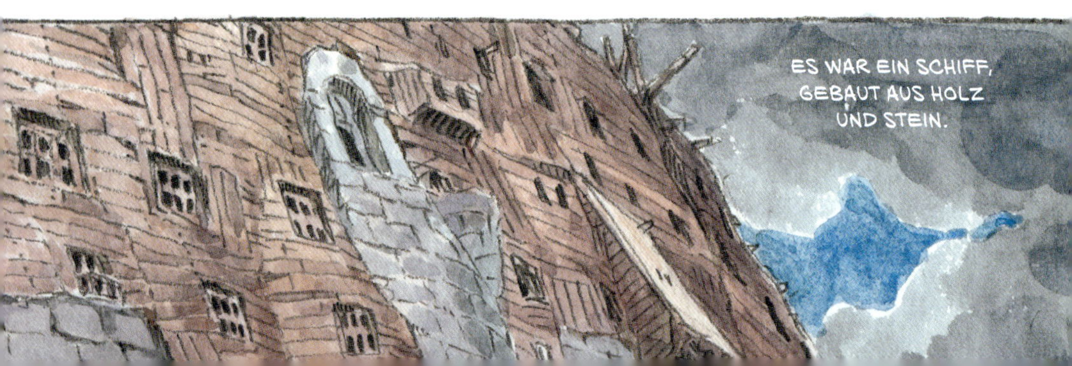

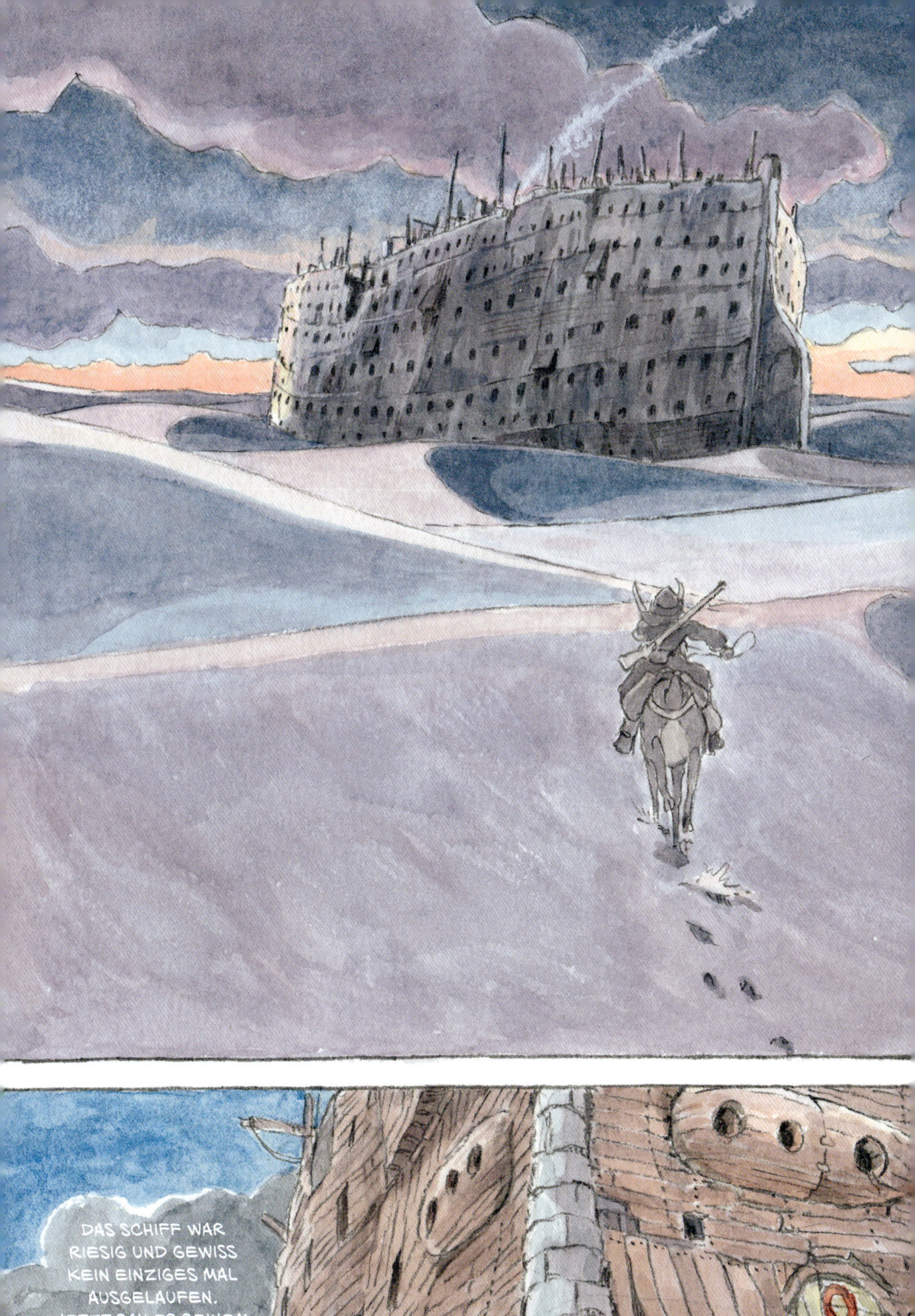
DAS SCHIFF WAR RIESIG UND GEWISS KEIN EINZIGES MAL AUSGELAUFEN. JETZT SAH ES SEINEM ZERFALL ENTGEGEN.

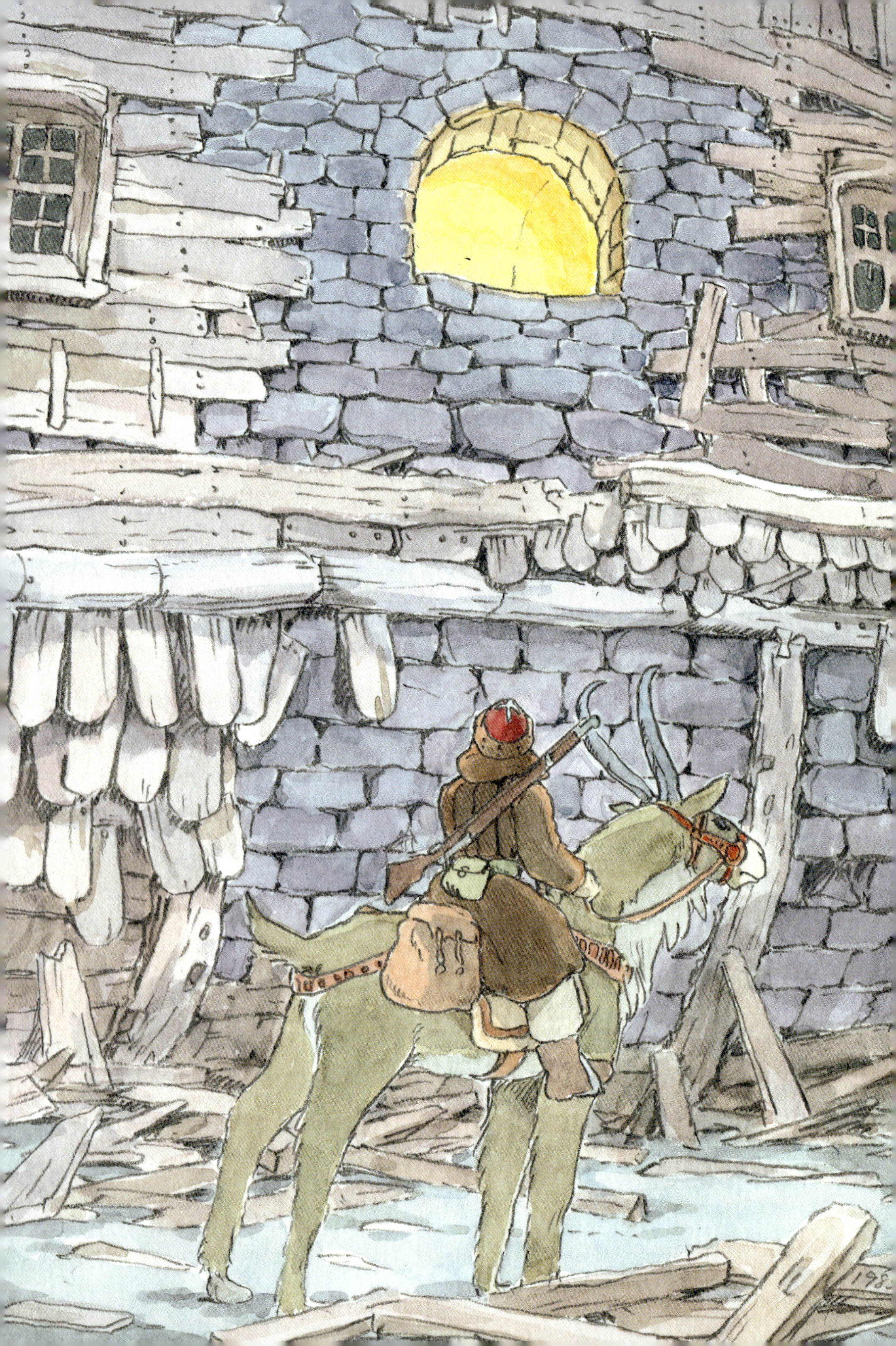

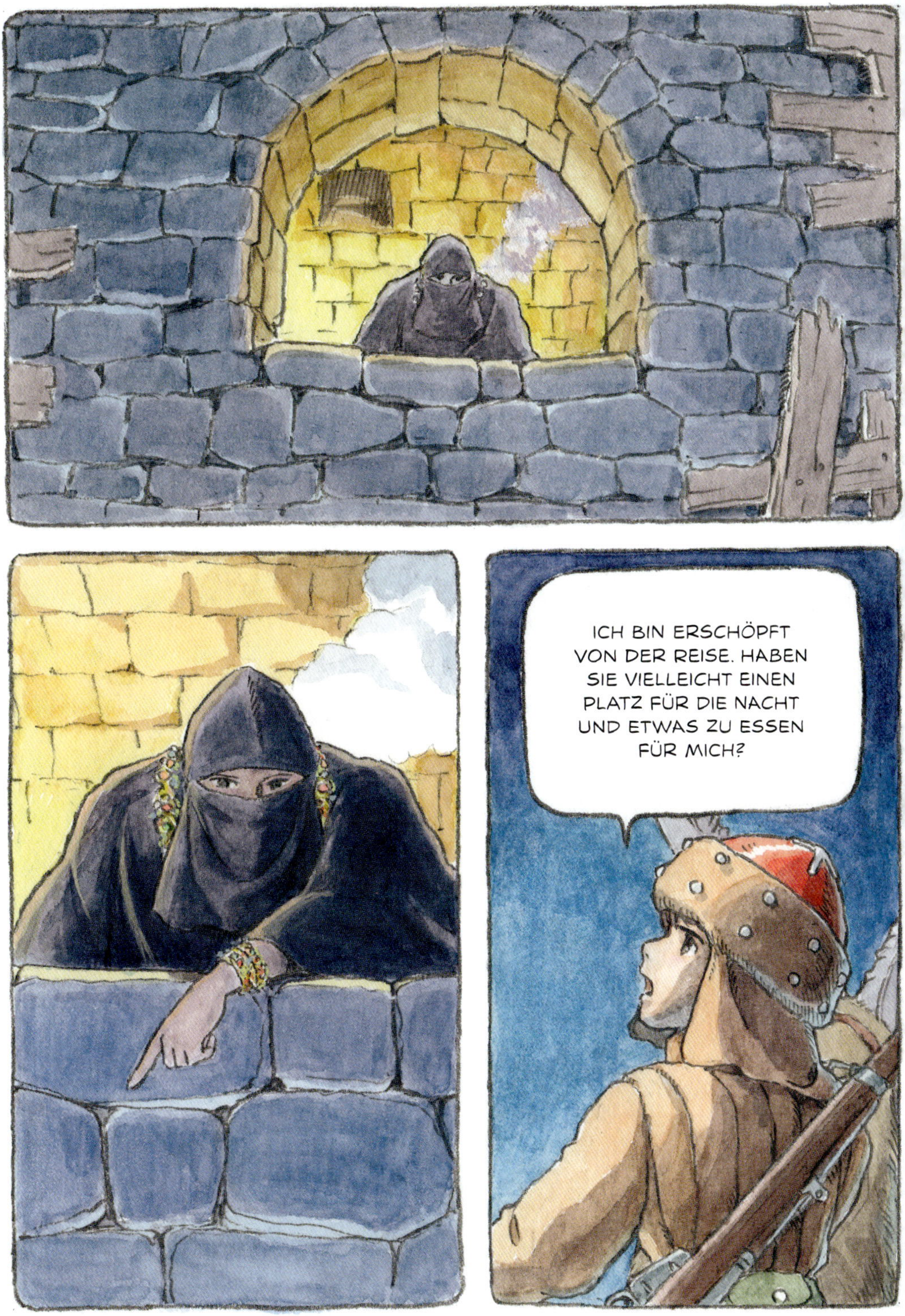

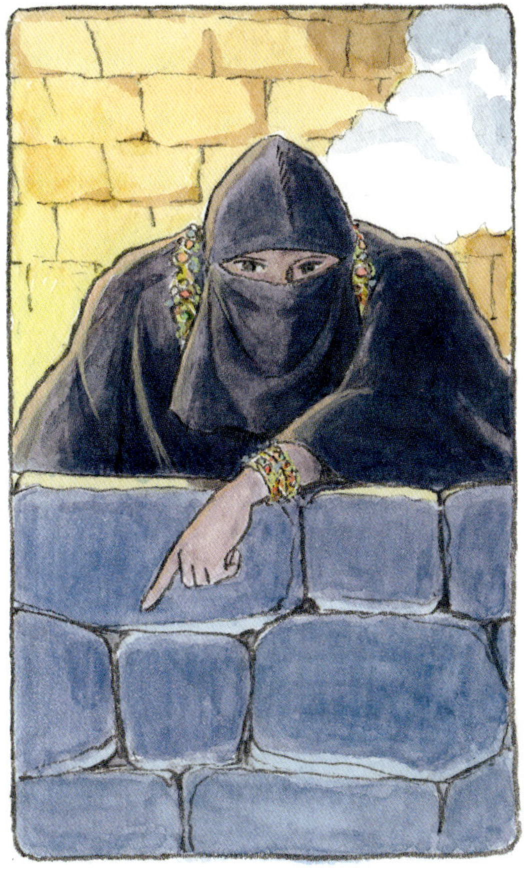

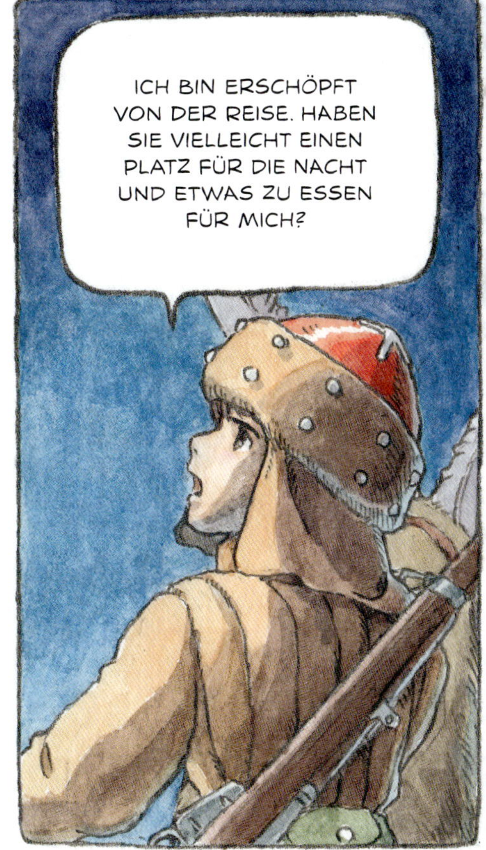
ICH BIN ERSCHÖPFT VON DER REISE. HABEN SIE VIELLEICHT EINEN PLATZ FÜR DIE NACHT UND ETWAS ZU ESSEN FÜR MICH?

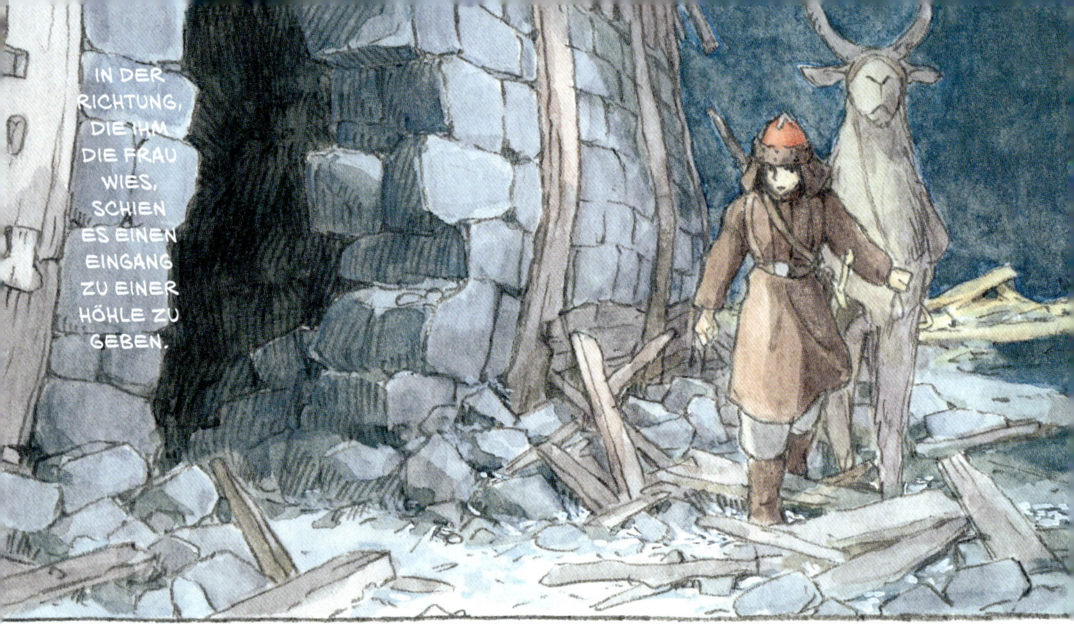

IN DER RICHTUNG, DIE IHM DIE FRAU WIES, SCHIEN ES EINEN EINGANG ZU EINER HÖHLE ZU GEBEN.

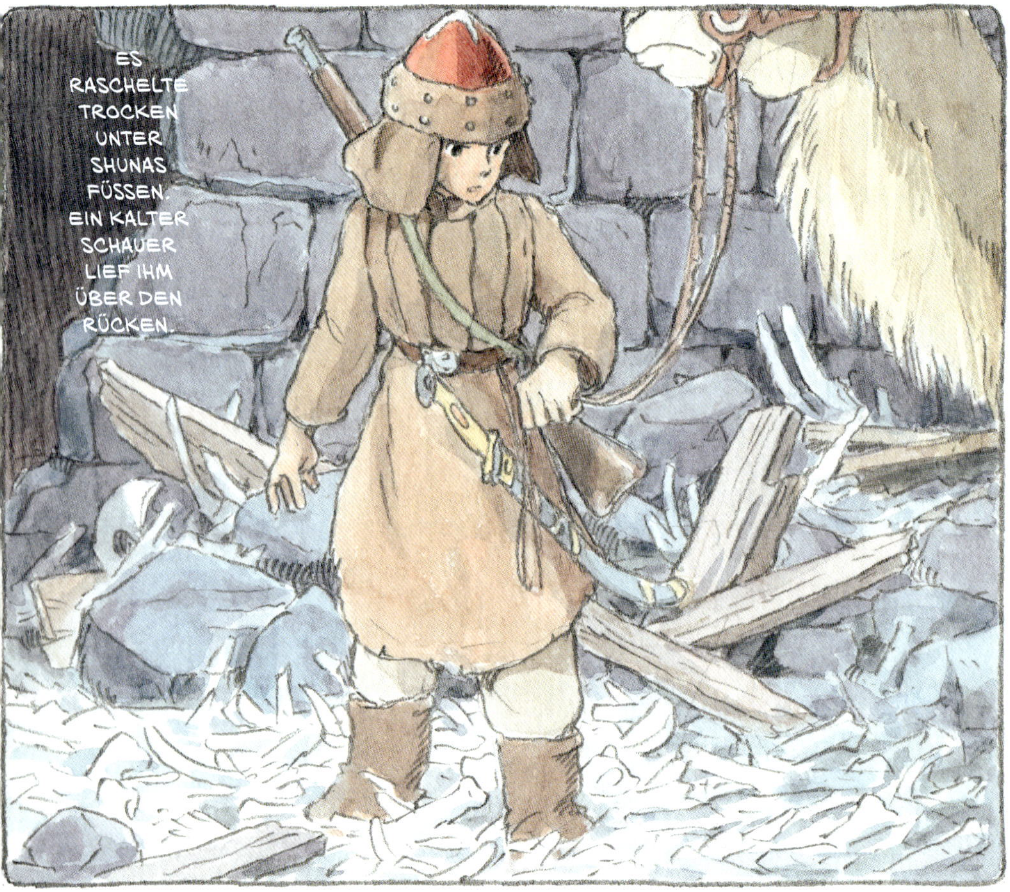

ES RASCHELTE TROCKEN UNTER SHUNAS FÜSSEN. EIN KALTER SCHAUER LIEF IHM ÜBER DEN RÜCKEN.

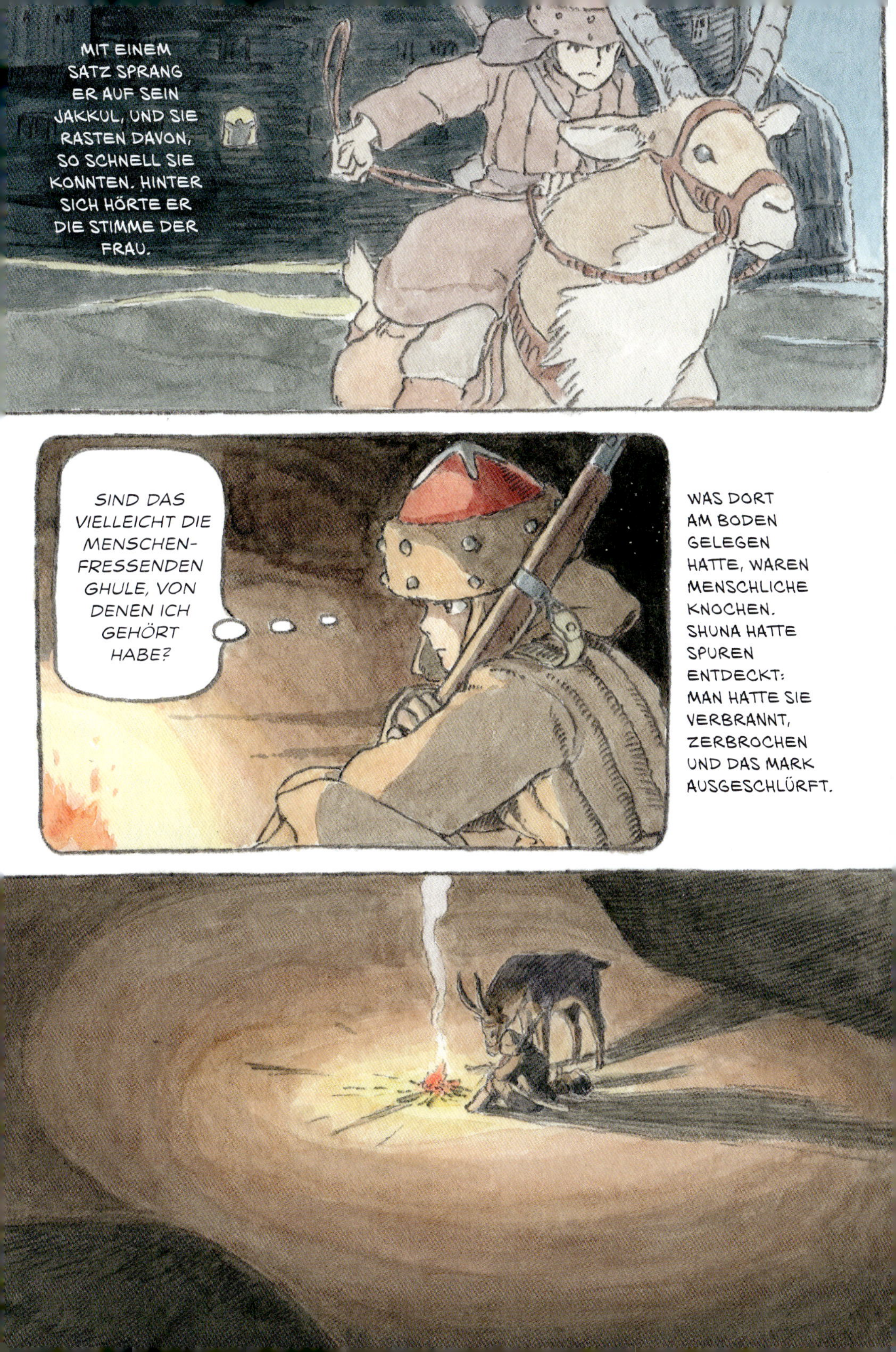

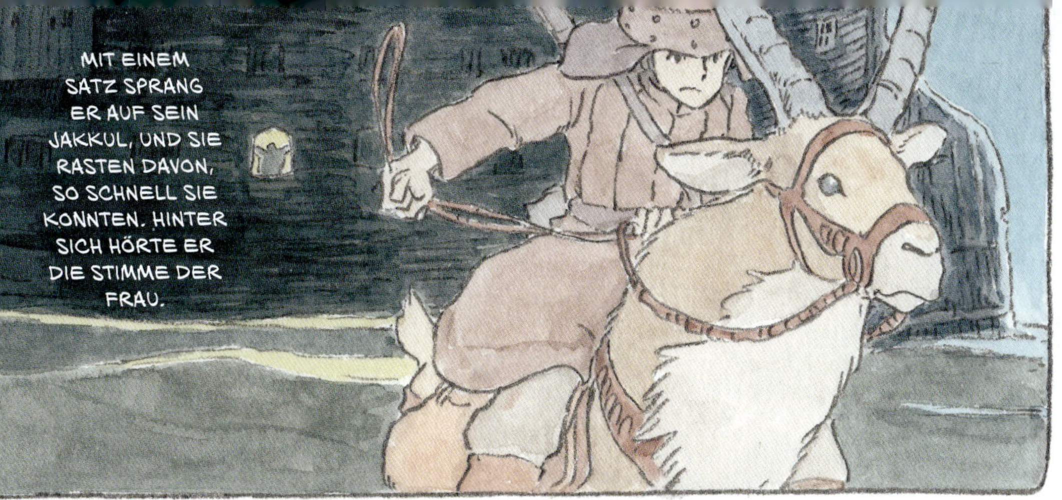

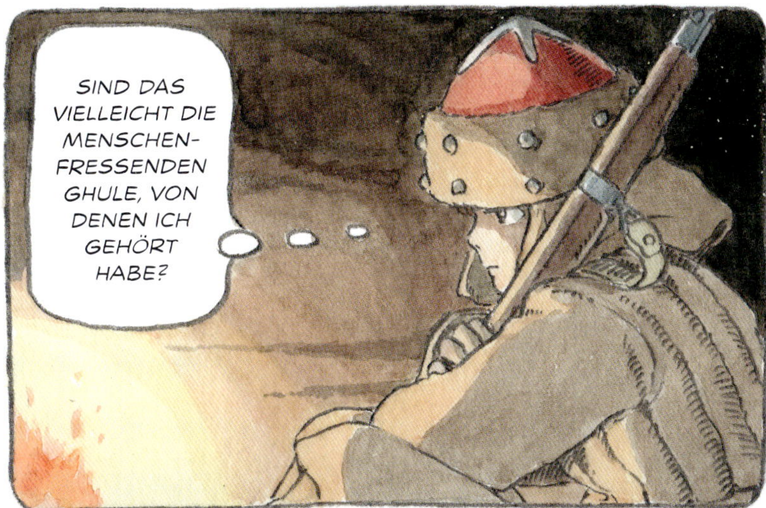

WAS DORT AM BODEN GELEGEN HATTE, WAREN MENSCHLICHE KNOCHEN. SHUNA HATTE SPUREN ENTDECKT: MAN HATTE SIE VERBRANNT, ZERBROCHEN UND DAS MARK AUSGESCHLÜRFT.

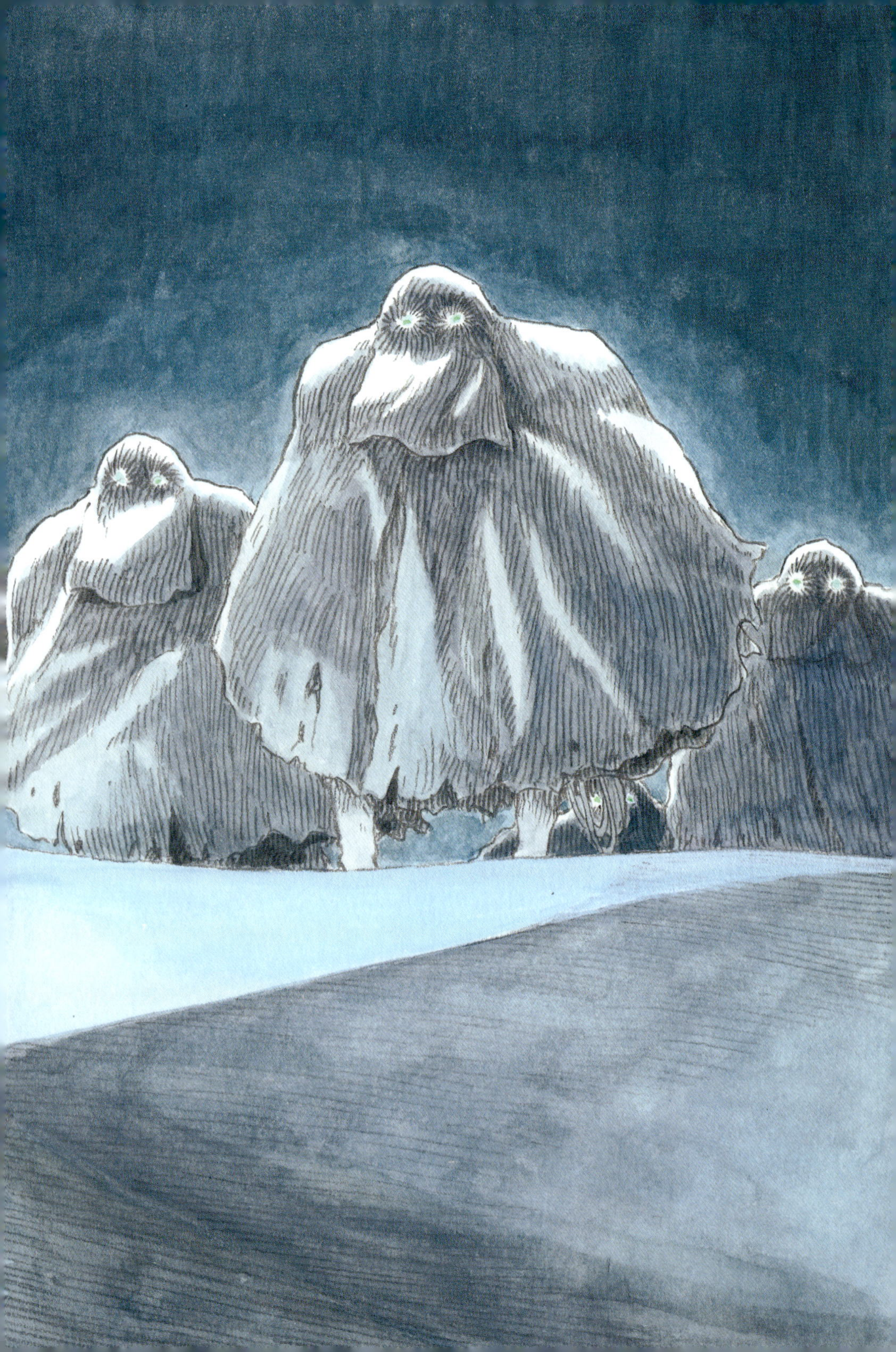

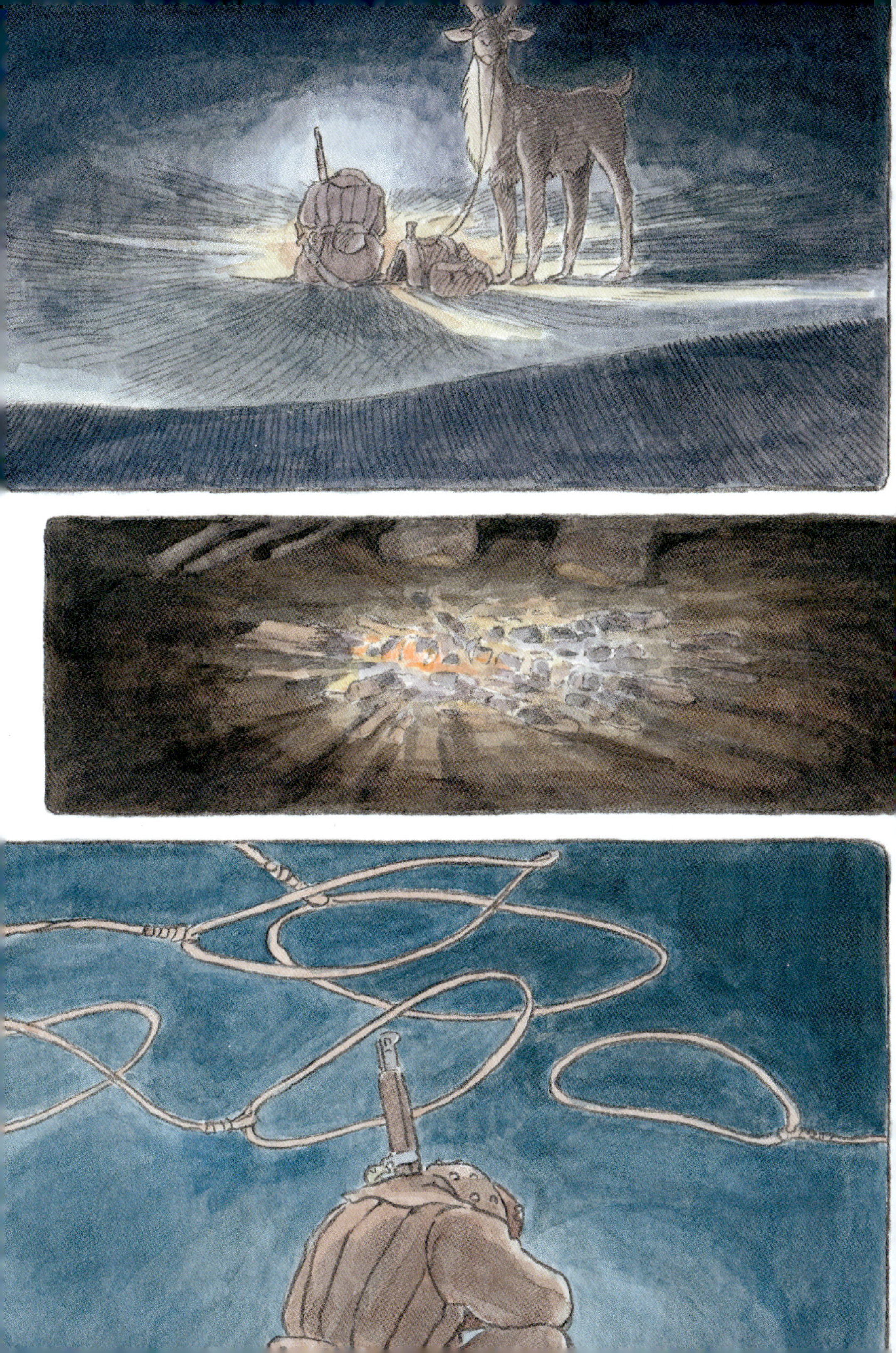

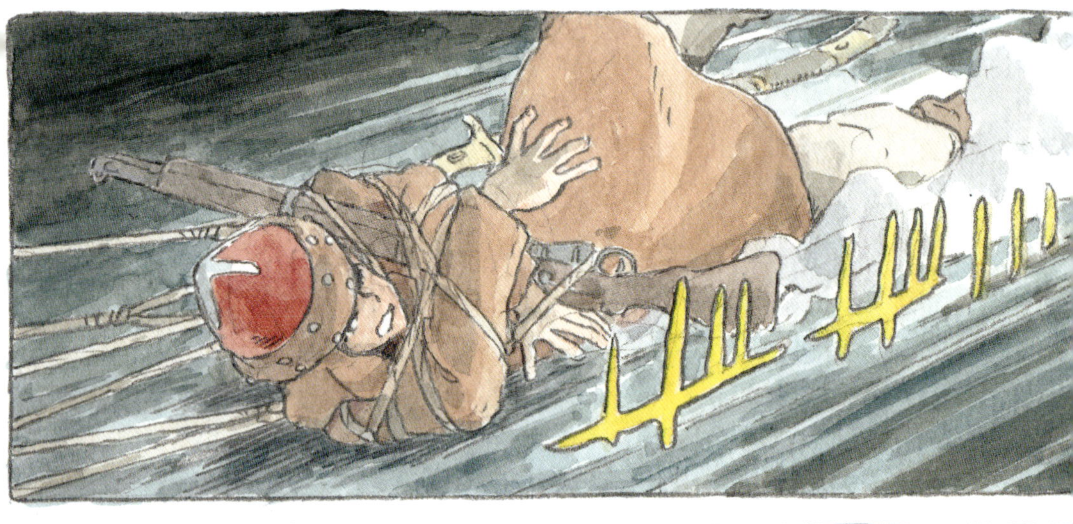

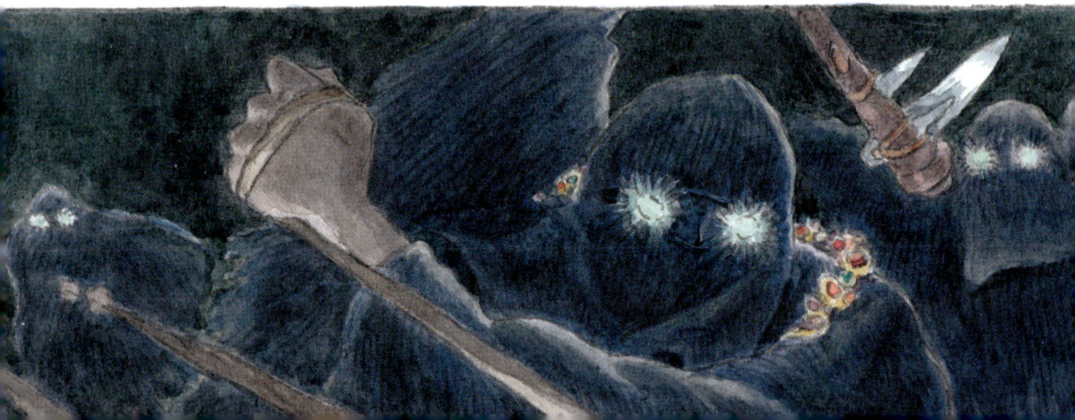

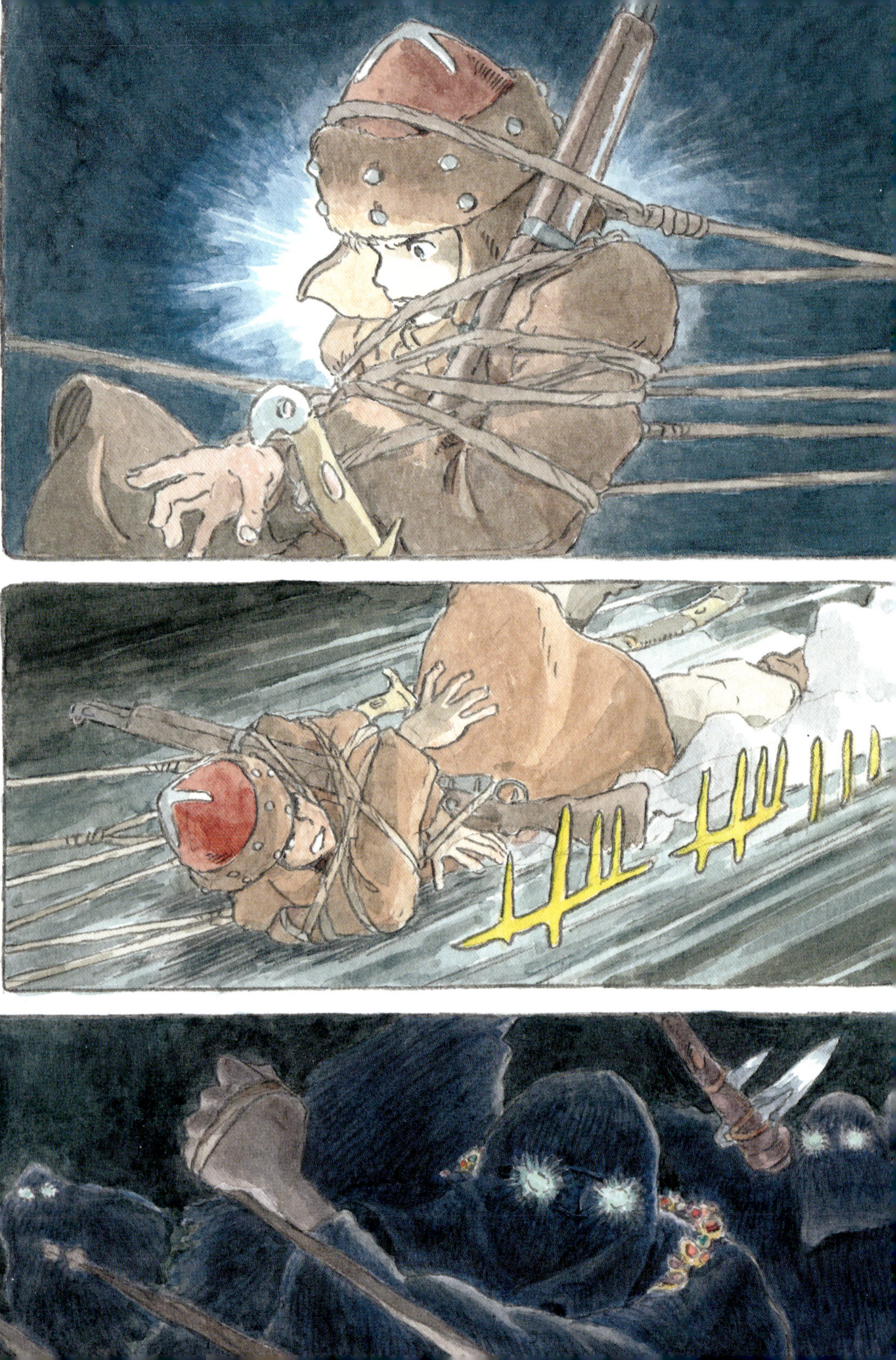

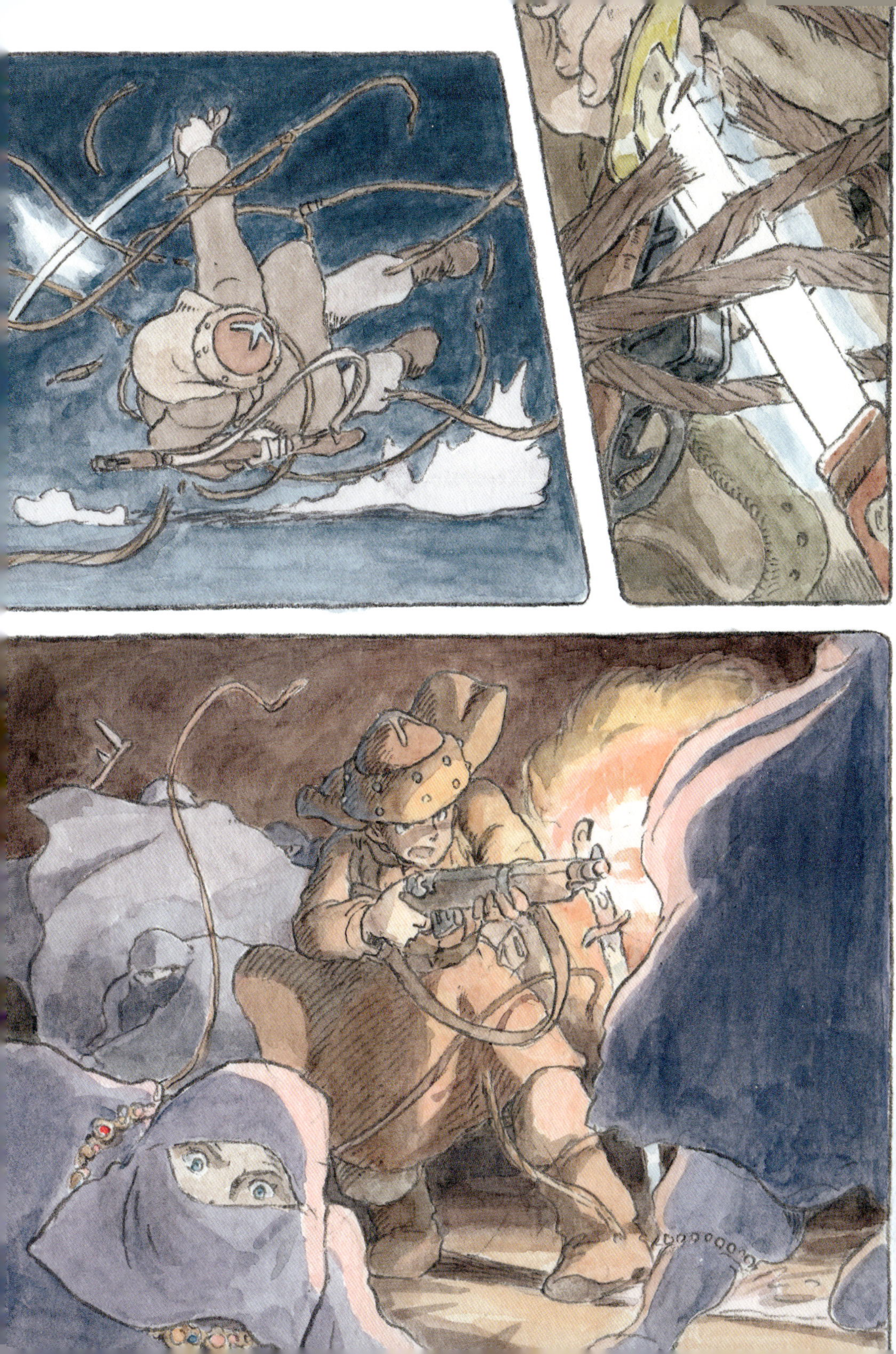

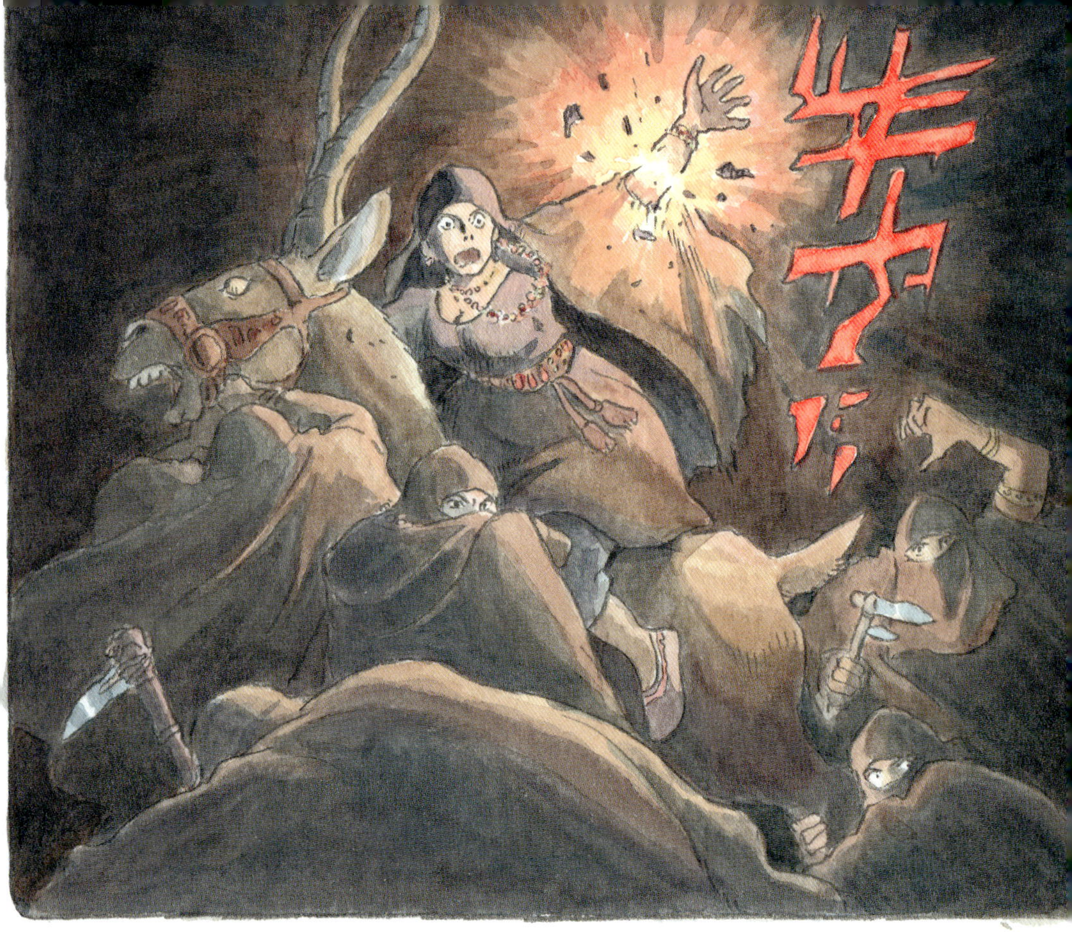

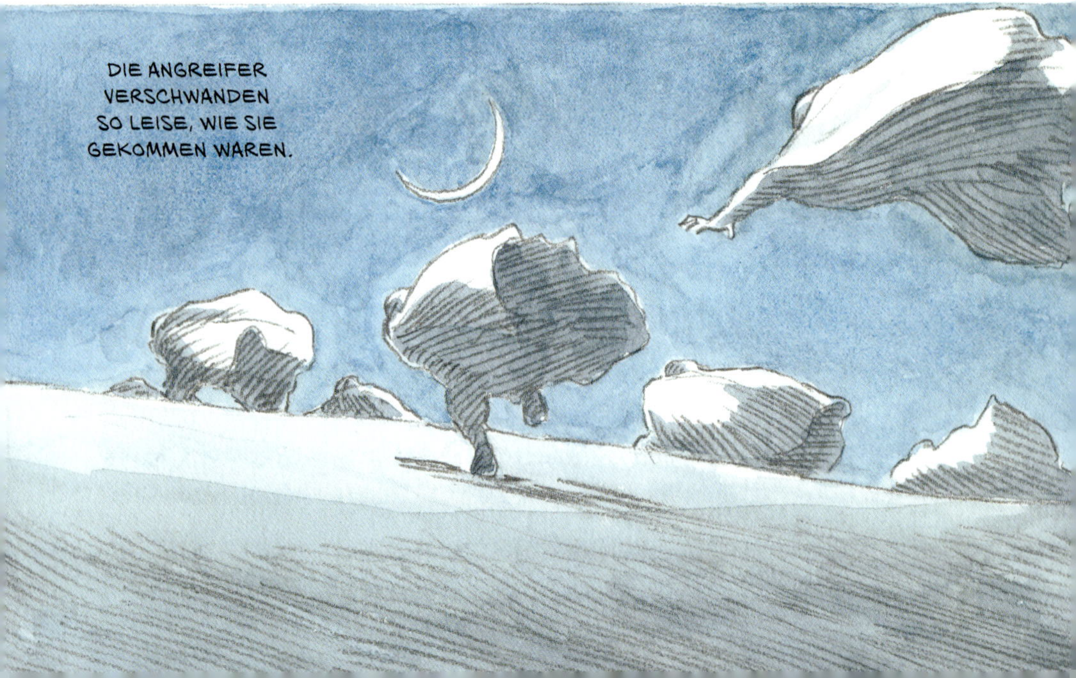

DIE ANGREIFER
VERSCHWANDEN
SO LEISE, WIE SIE
GEKOMMEN WAREN.

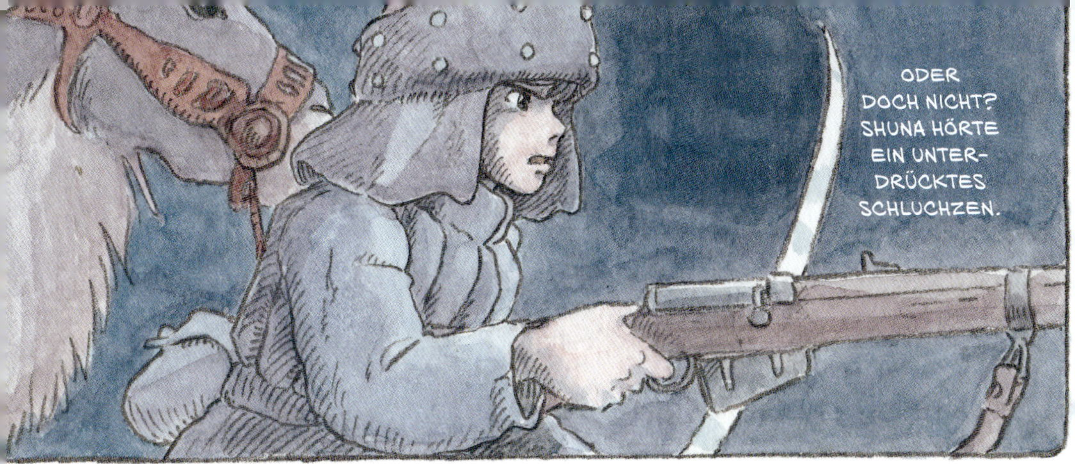

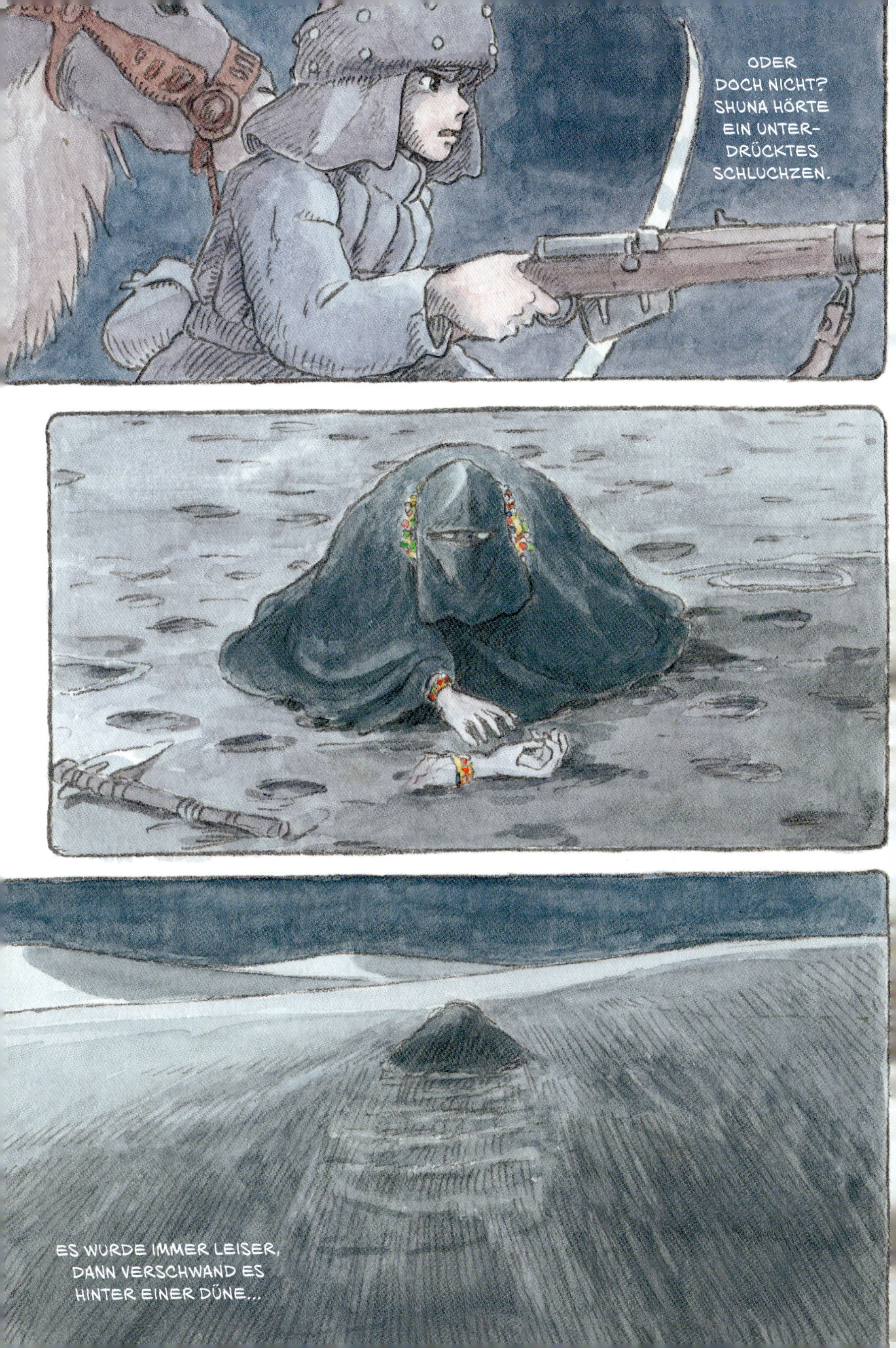

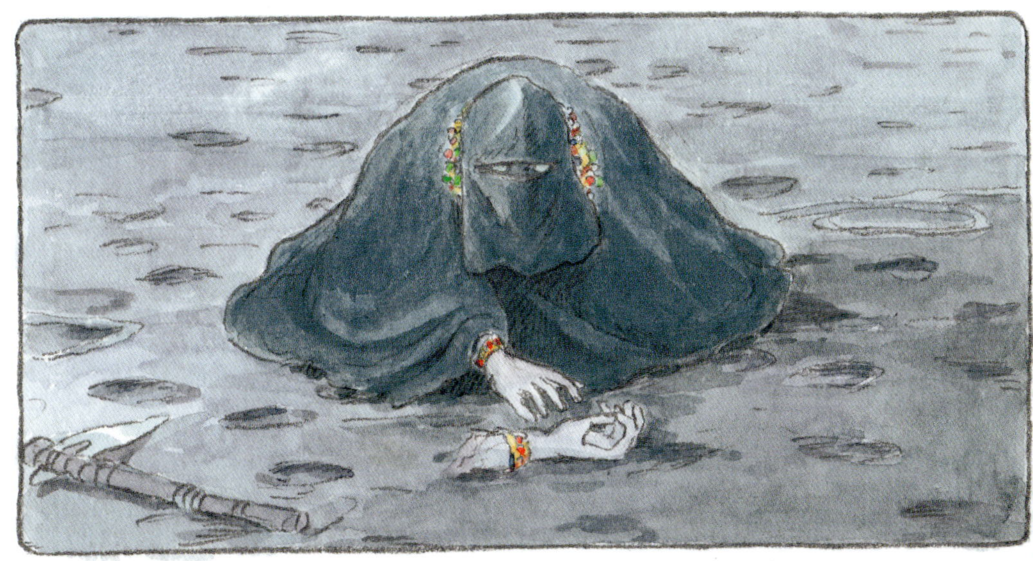

ES WURDE IMMER LEISER,
DANN VERSCHWAND ES
HINTER EINER DÜNE...

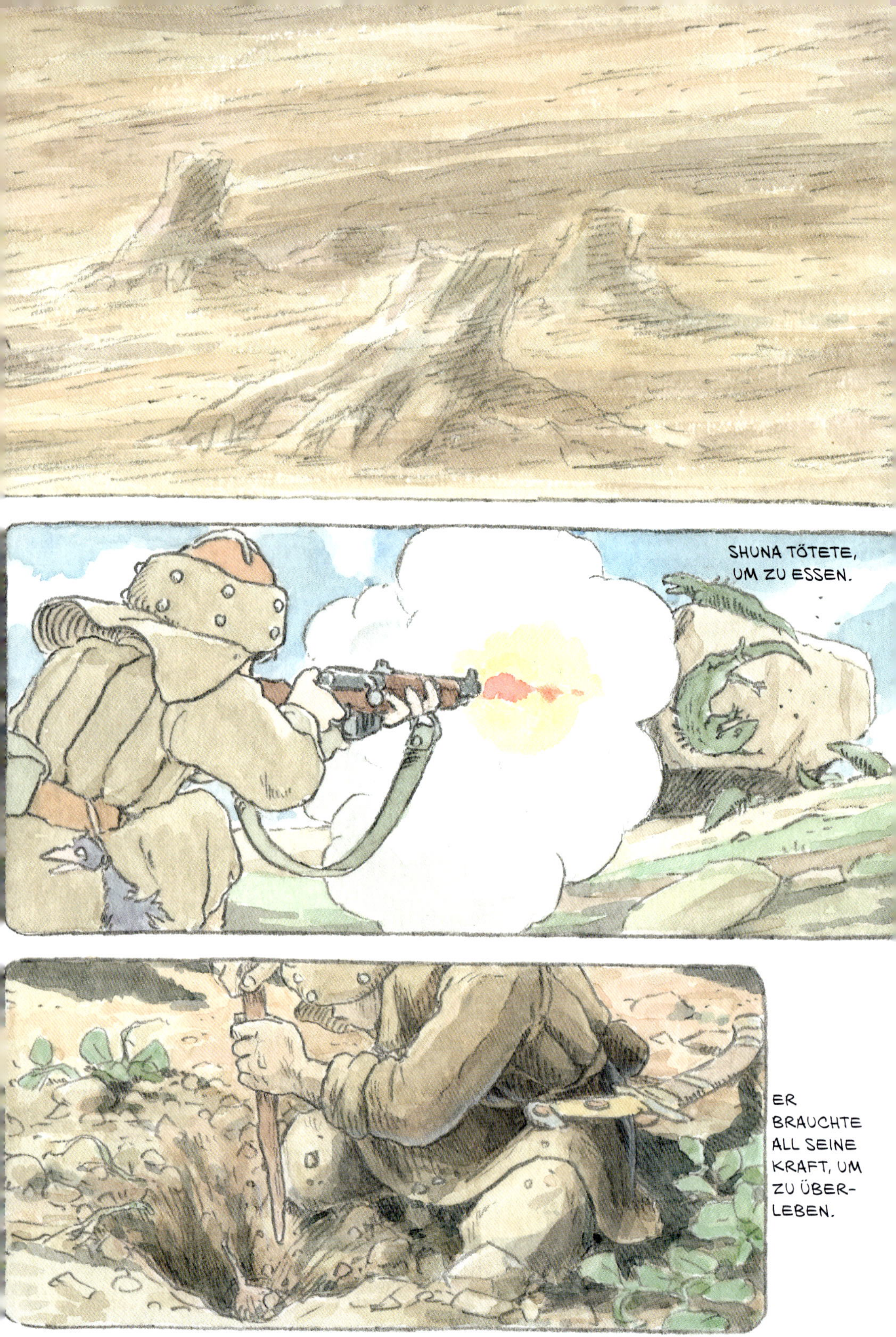

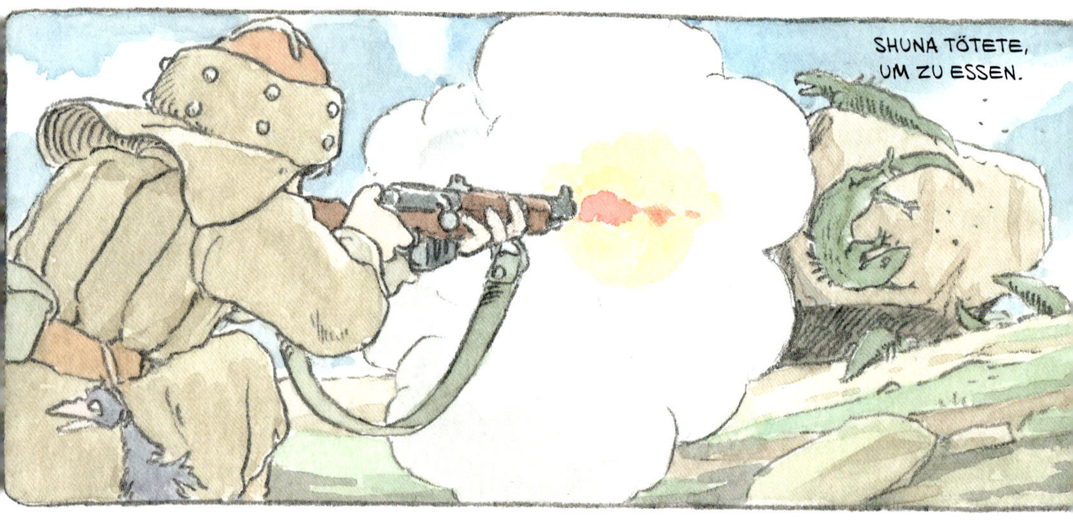
SHUNA TÖTETE,
UM ZU ESSEN.

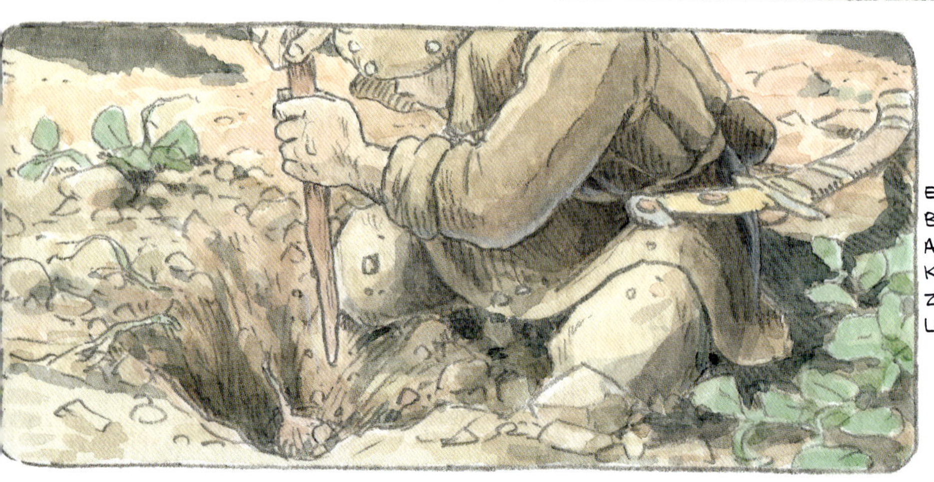
ER
BRAUCHTE
ALL SEINE
KRAFT, UM
ZU ÜBER-
LEBEN.

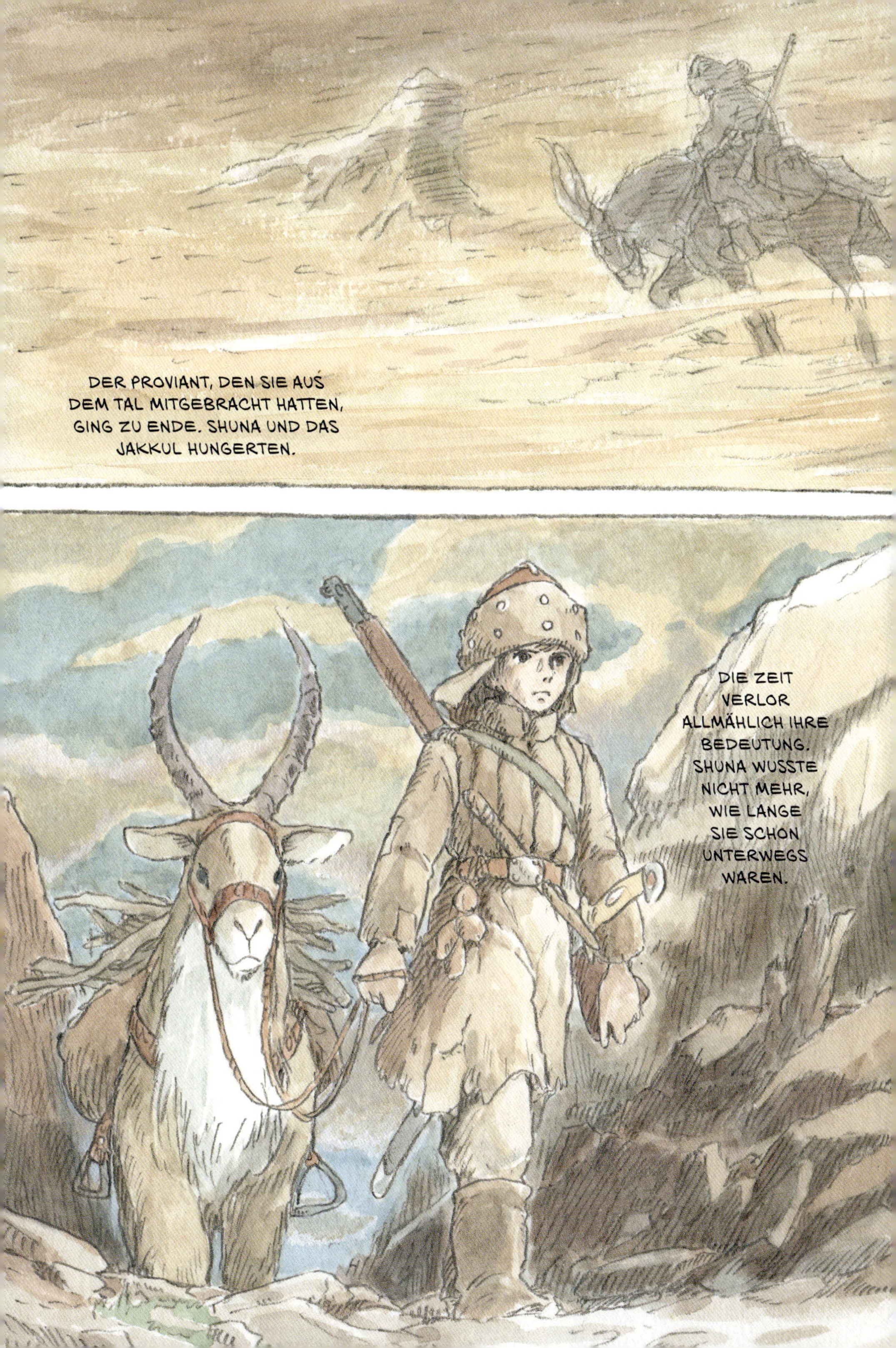
DER PROVIANT, DEN SIE AUS
DEM TAL MITGEBRACHT HATTEN,
GING ZU ENDE. SHUNA UND DAS
JAKKUL HUNGERTEN.
DIE ZEIT
VERLOR
ALLMÄHLICH IHRE
BEDEUTUNG.
SHUNA WUSSTE
NICHT MEHR,
WIE LANGE
SIE SCHON
UNTERWEGS
WAREN.

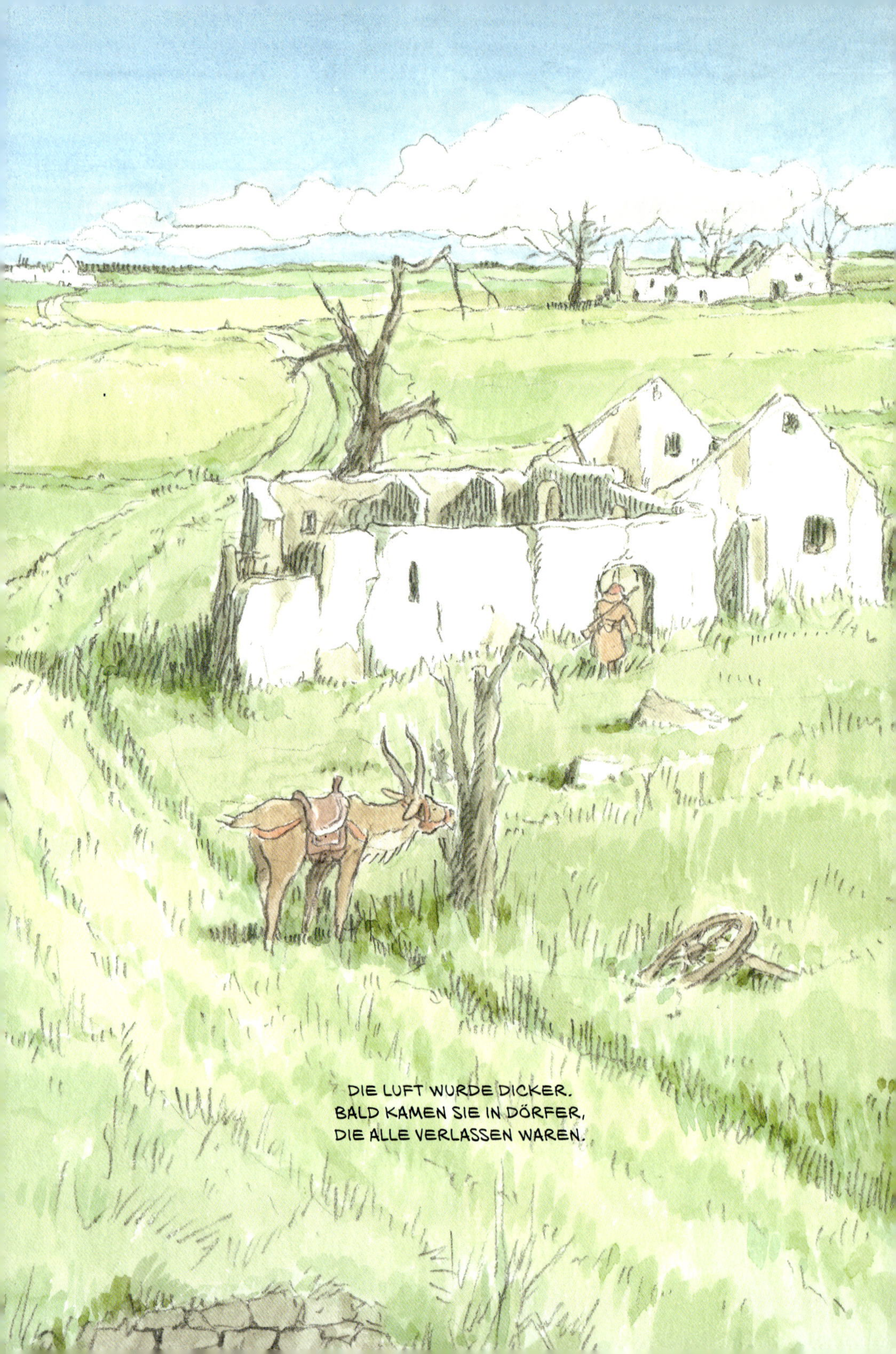
DIE LUFT WURDE DICKER.
BALD KAMEN SIE IN DÖRFER,
DIE ALLE VERLASSEN WAREN.

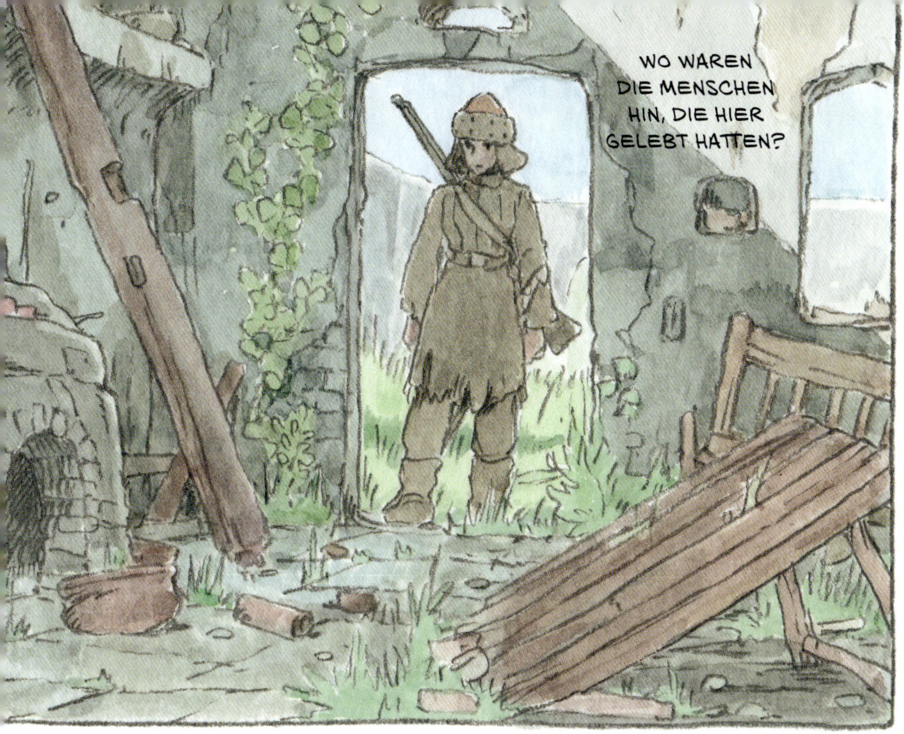

WO WAREN
DIE MENSCHEN
HIN, DIE HIER
GELEBT HATTEN?

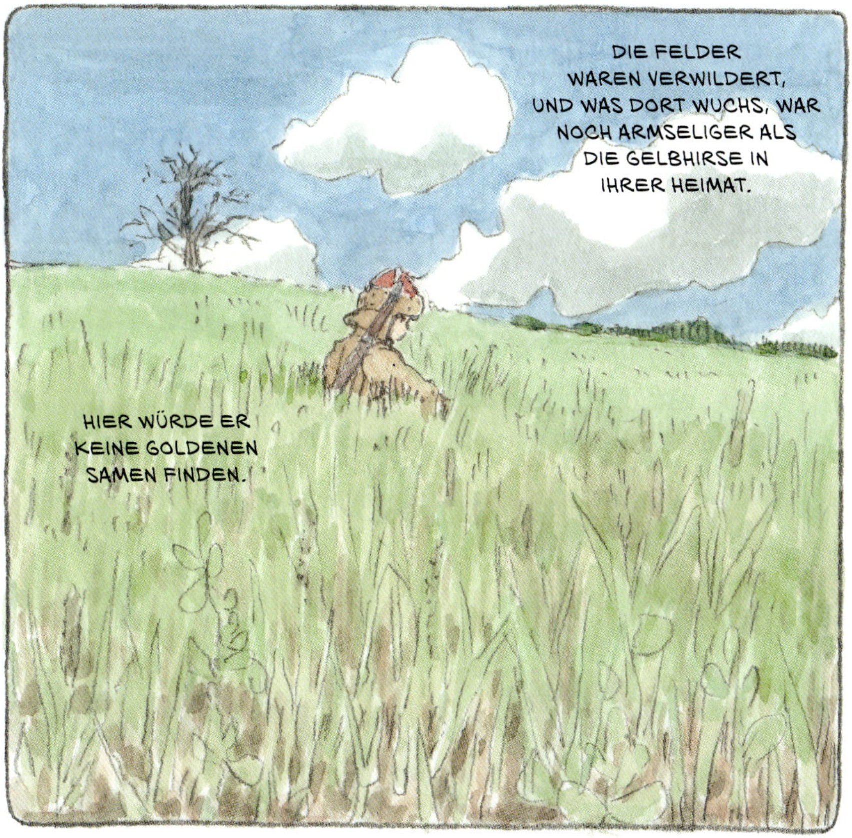

DIE FELDER
WAREN VERWILDERT,
UND WAS DORT WUCHS, WAR
NOCH ARMSELIGER ALS
DIE GELBHIRSE IN
IHRER HEIMAT.

HIER WÜRDE ER
KEINE GOLDENEN
SAMEN FINDEN.

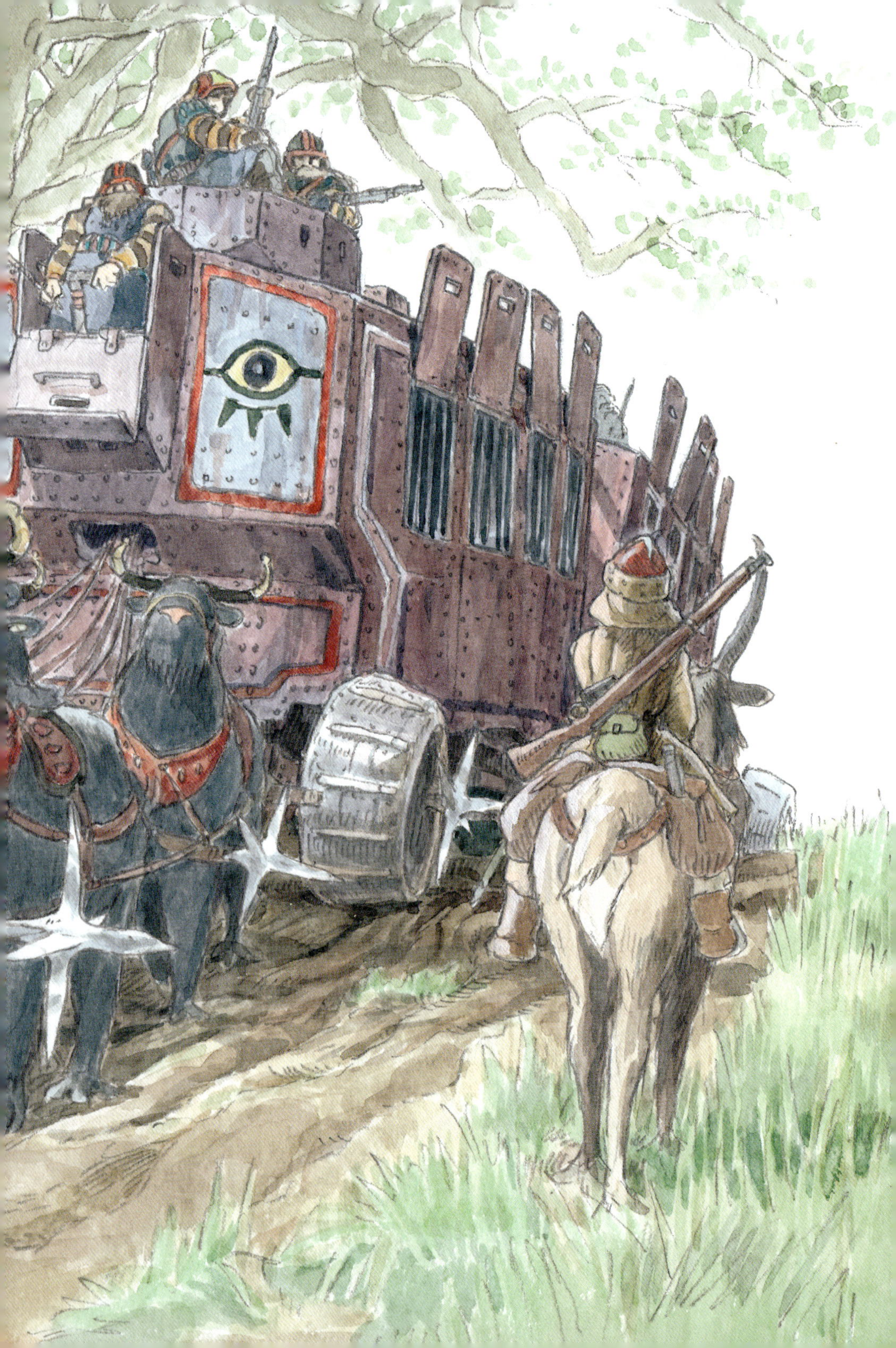

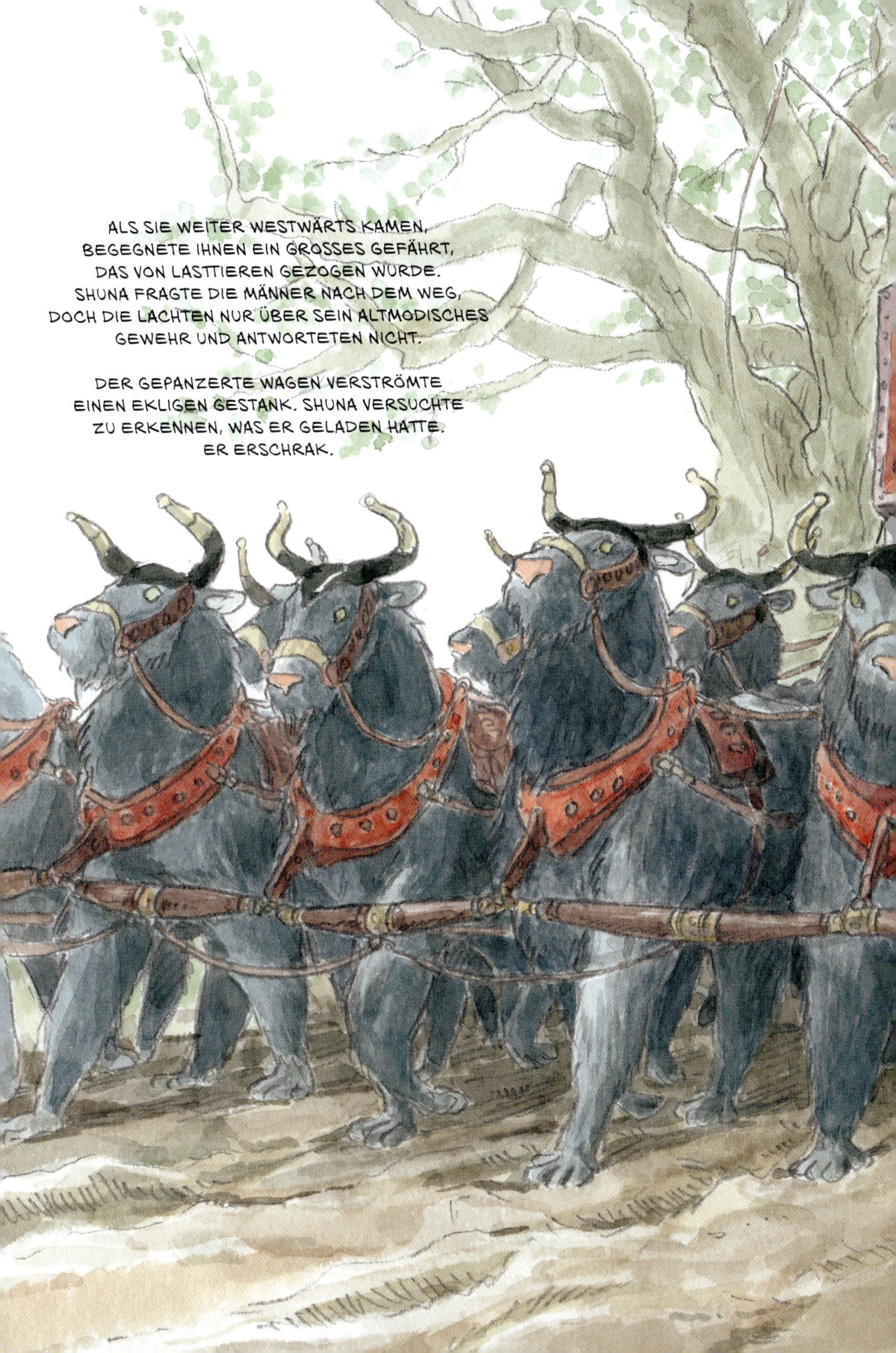
ALS SIE WEITER WESTWÄRTS KAMEN,
BEGEGNETE IHNEN EIN GROSSES GEFÄHRT,
DAS VON LASTTIEREN GEZOGEN WURDE.
SHUNA FRAGTE DIE MÄNNER NACH DEM WEG,
DOCH DIE LACHTEN NUR ÜBER SEIN ALTMODISCHES
GEWEHR UND ANTWORTETEN NICHT.
DER GEPANZERTE WAGEN VERSTRÖMTE
EINEN EKLIGEN GESTANK. SHUNA VERSUCHTE
ZU ERKENNEN, WAS ER GELADEN HATTE.
ER ERSCHRAK.

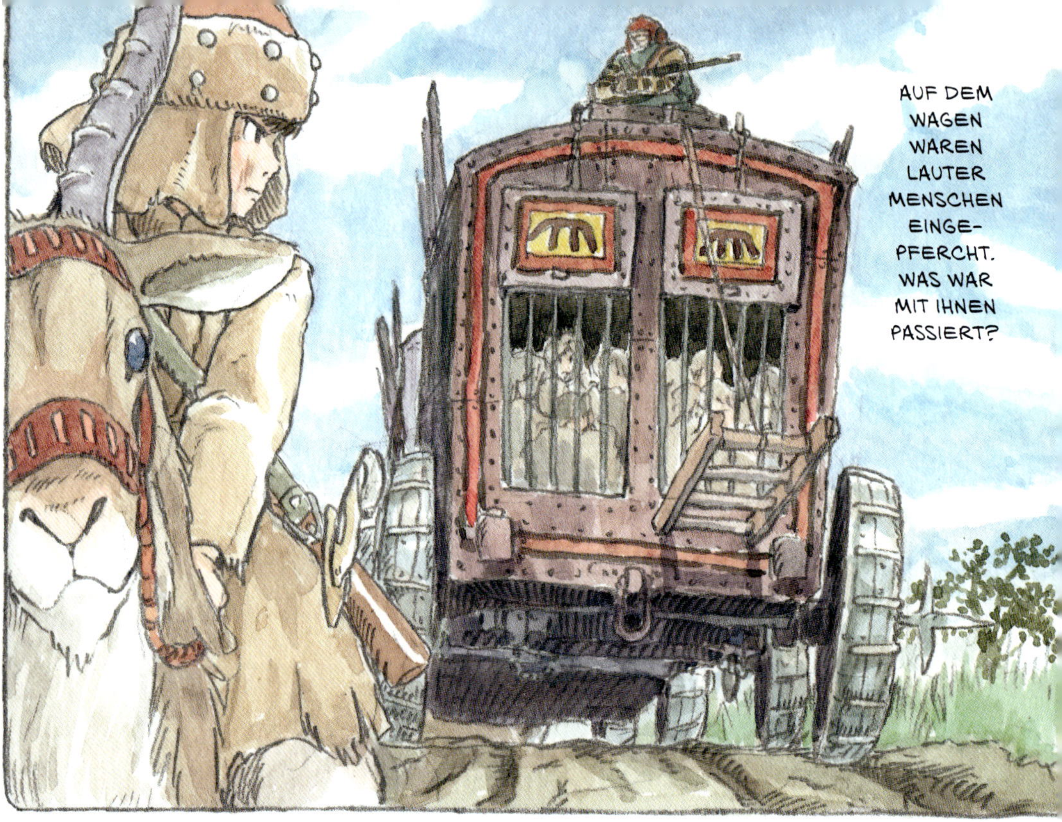

AUF DEM WAGEN WAREN LAUTER MENSCHEN EINGE-PFERCHT. WAS WAR MIT IHNEN PASSIERT?

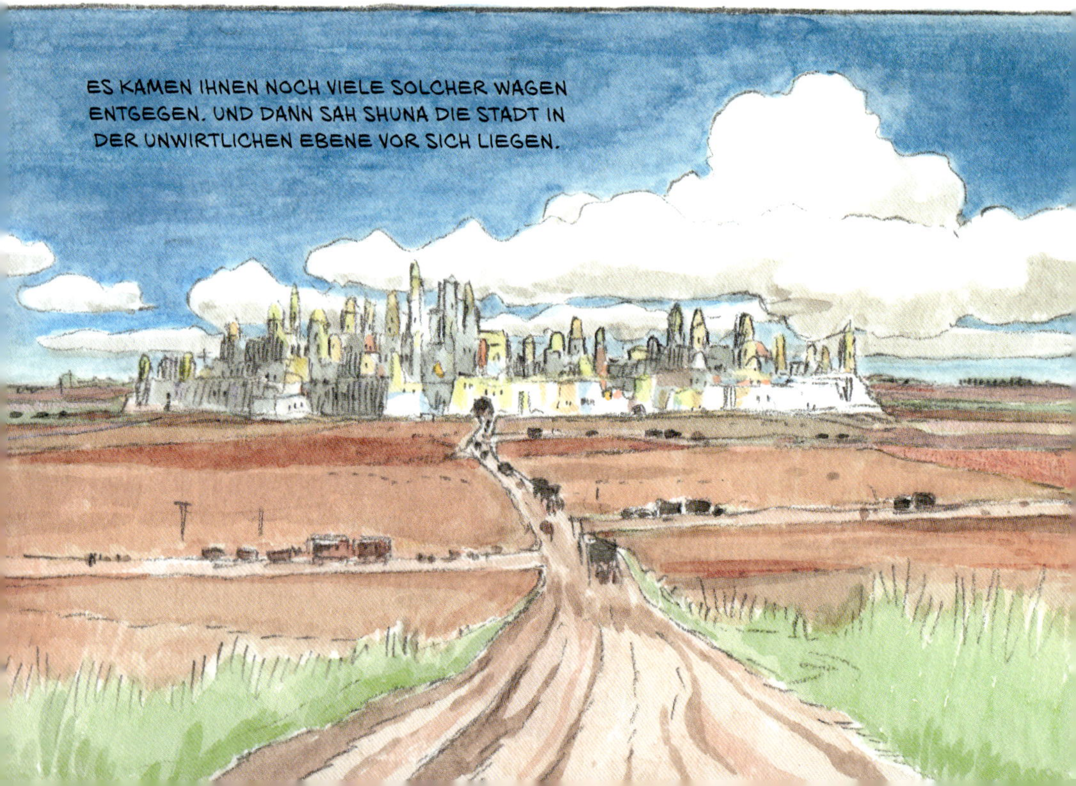

ES KAMEN IHNEN NOCH VIELE SOLCHER WAGEN ENTGEGEN. UND DANN SAH SHUNA DIE STADT IN DER UNWIRTLICHEN EBENE VOR SICH LIEGEN.

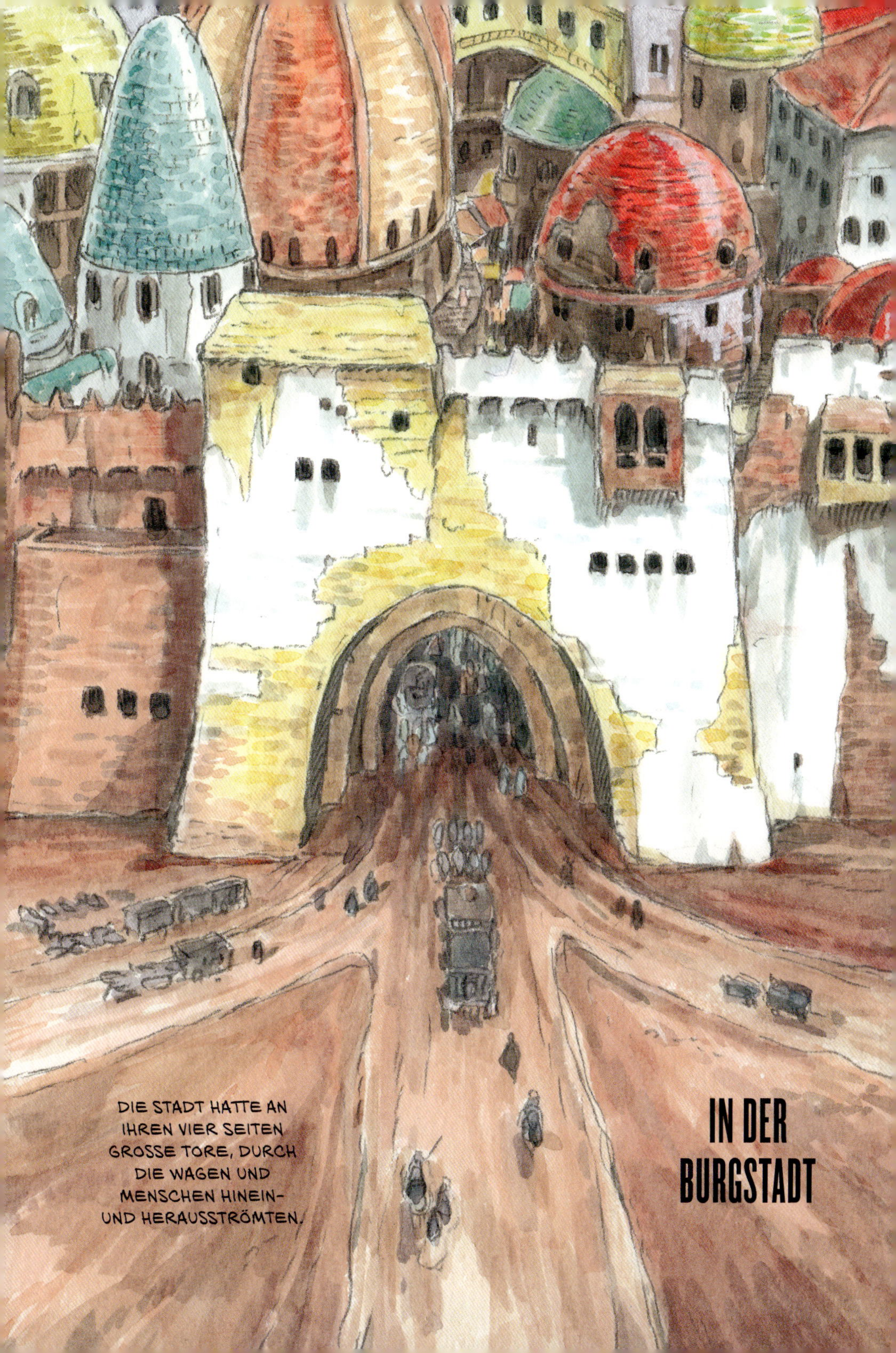
DIE STADT HATTE AN
IHREN VIER SEITEN
GROSSE TORE, DURCH
DIE WAGEN UND
MENSCHEN HINEIN-
UND HERAUSSTRÖMTEN.
IN DER
BURGSTADT

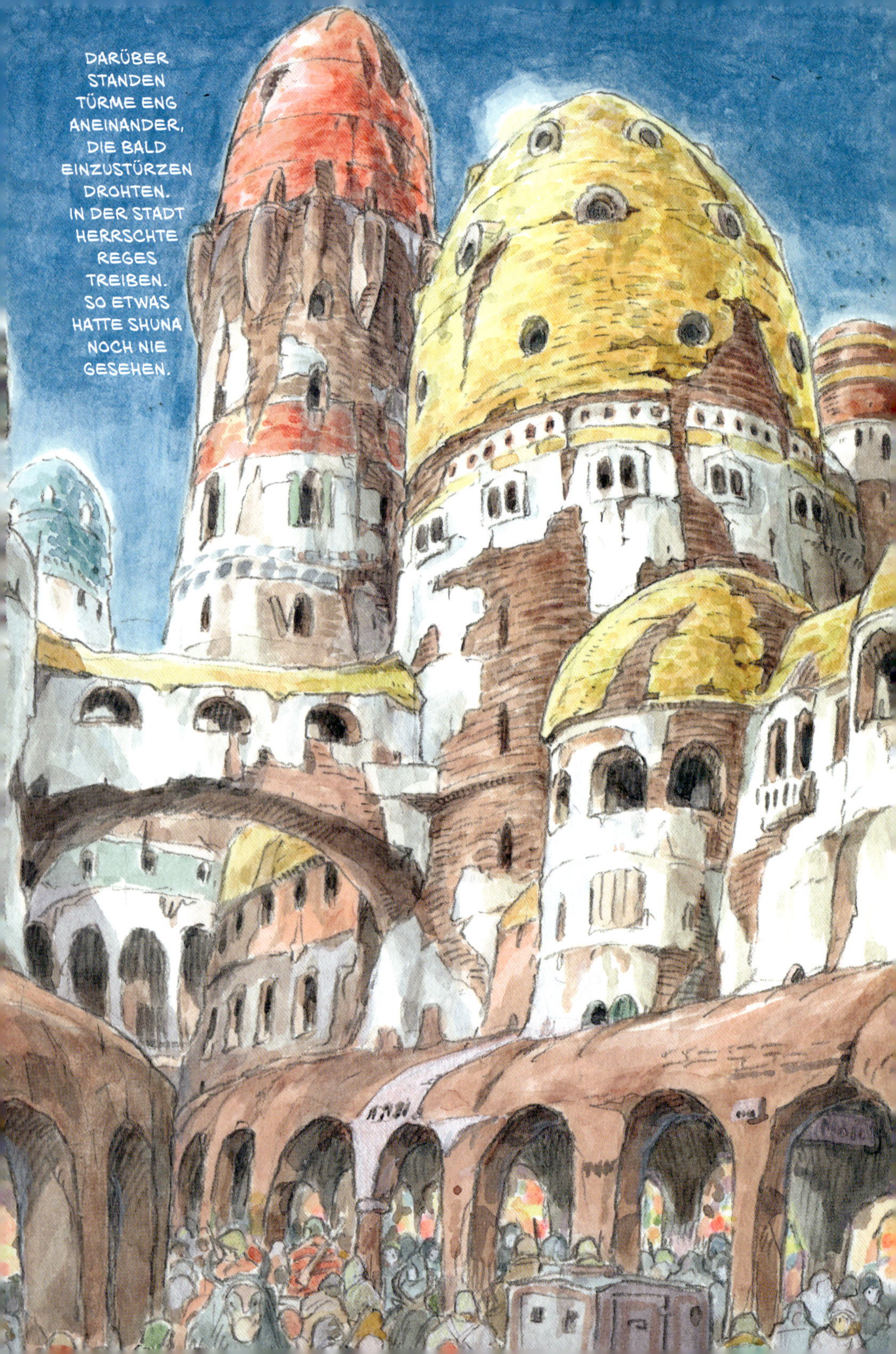
DARÜBER STANDEN TÜRME ENG ANEINANDER, DIE BALD EINZUSTÜRZEN DROHTEN. IN DER STADT HERRSCHTE REGES TREIBEN. SO ETWAS HATTE SHUNA NOCH NIE GESEHEN.

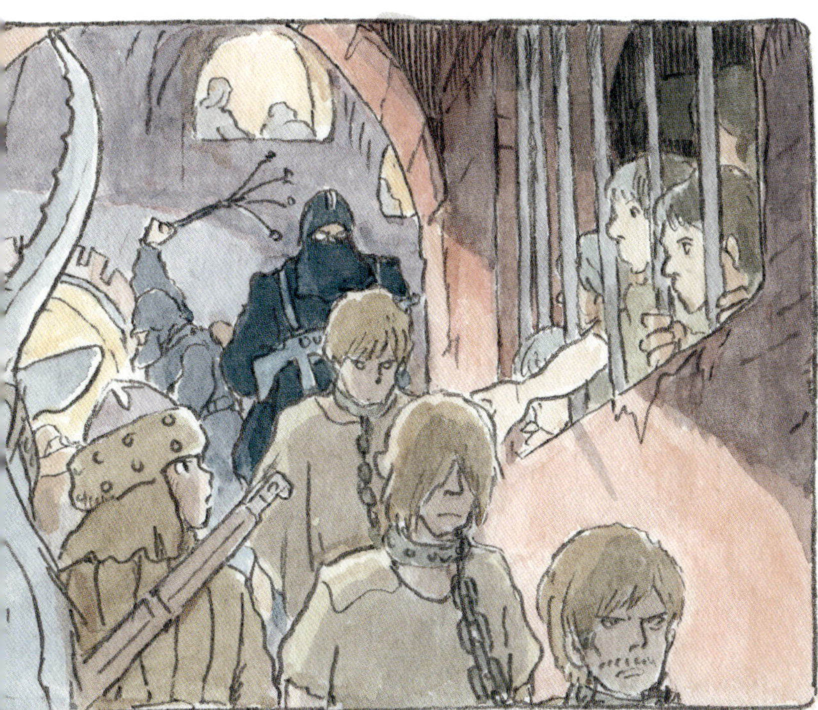

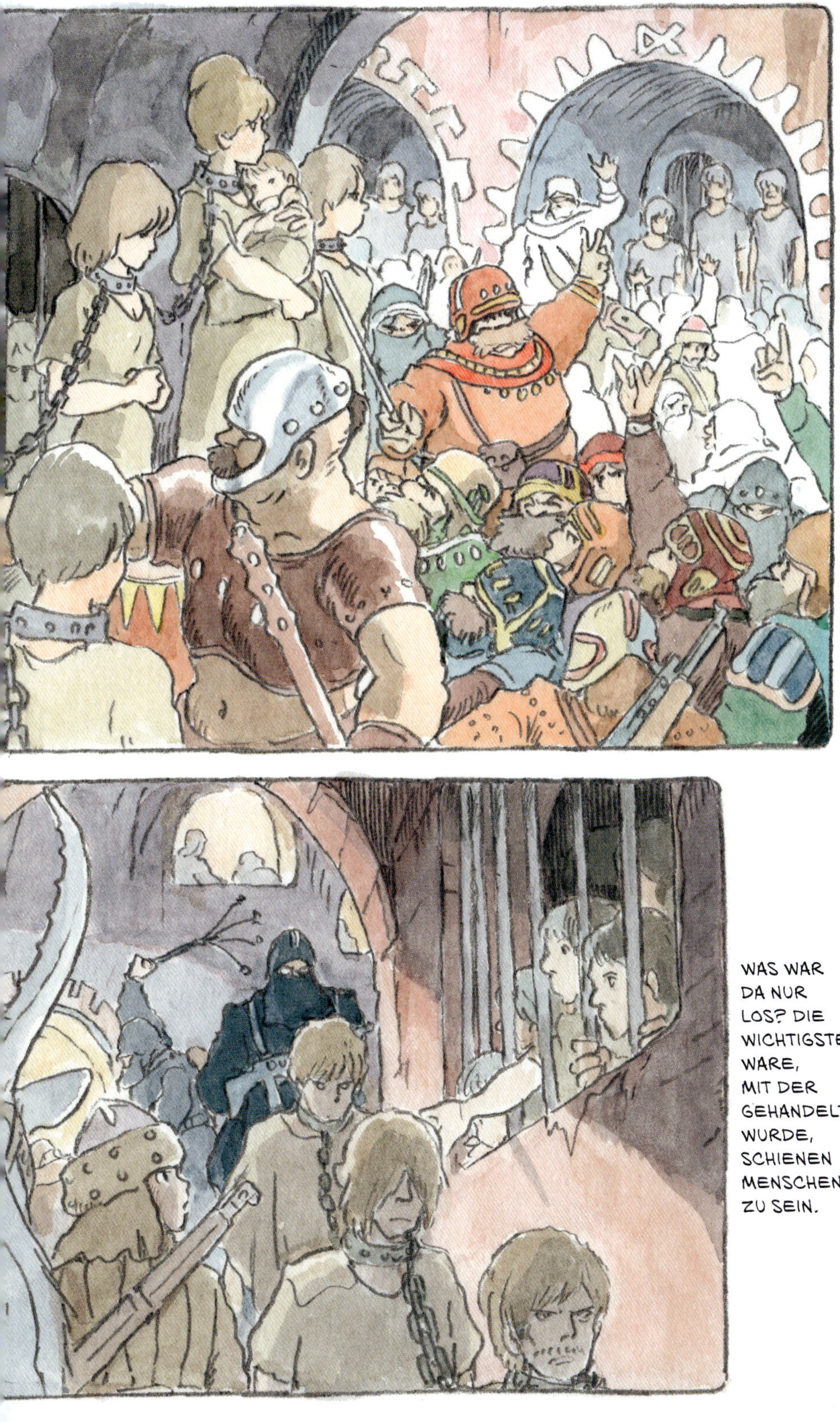

WAS WAR
DA NUR
LOS? DIE
WICHTIGSTE
WARE,
MIT DER
GEHANDELT
WURDE,
SCHIENEN
MENSCHEN
ZU SEIN.

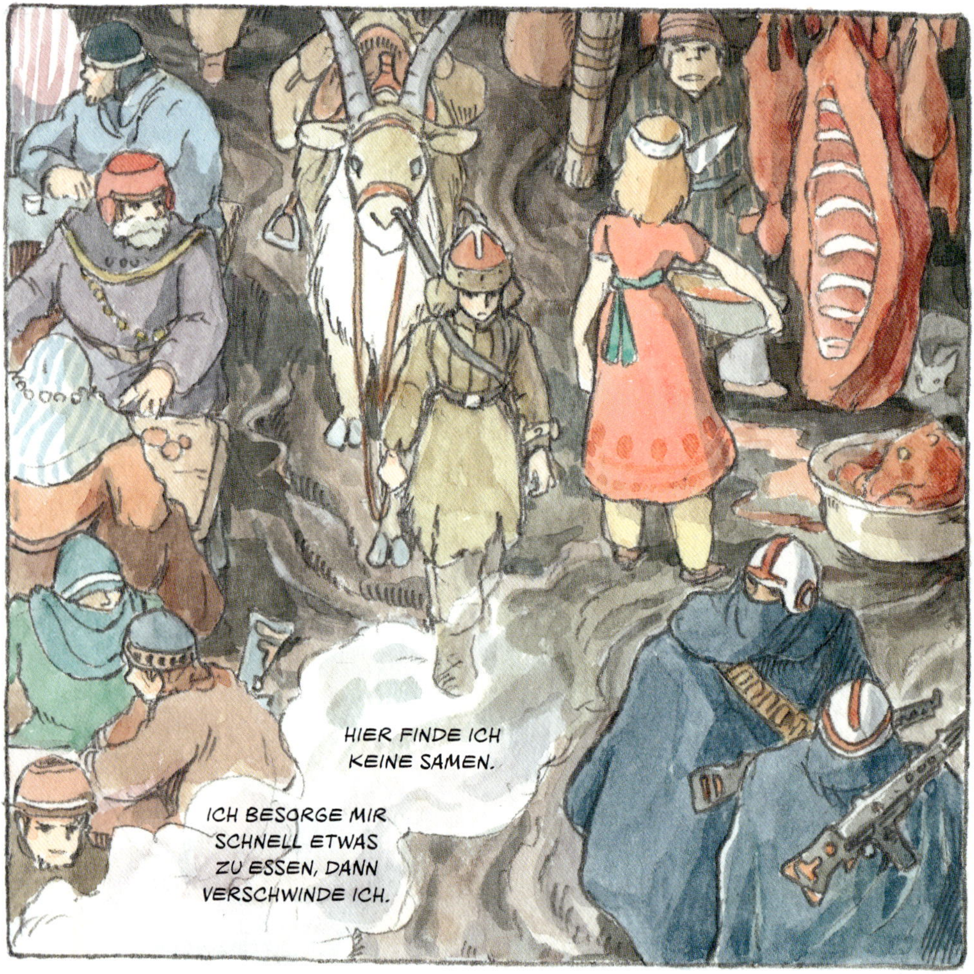

HIER FINDE ICH KEINE SAMEN.

ICH BESORGE MIR SCHNELL ETWAS ZU ESSEN, DANN VERSCHWINDE ICH.

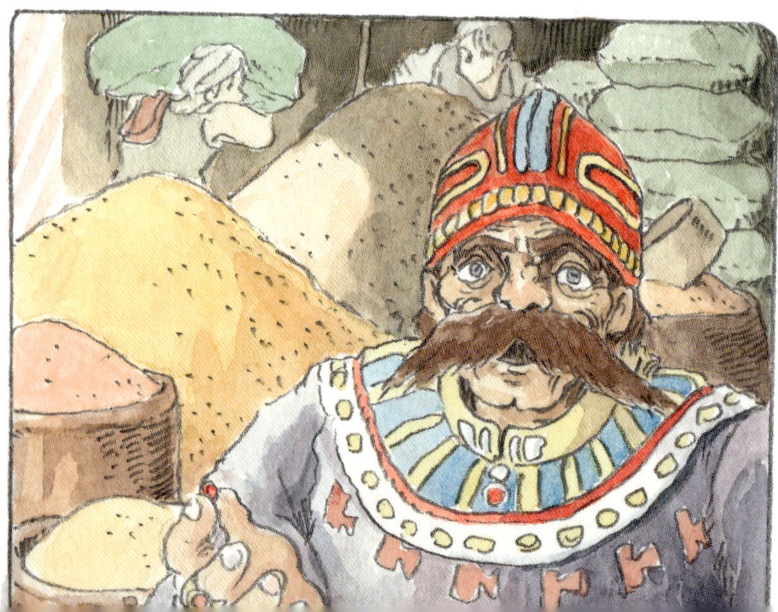

ALS SHUNA AUF DEN EDELSTEIN AM GRIFF SEINES SCHWERTES DEUTETE, ÄNDERTE DER HÄNDLER SEIN BENEHMEN PLÖTZLICH. VOR SEINEM LADEN LAGEN HAUFEN MIT KORN UND BOHNEN.

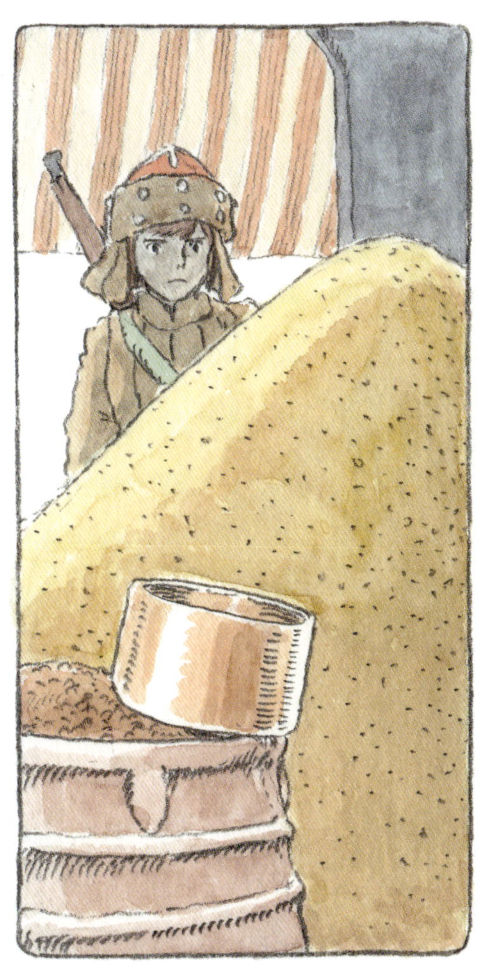

SHUNAS BLICK BLIEB AN EINEM DER HAUFEN HÄNGEN. DAS WAREN DIE SAMEN, NACH DENEN ER SUCHTE, DOCH AUCH SIE WAREN TOT UND LEER. SHUNA FRAGTE DEN MANN, OB ER KEINE LEBENDEN SAMEN HABE.

„NIEMAND ARBEITET MEHR AUF DEN FELDERN, UND KORN BEKOMMT MAN HEUTZUTAGE ÜBERALL, SO VIEL MAN HABEN WILL."

„WO WIRD ES DENN ANGEBAUT?"

„DIE MENSCHENHÄNDLER BRINGEN ES IM TAUSCH FÜR DIE MENSCHEN, DIE SIE HIER KAUFEN. DU MUSST SIE FRAGEN."

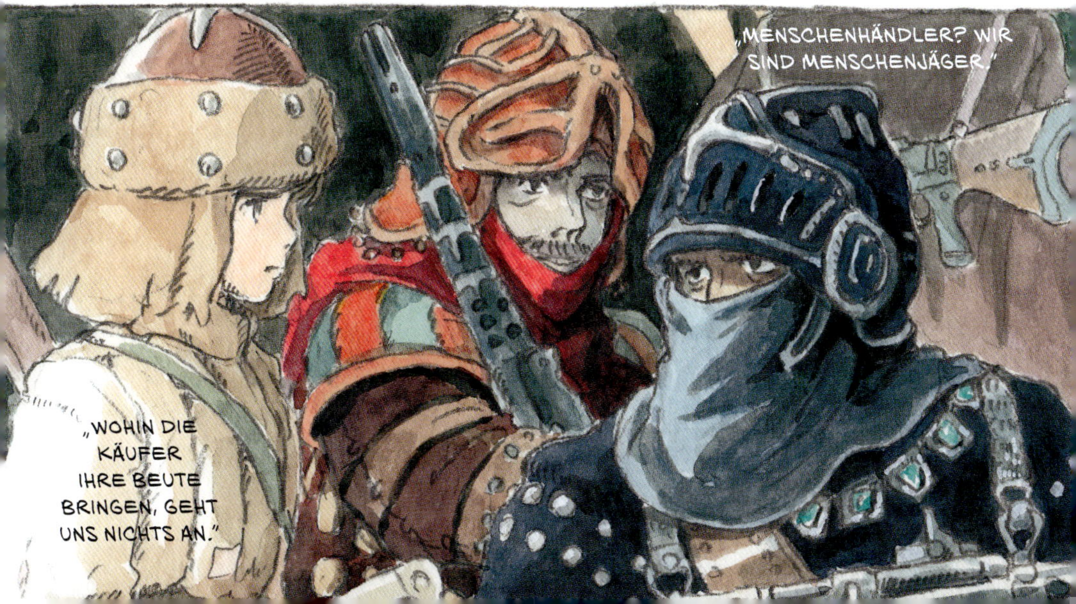

„MENSCHENHÄNDLER? WIR SIND MENSCHENJÄGER."

„WOHIN DIE KÄUFER IHRE BEUTE BRINGEN, GEHT UNS NICHTS AN."

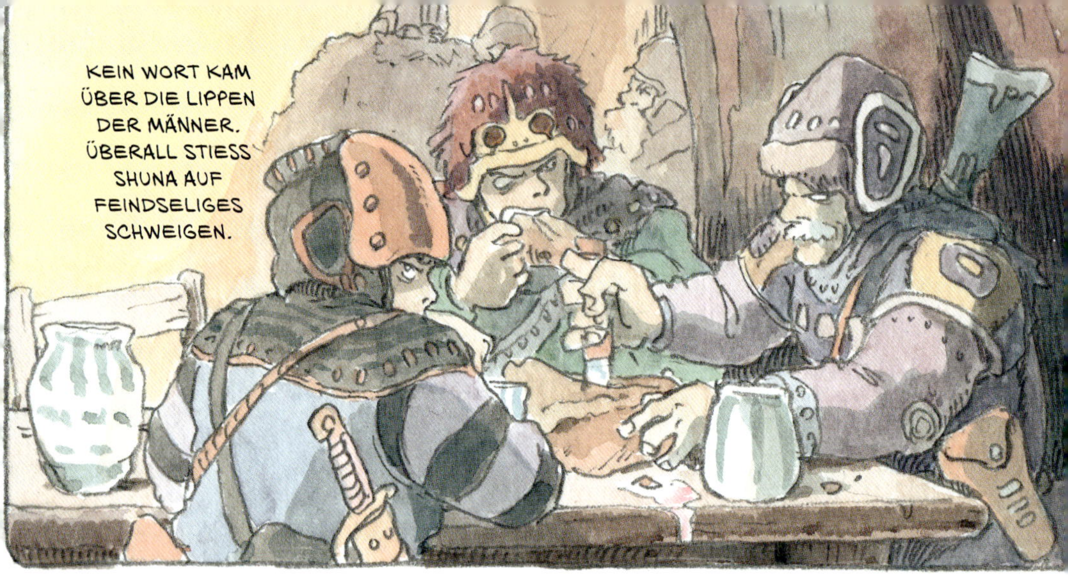

KEIN WORT KAM
ÜBER DIE LIPPEN
DER MÄNNER.
ÜBERALL STIESS
SHUNA AUF
FEINDSELIGES
SCHWEIGEN.

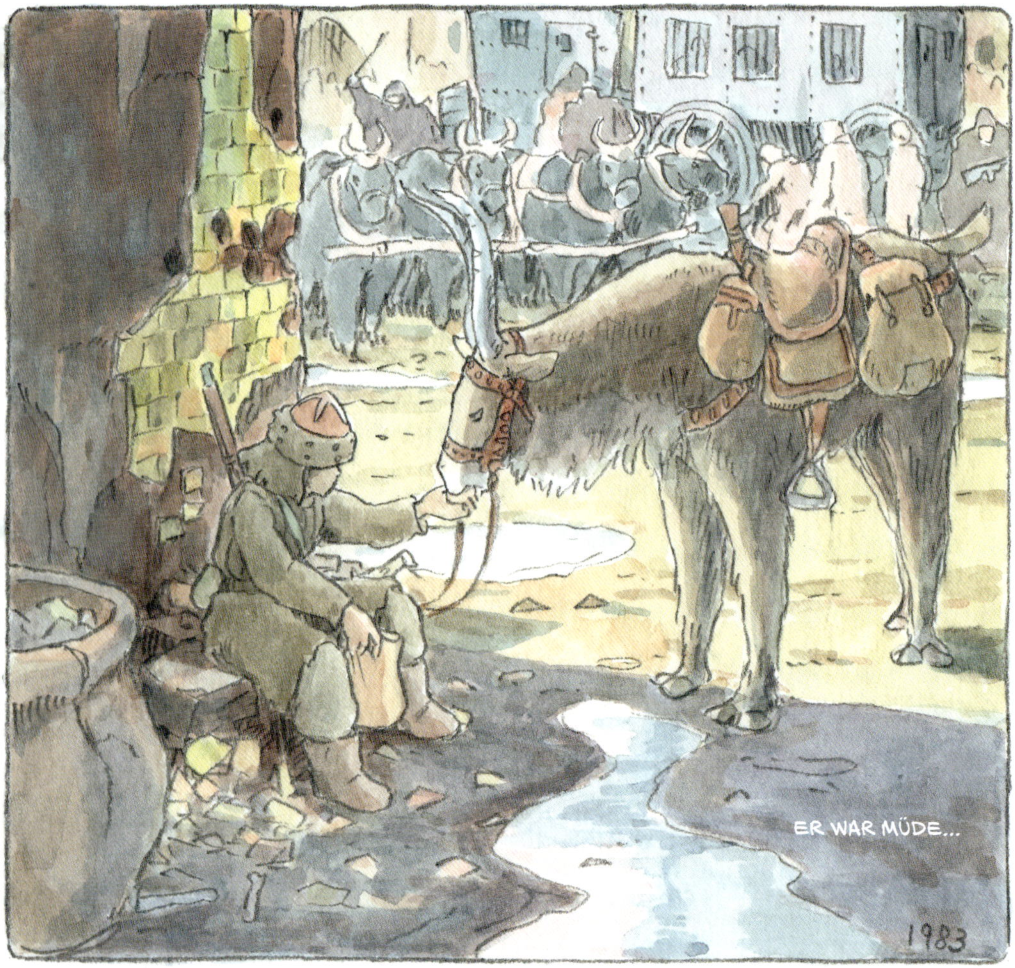

ER WAR MÜDE...

1983

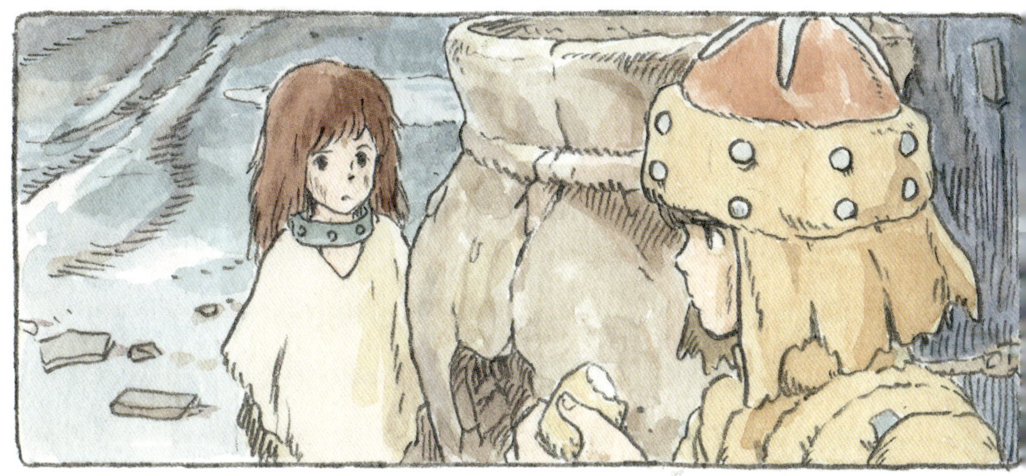

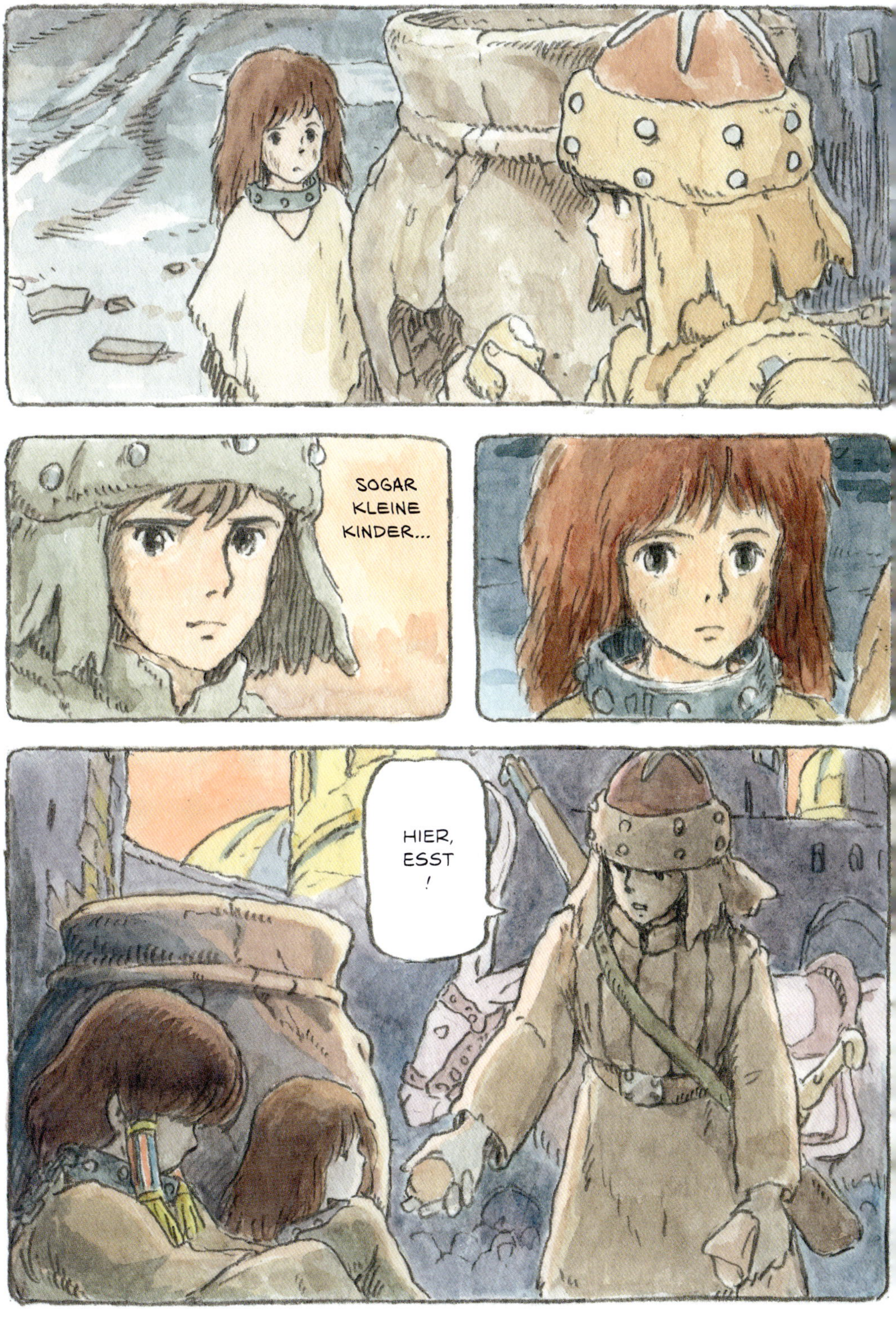

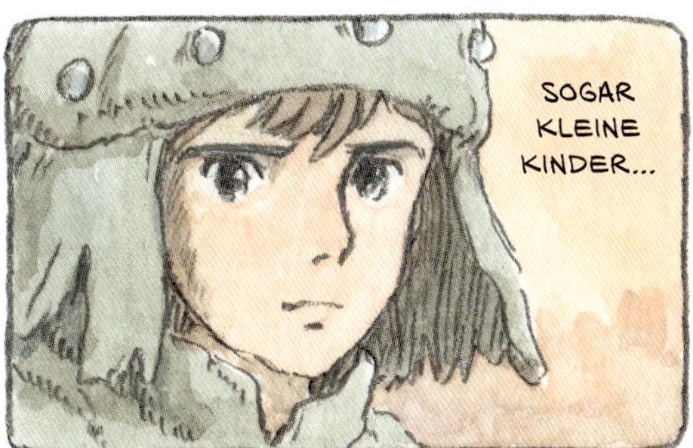
SOGAR KLEINE KINDER...

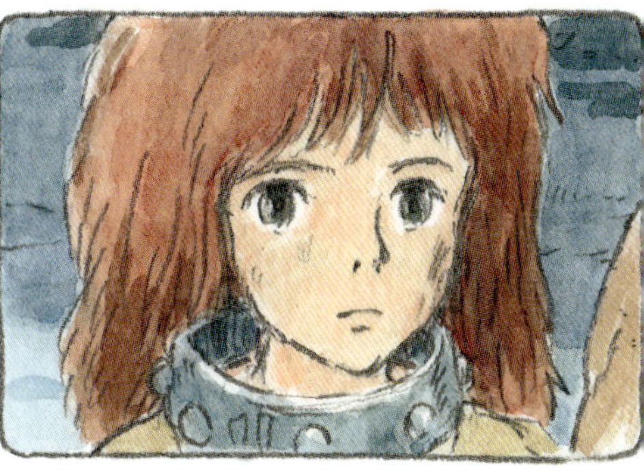

HIER, ESST !

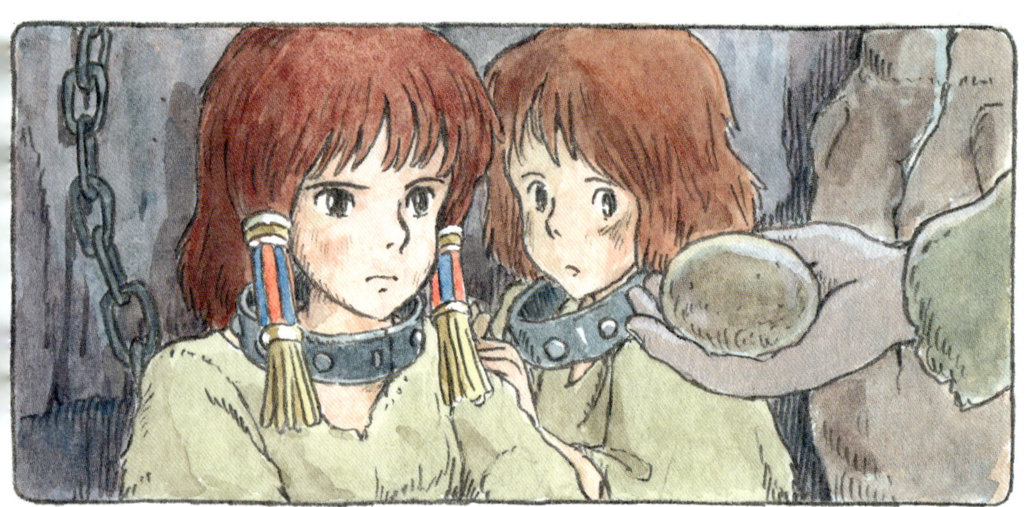

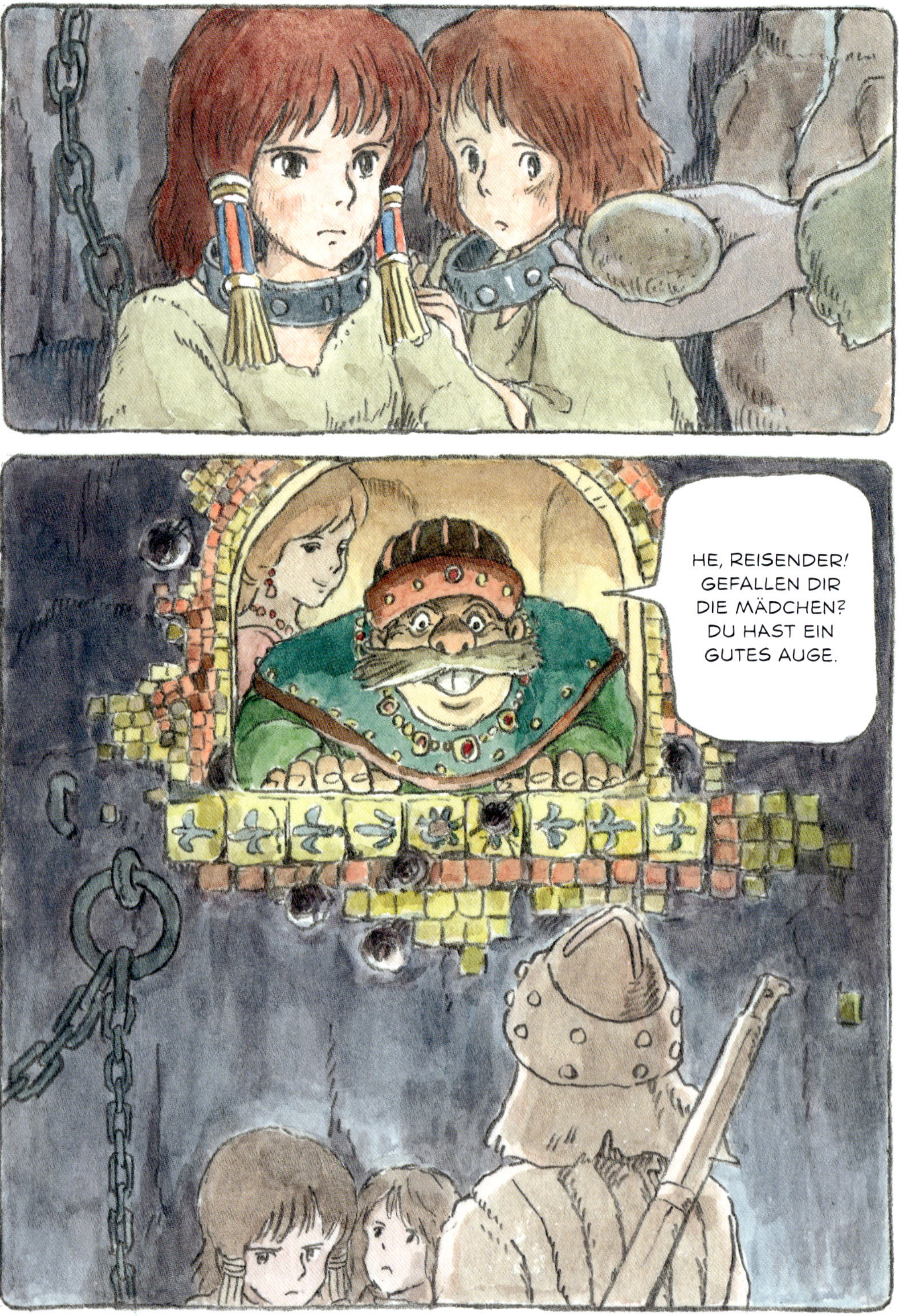

HE, REISENDER! GEFALLEN DIR DIE MÄDCHEN? DU HAST EIN GUTES AUGE.

DIE GEBEN GUTE EHEFRAUEN AB, ODER AUCH DIENERINNEN. ICH MACH DIR EINEN FAIREN PREIS.

IN DEN ADERN DIESER BEIDEN SCHWESTERN FLIESST KÖNIGLICHES BLUT.

ICH WÜNSCHTE, DIE BEIDEN KÄMEN FREI...

SHUNA KONNTE SICH NICHT ENTSCHEIDEN.

ABER OHNE SEIN JAKKUL WÄRE DIE REISE ZU ENDE. UND SEINEN EDELSTEIN HATTE ER NICHT MEHR.

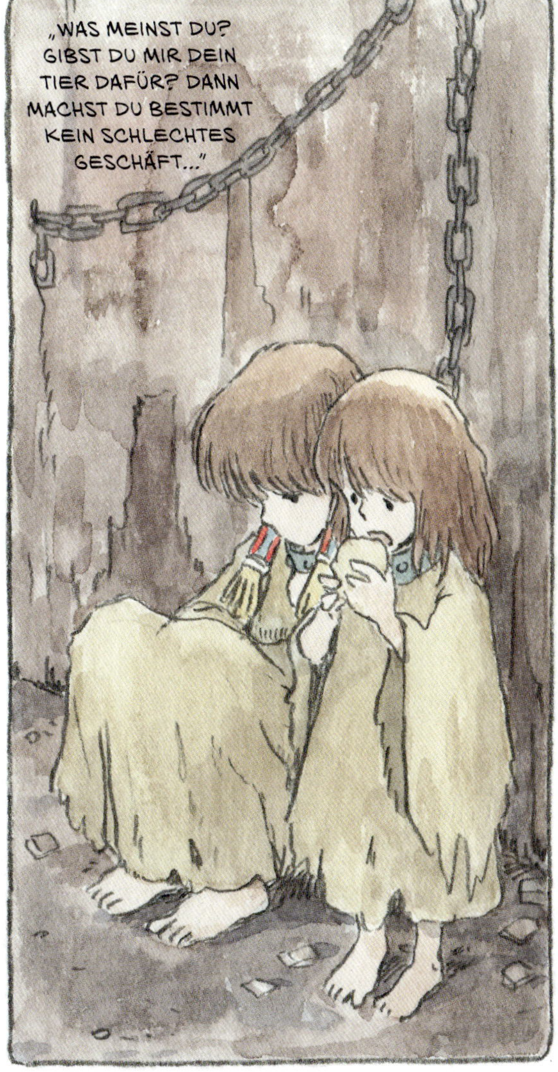

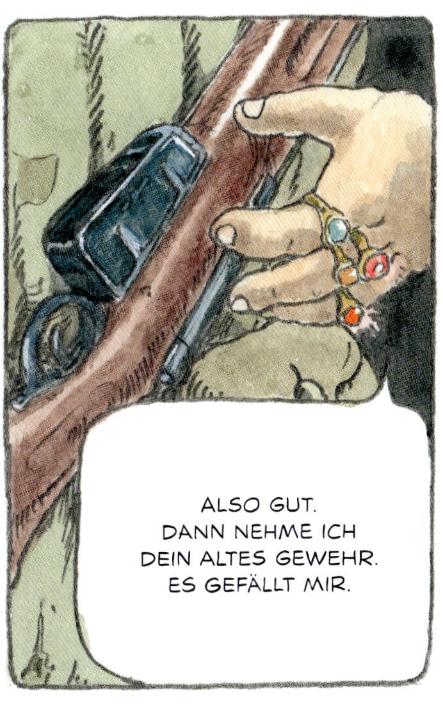

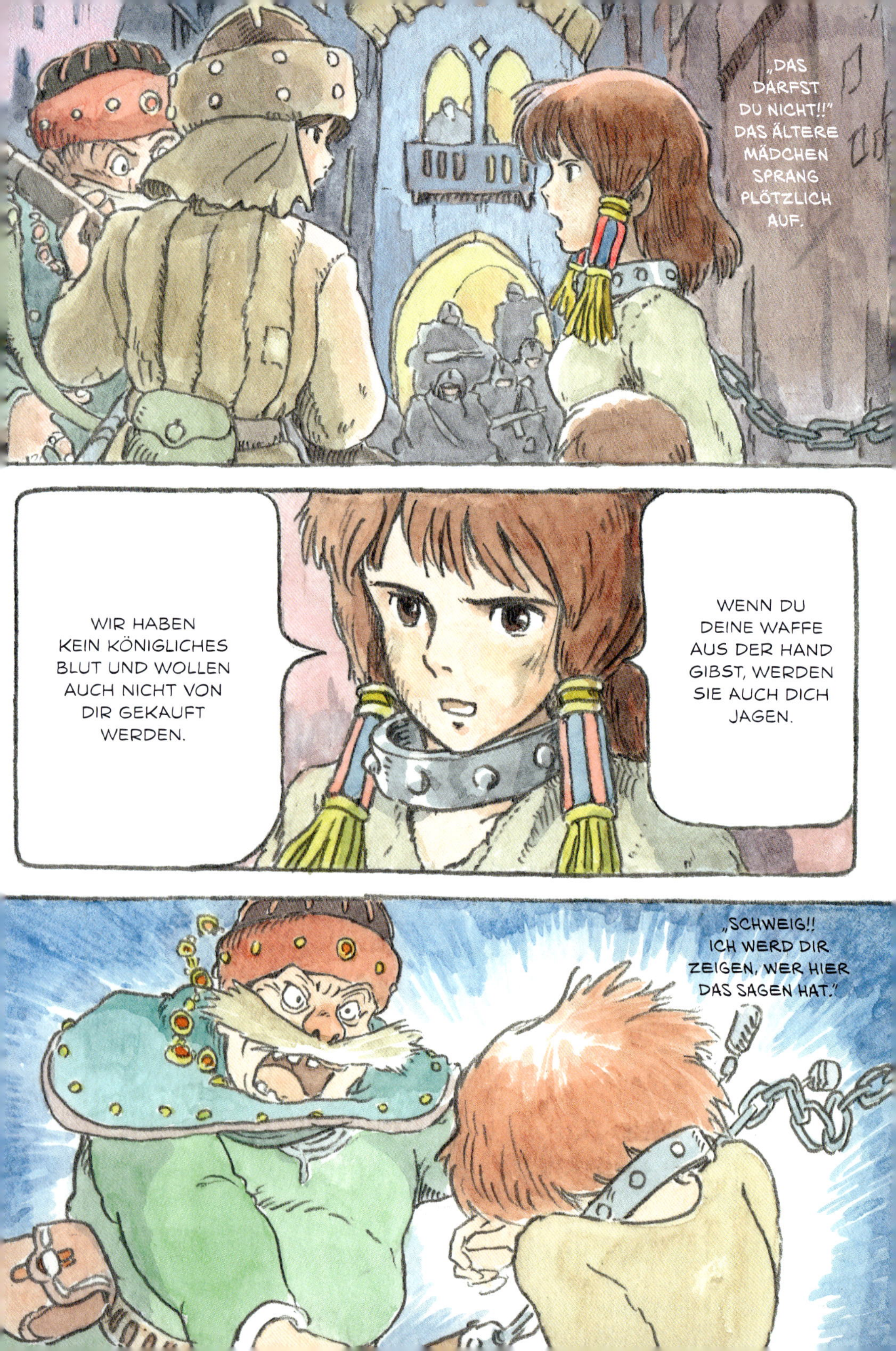

„DAS DARFST DU NICHT!!" DAS ÄLTERE MÄDCHEN SPRANG PLÖTZLICH AUF.

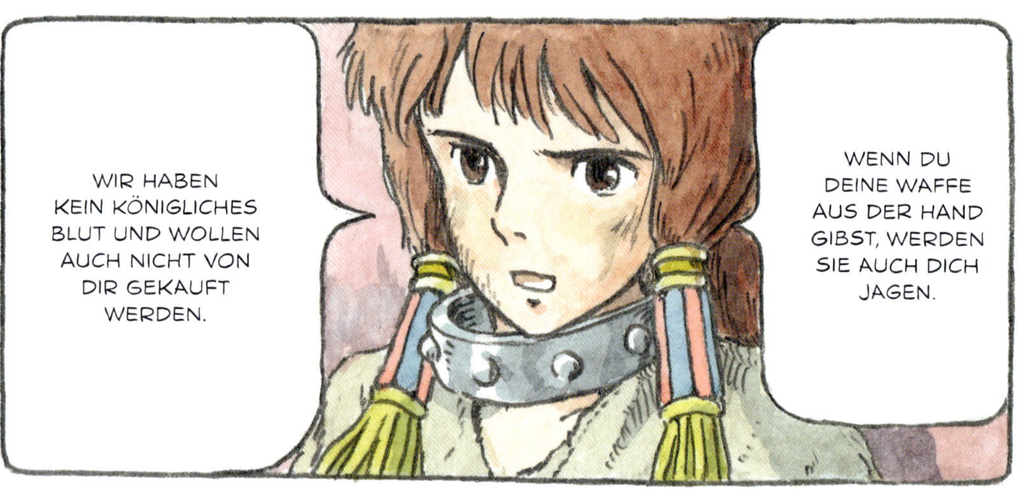

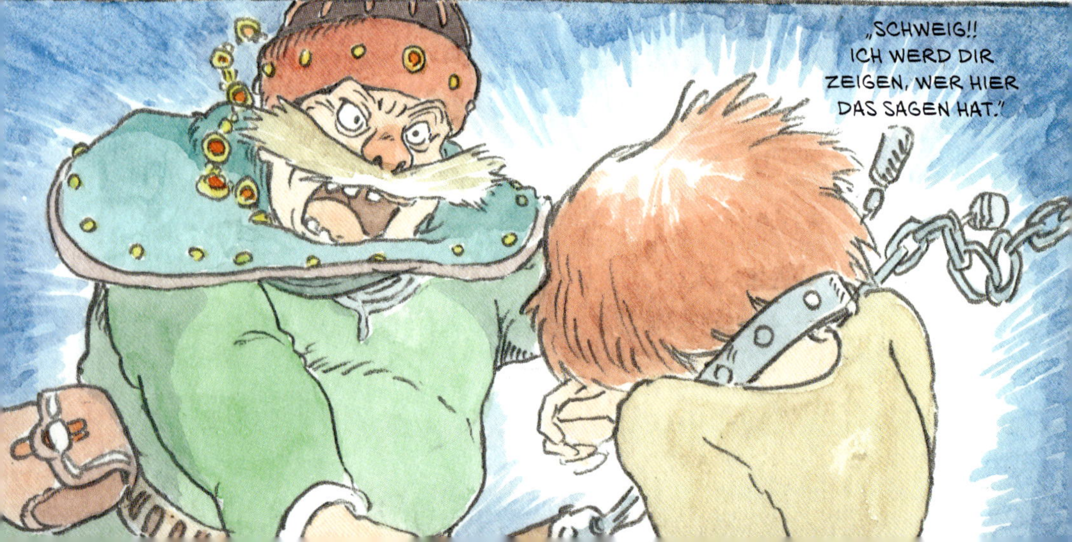

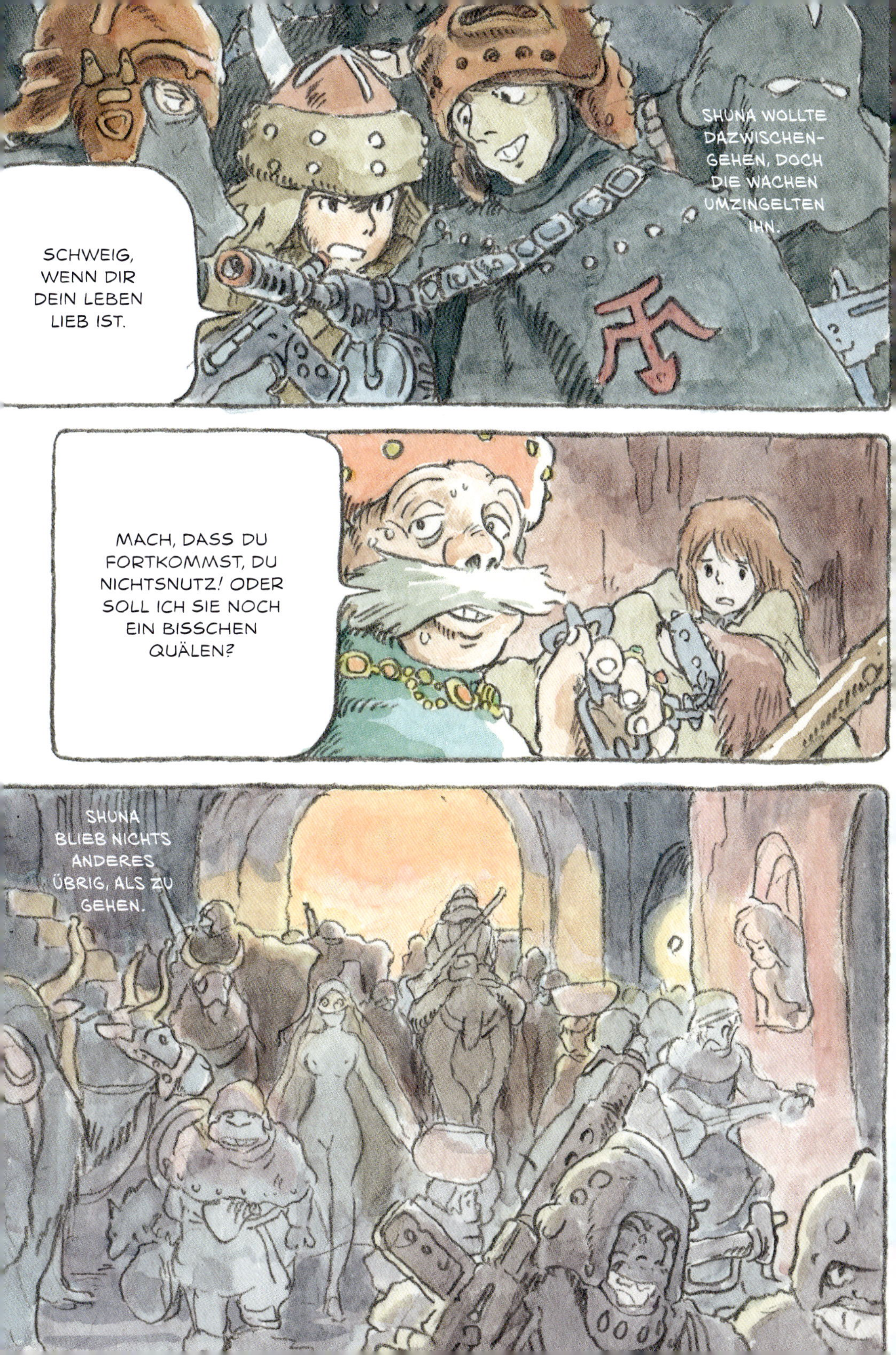

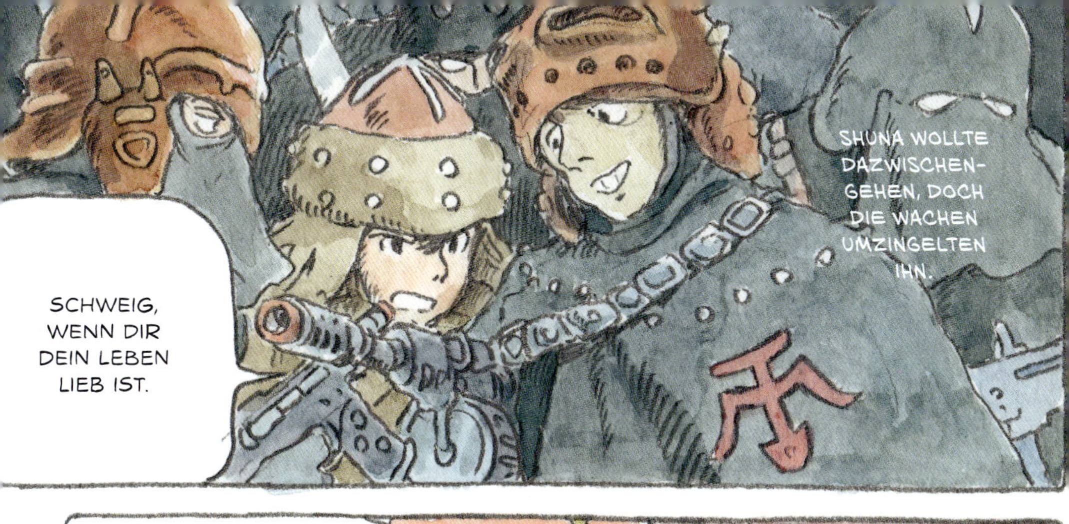

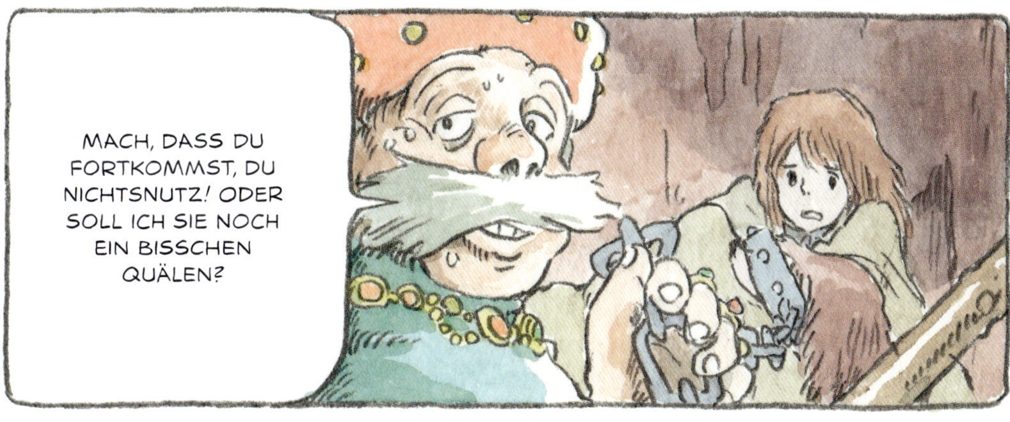

SHUNA BLIEB NICHTS ANDERES ÜBRIG, ALS ZU GEHEN.

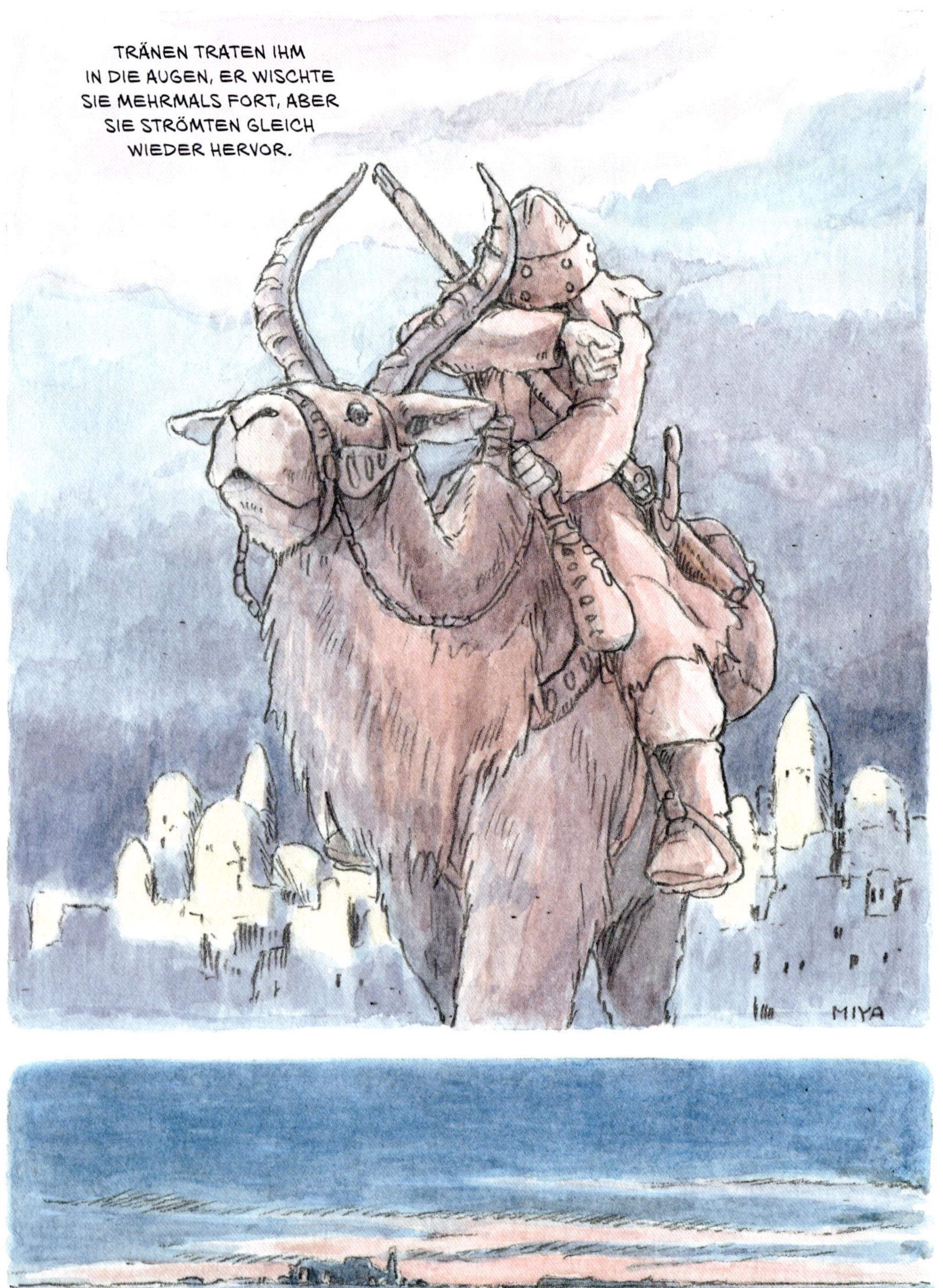
TRÄNEN TRATEN IHM IN DIE AUGEN, ER WISCHTE SIE MEHRMALS FORT, ABER SIE STRÖMTEN GLEICH WIEDER HERVOR.
MIYA

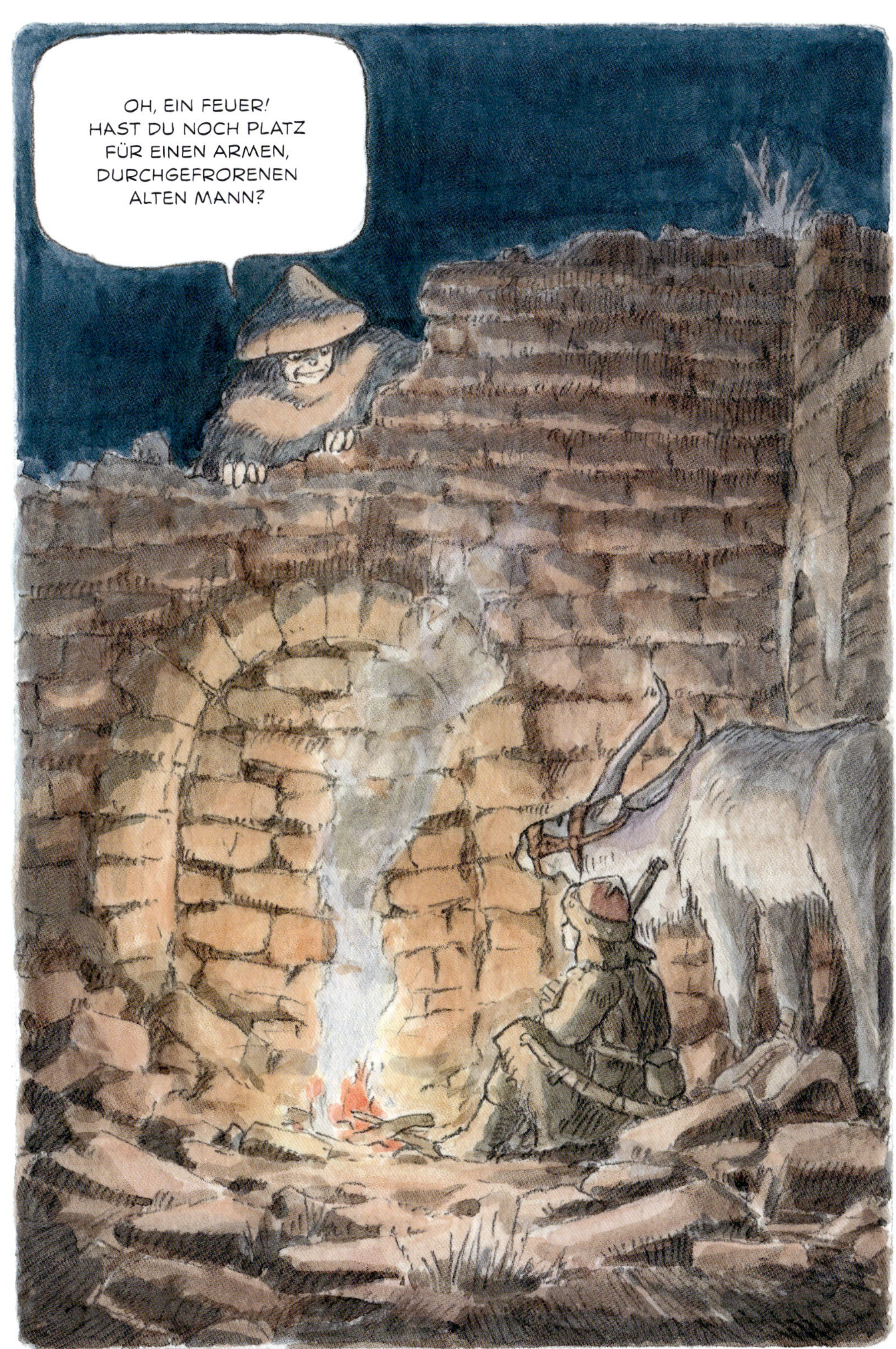
OH, EIN FEUER! HAST DU NOCH PLATZ FÜR EINEN ARMEN, DURCHGEFRORENEN ALTEN MANN?

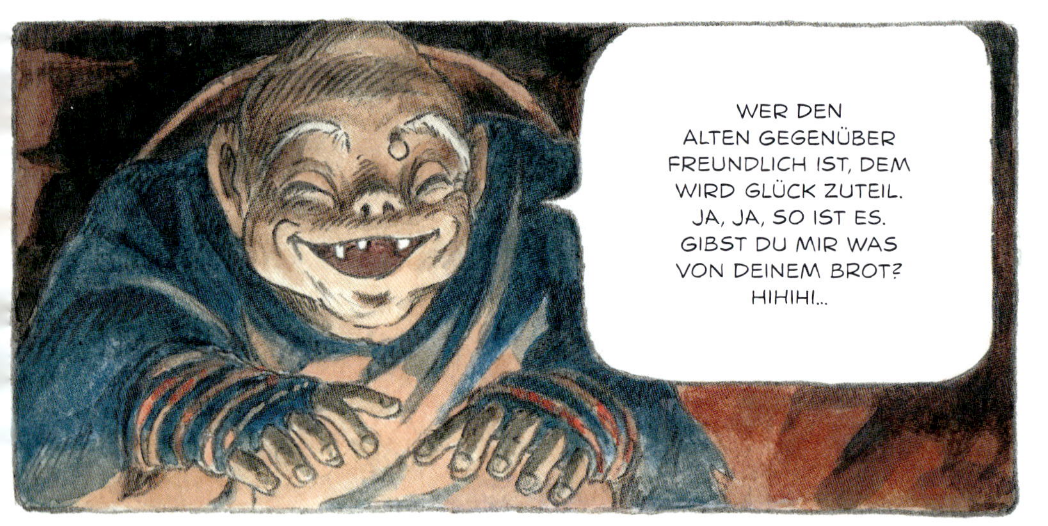
WER DEN ALTEN GEGENÜBER FREUNDLICH IST, DEM WIRD GLÜCK ZUTEIL. JA, JA, SO IST ES. GIBST DU MIR WAS VON DEINEM BROT? HIHIHI...

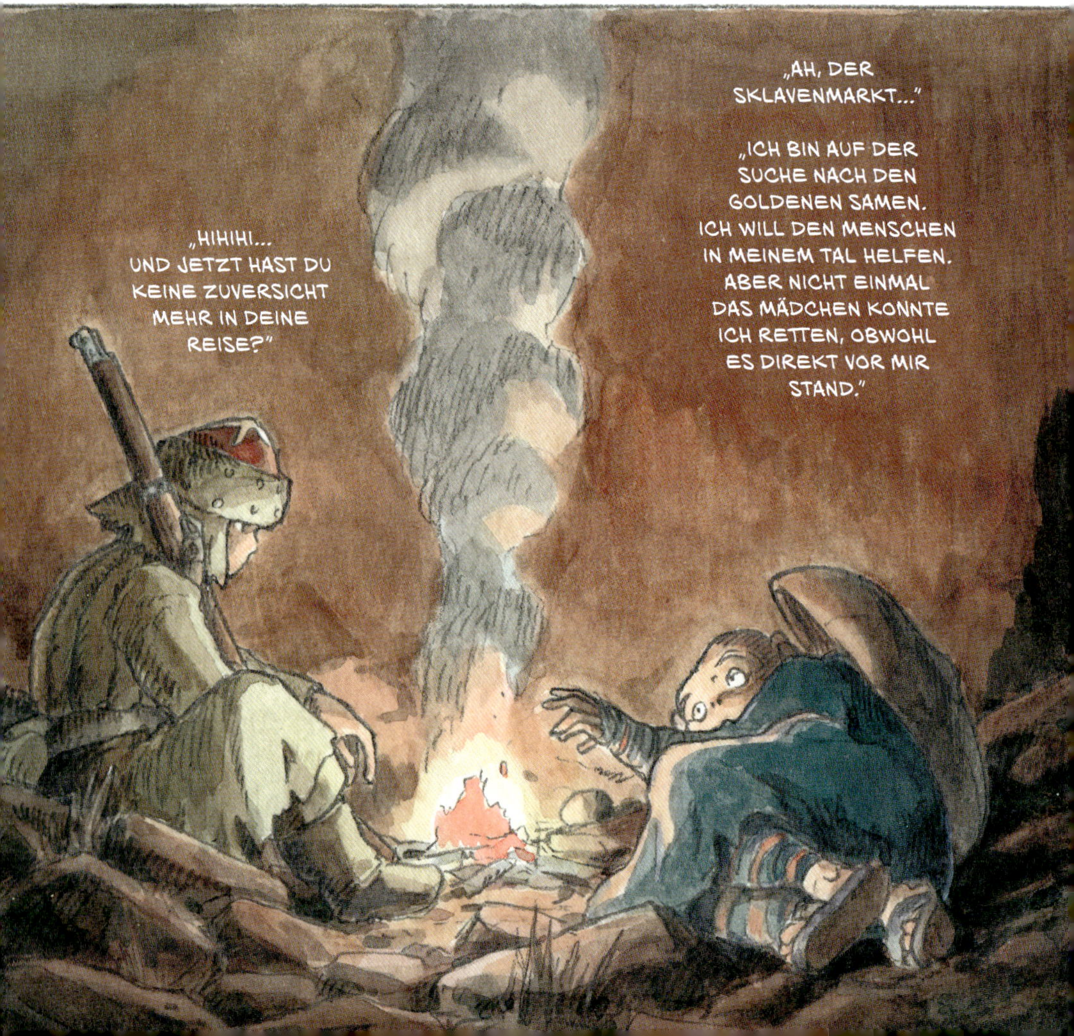

„AH, DER SKLAVENMARKT..."
„ICH BIN AUF DER SUCHE NACH DEN GOLDENEN SAMEN. ICH WILL DEN MENSCHEN IN MEINEM TAL HELFEN. ABER NICHT EINMAL DAS MÄDCHEN KONNTE ICH RETTEN, OBWOHL ES DIREKT VOR MIR STAND."
„HIHIHI... UND JETZT HAST DU KEINE ZUVERSICHT MEHR IN DEINE REISE?"

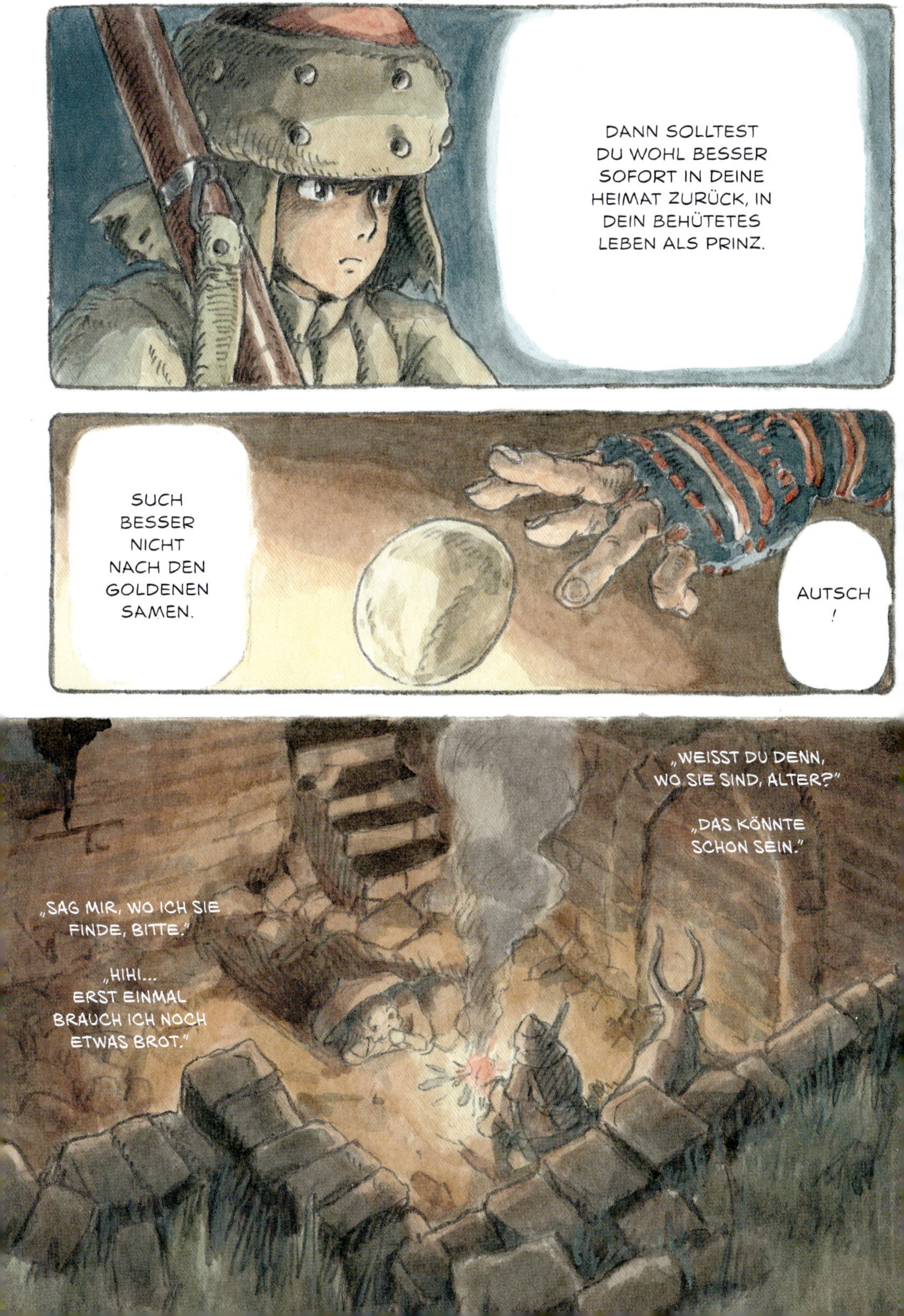

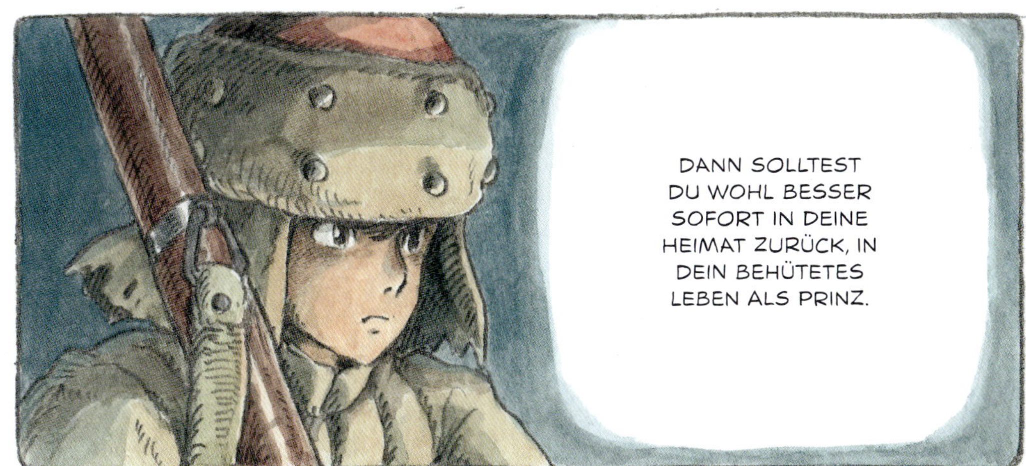

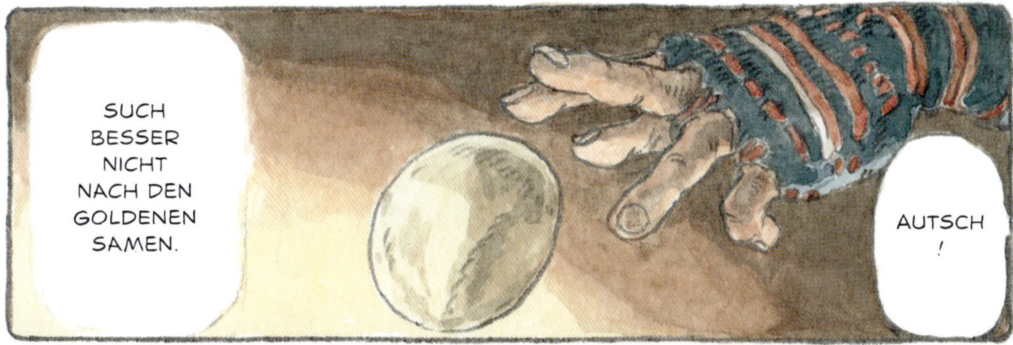

„WEISST DU DENN, WO SIE SIND, ALTER?"

„DAS KÖNNTE SCHON SEIN."

„SAG MIR, WO ICH SIE FINDE, BITTE."

„HIHI… ERST EINMAL BRAUCH ICH NOCH ETWAS BROT."

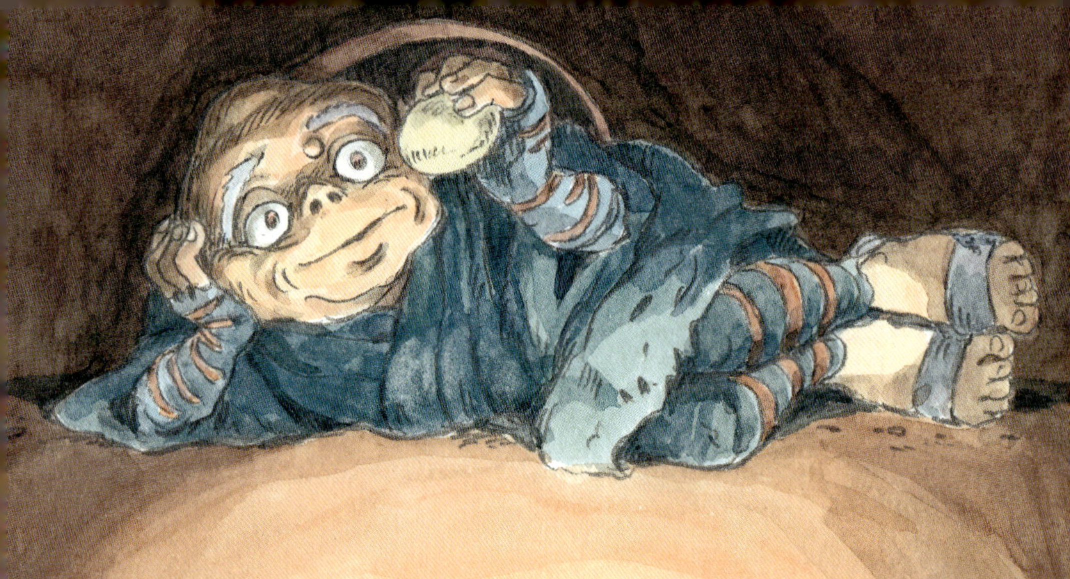

„ZIEHE WEITER NACH WESTEN. DU WIRST BALD AN EINE STEILKÜSTE KOMMEN. DAS IST DAS ENDE DER WELT. AUF DER ANDEREN SEITE LIEGT DAS LAND DER GÖTTERMENSCHEN. DORT WIRD DER MOND GEBOREN, DORT GEHT ER AUF UND DORTHIN KEHRT ER ZURÜCK ZUM STERBEN."

„GÖTTERMENSCHEN?"

„EINST BESASSEN DIE MENSCHEN DIE GOLDENEN SAMEN. SIE ERNTETEN SIE, SIE SÄTEN SIE AUS UND LEBTEN DAVON. ABER JETZT SIND SIE IM ALLEINIGEN BESITZ DER GÖTTERMENSCHEN. UND DENEN VERKAUFEN DIE MENSCHEN NUN IHRE ARTGENOSSEN, IM TAUSCH GEGEN DIE TOTEN SAMEN.

DIE GÖTTERMENSCHEN MÖGEN ES NICHT, WENN DIE MENSCHEN IHNEN NAHE KOMMEN. NIEMAND IST JE VON DORT ZURÜCKGEKEHRT."

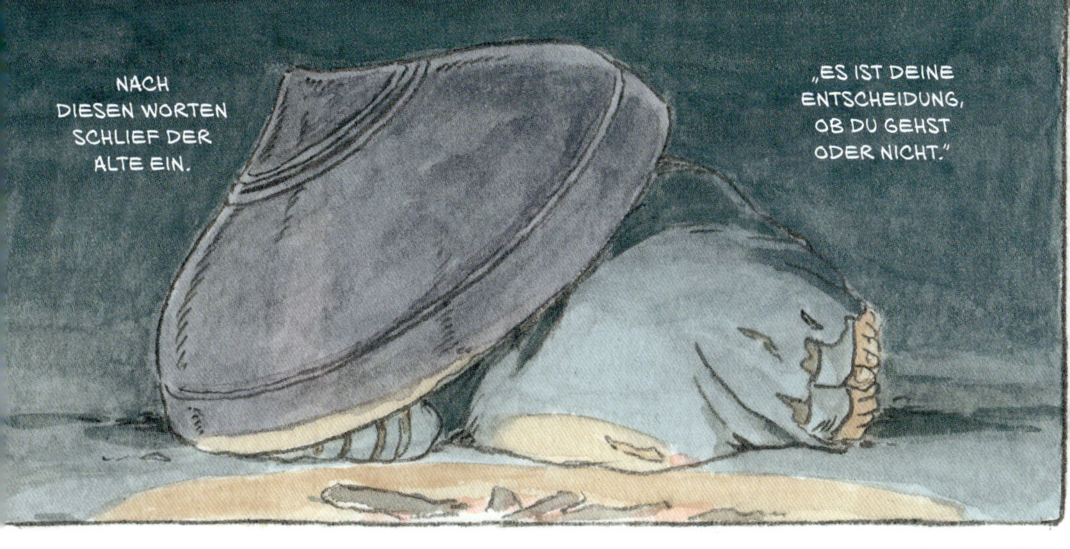

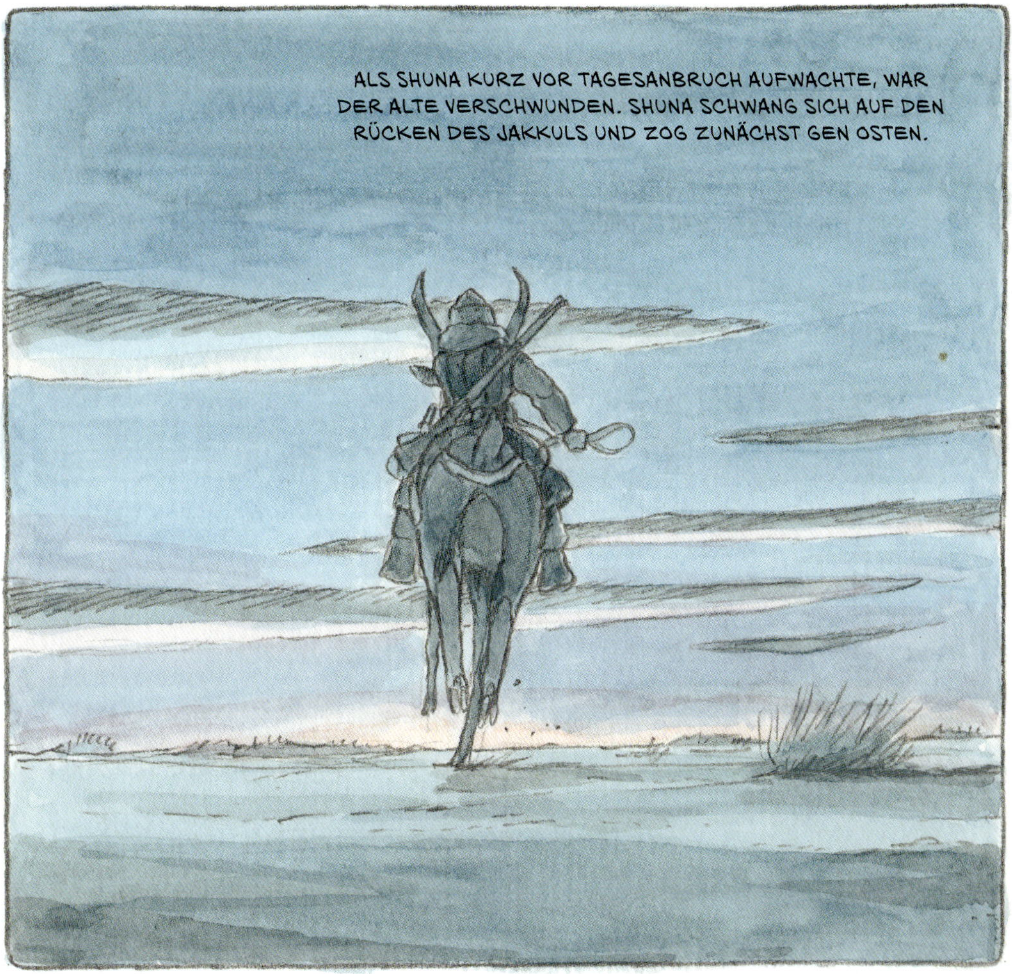

ALS SHUNA KURZ VOR TAGESANBRUCH AUFWACHTE, WAR DER ALTE VERSCHWUNDEN. SHUNA SCHWANG SICH AUF DEN RÜCKEN DES JAKKULS UND ZOG ZUNÄCHST GEN OSTEN.

SHUNA KEHRTE ZURÜCK
IN DIE NOCH SCHLAFENDE STADT.
DIE GROSSEN TORE WAREN FEST
VERSCHLOSSEN, ALSO KLETTERTE
ER DEN BURGWALL HINAUF UND
LIEF ZU DER GASSE, DOCH DIE
SCHWESTERN WAREN NICHT MEHR
DA. NUR DIE RINGE IHRER KETTEN
HINGEN NOCH AN DER WAND.

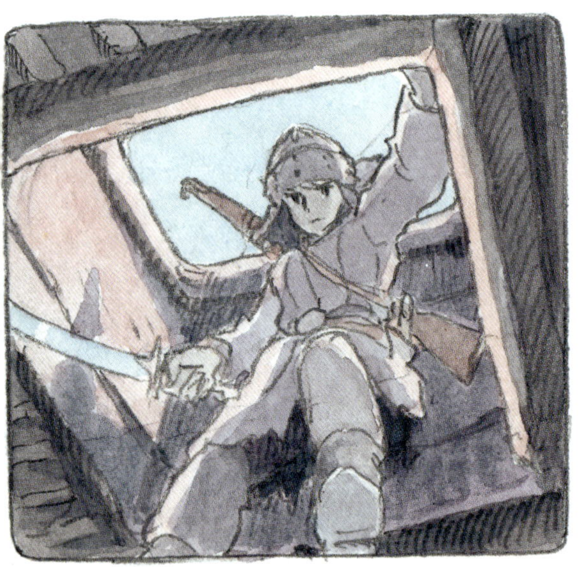

DER ANGRIFF

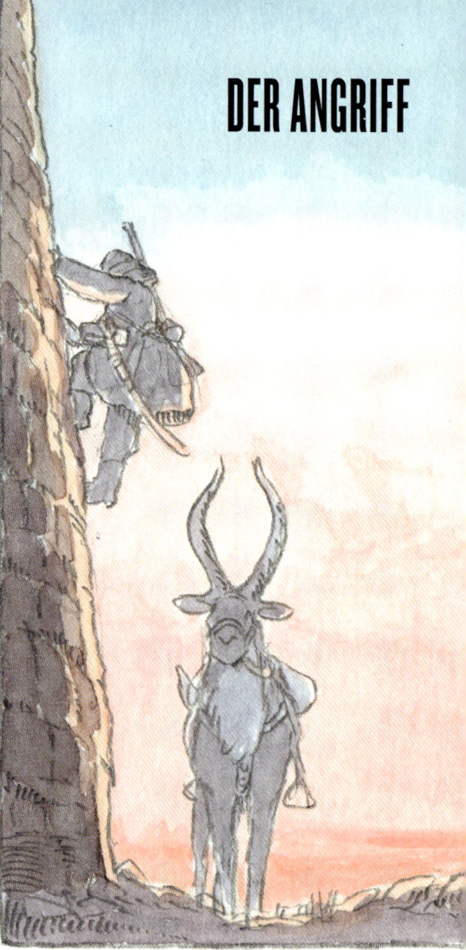

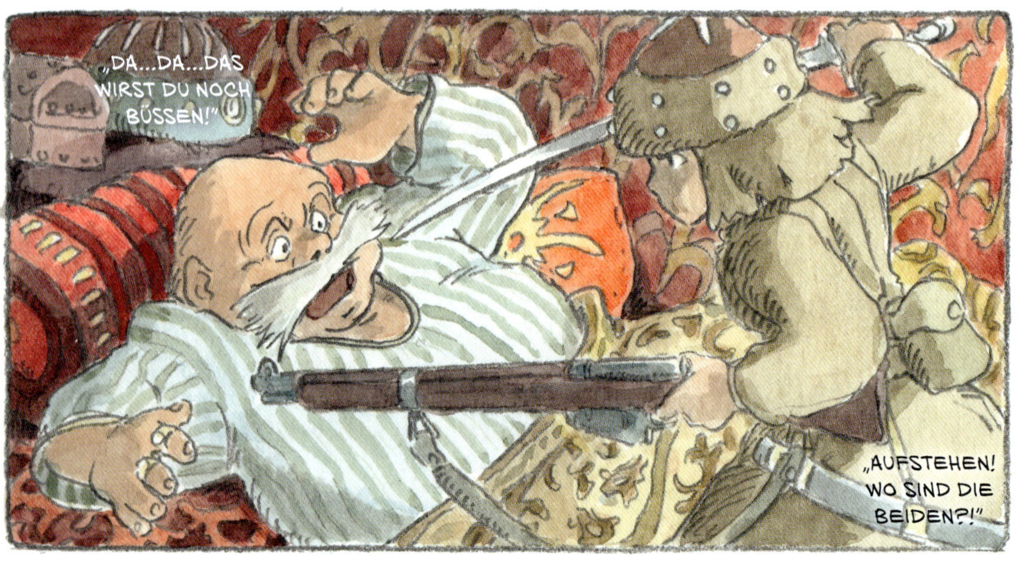

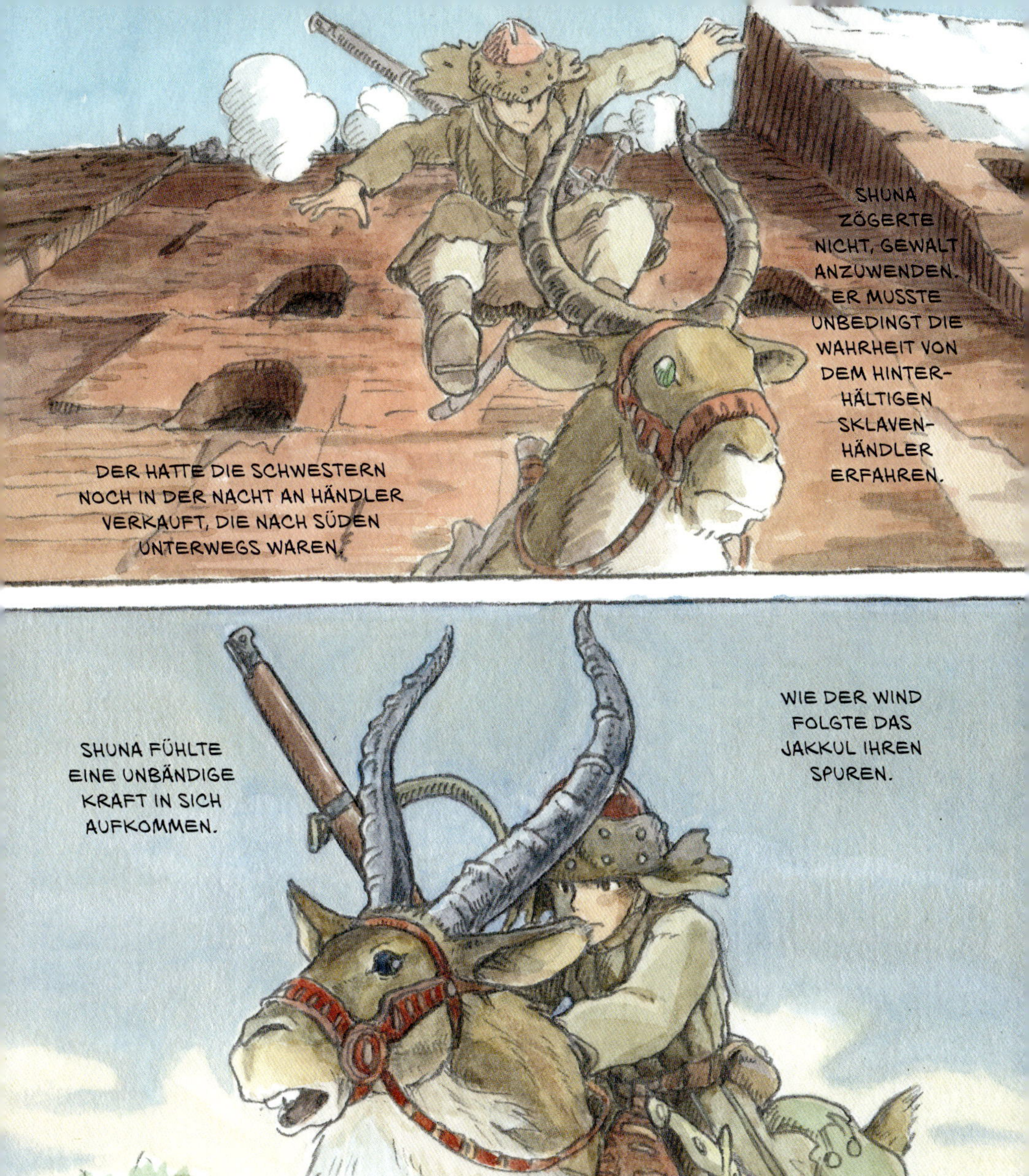
SHUNA ZÖGERTE NICHT, GEWALT ANZUWENDEN. ER MUSSTE UNBEDINGT DIE WAHRHEIT VON DEM HINTERHÄLTIGEN SKLAVENHÄNDLER ERFAHREN.
DER HATTE DIE SCHWESTERN NOCH IN DER NACHT AN HÄNDLER VERKAUFT, DIE NACH SÜDEN UNTERWEGS WAREN.
SHUNA FÜHLTE EINE UNBÄNDIGE KRAFT IN SICH AUFKOMMEN.
WIE DER WIND FOLGTE DAS JAKKUL IHREN SPUREN.

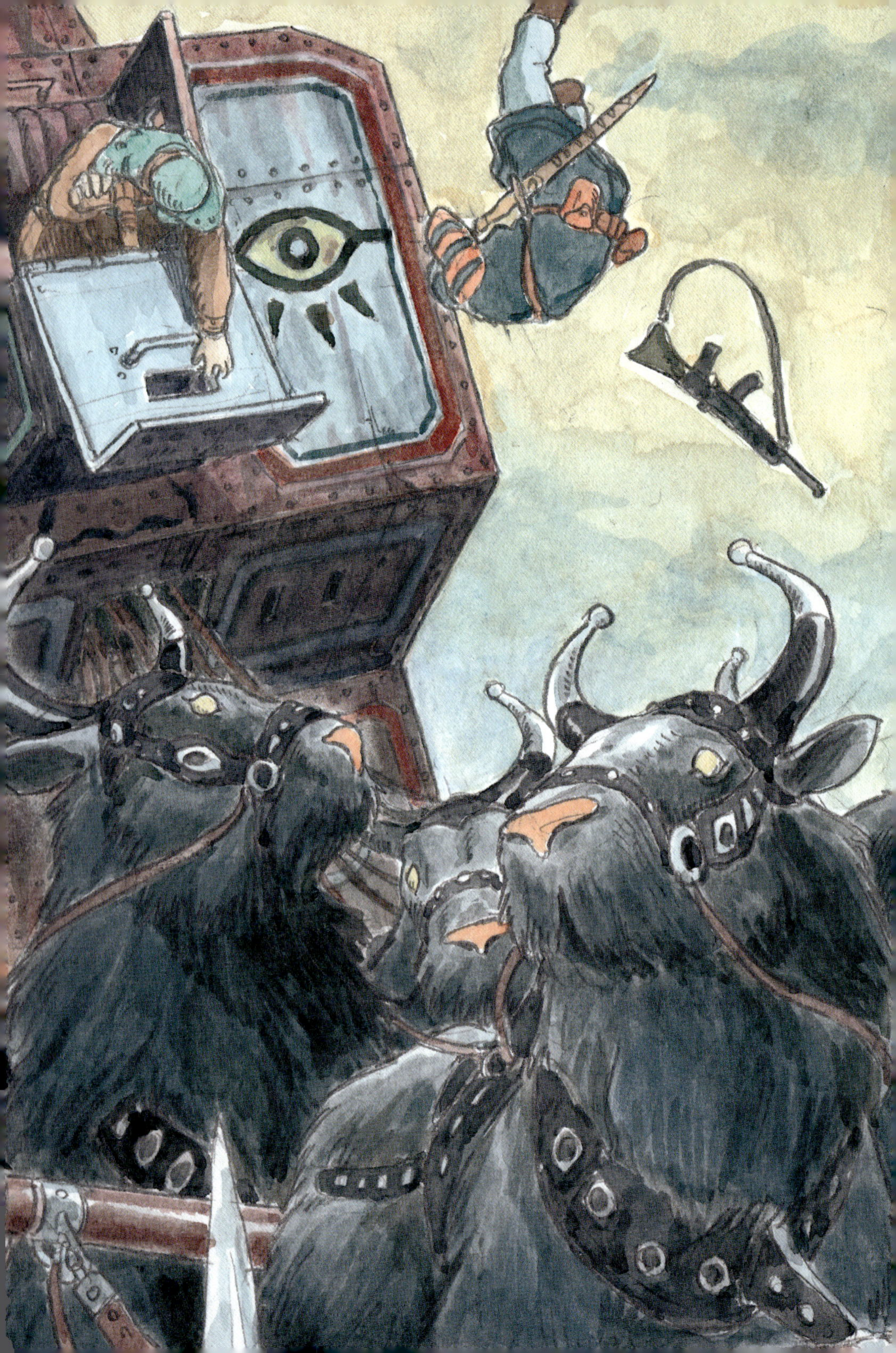

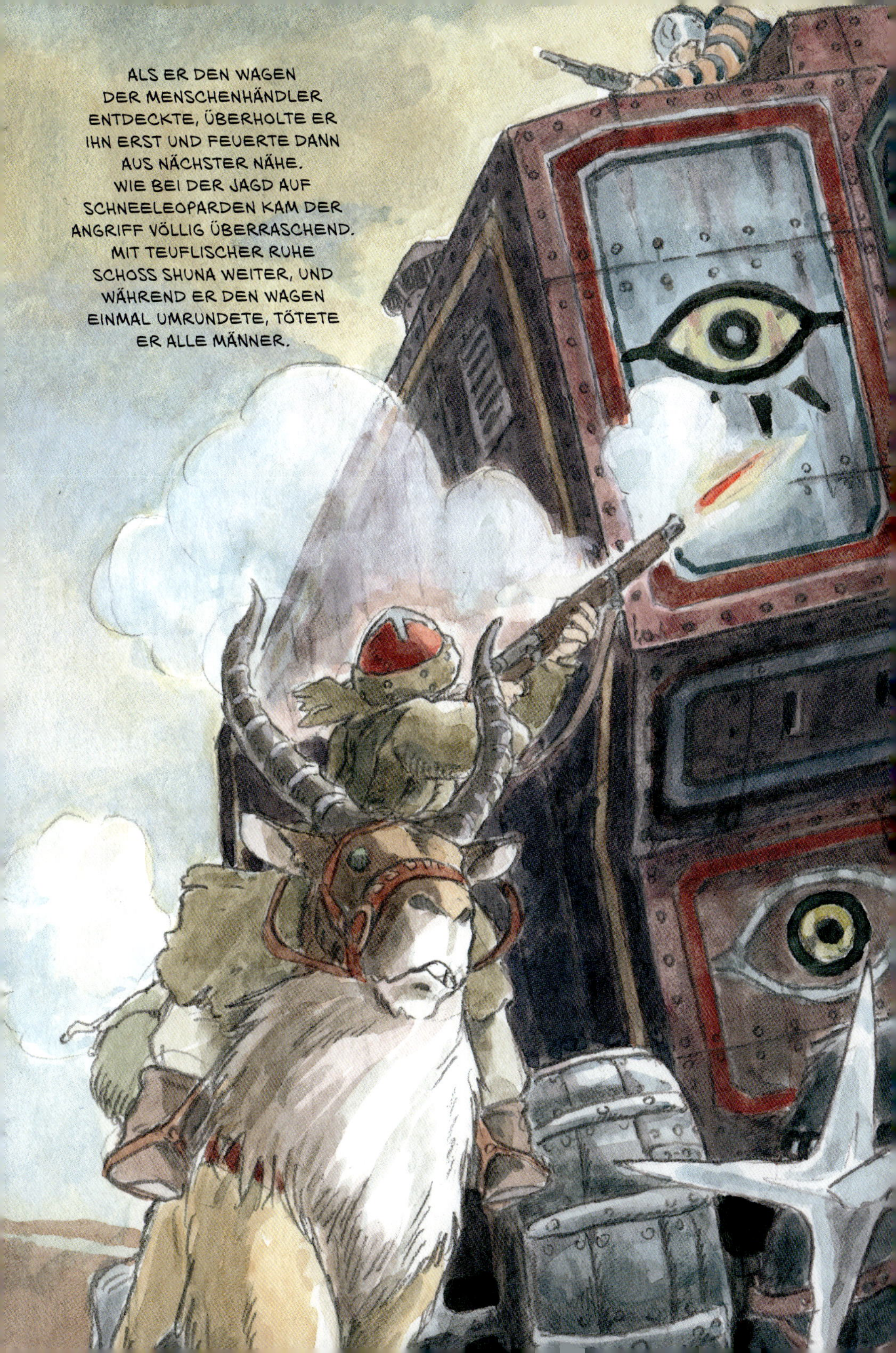

ALS ER DEN WAGEN
DER MENSCHENHÄNDLER
ENTDECKTE, ÜBERHOLTE ER
IHN ERST UND FEUERTE DANN
AUS NÄCHSTER NÄHE.
WIE BEI DER JAGD AUF
SCHNEELEOPARDEN KAM DER
ANGRIFF VÖLLIG ÜBERRASCHEND.
MIT TEUFLISCHER RUHE
SCHOSS SHUNA WEITER, UND
WÄHREND ER DEN WAGEN
EINMAL UMRUNDETE, TÖTETE
ER ALLE MÄNNER.

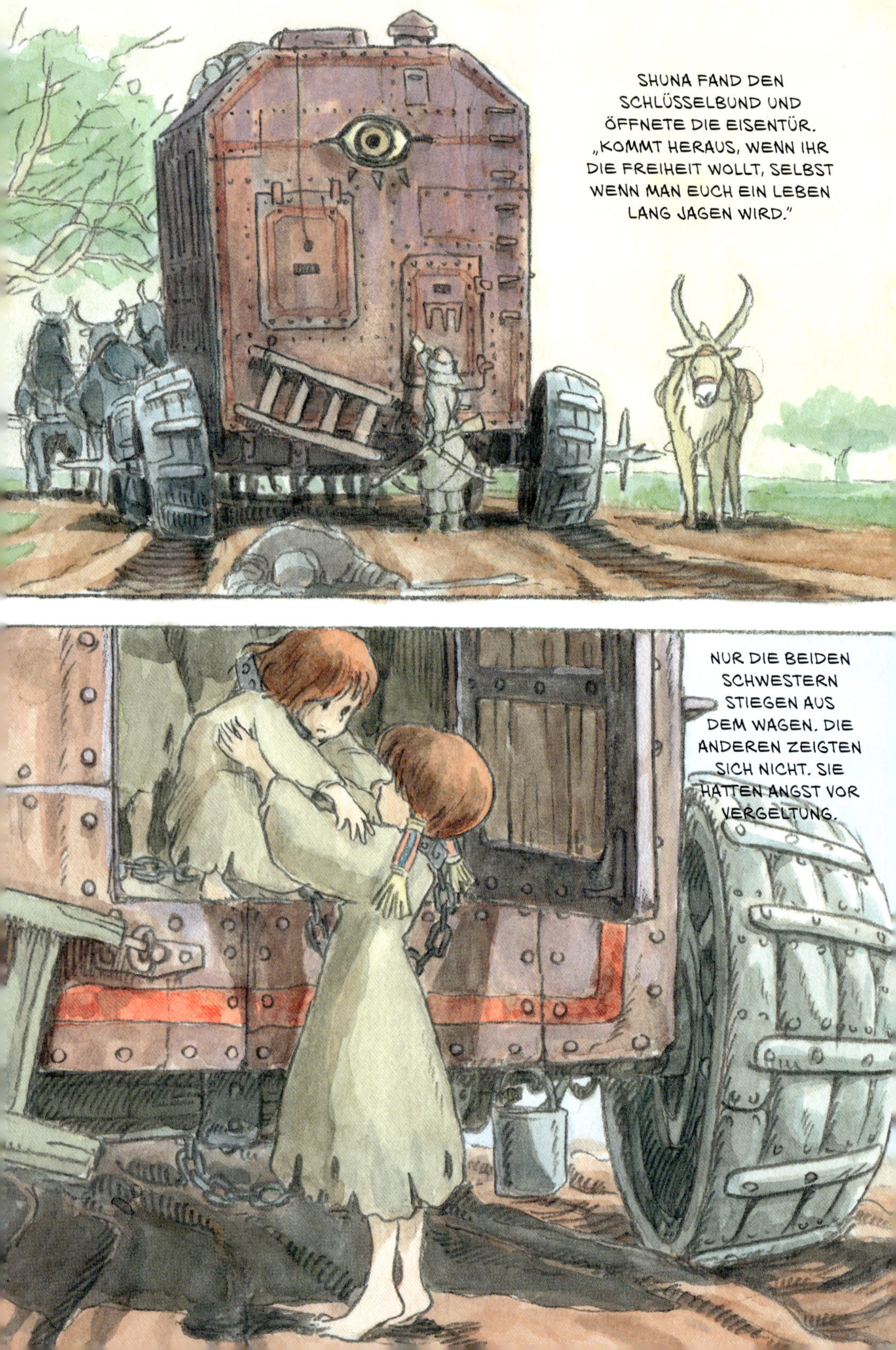

SHUNA FAND DEN SCHLÜSSELBUND UND ÖFFNETE DIE EISENTÜR. „KOMMT HERAUS, WENN IHR DIE FREIHEIT WOLLT, SELBST WENN MAN EUCH EIN LEBEN LANG JAGEN WIRD."

NUR DIE BEIDEN SCHWESTERN STIEGEN AUS DEM WAGEN. DIE ANDEREN ZEIGTEN SICH NICHT. SIE HATTEN ANGST VOR VERGELTUNG.

„Ich habe euch nicht freigekauft, sondern eure Freiheit erkämpft, um eurer Ehre willen."

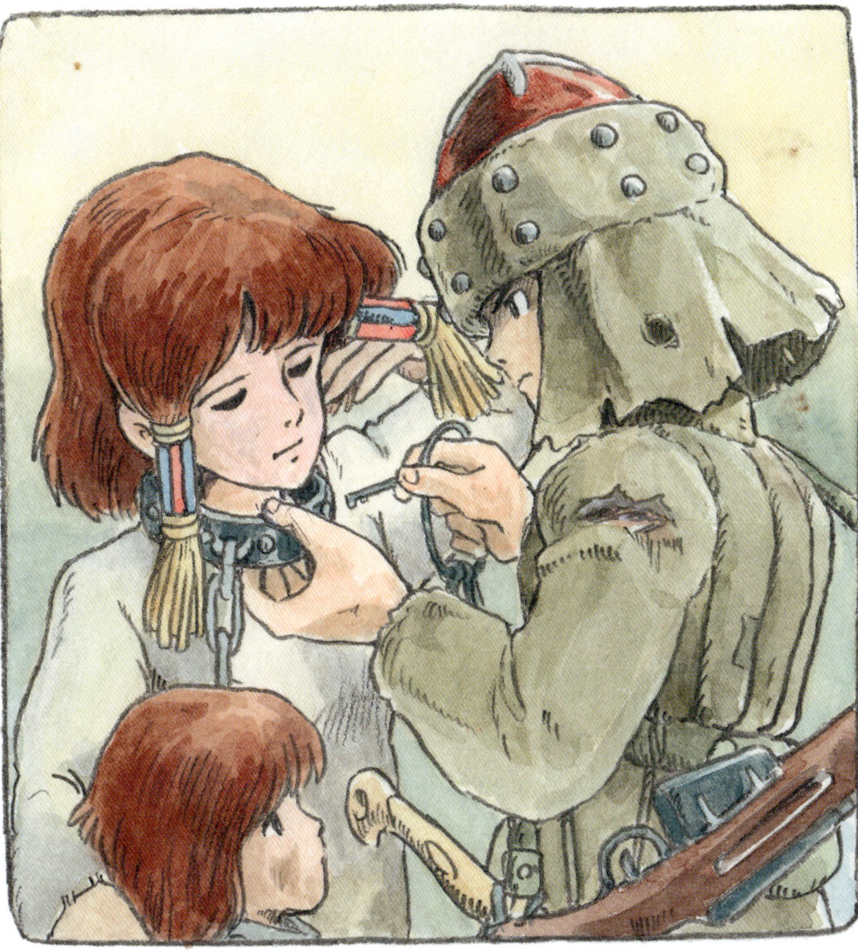

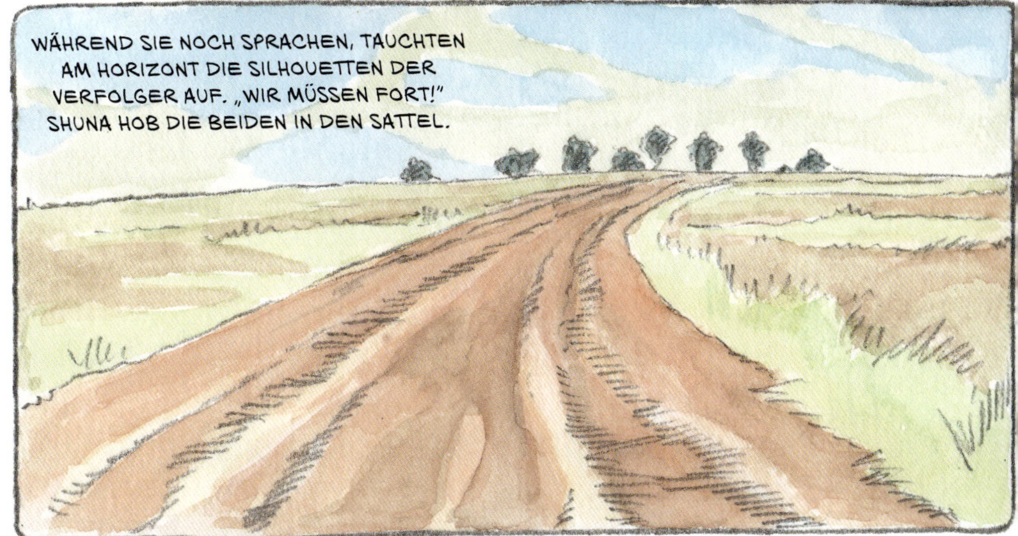

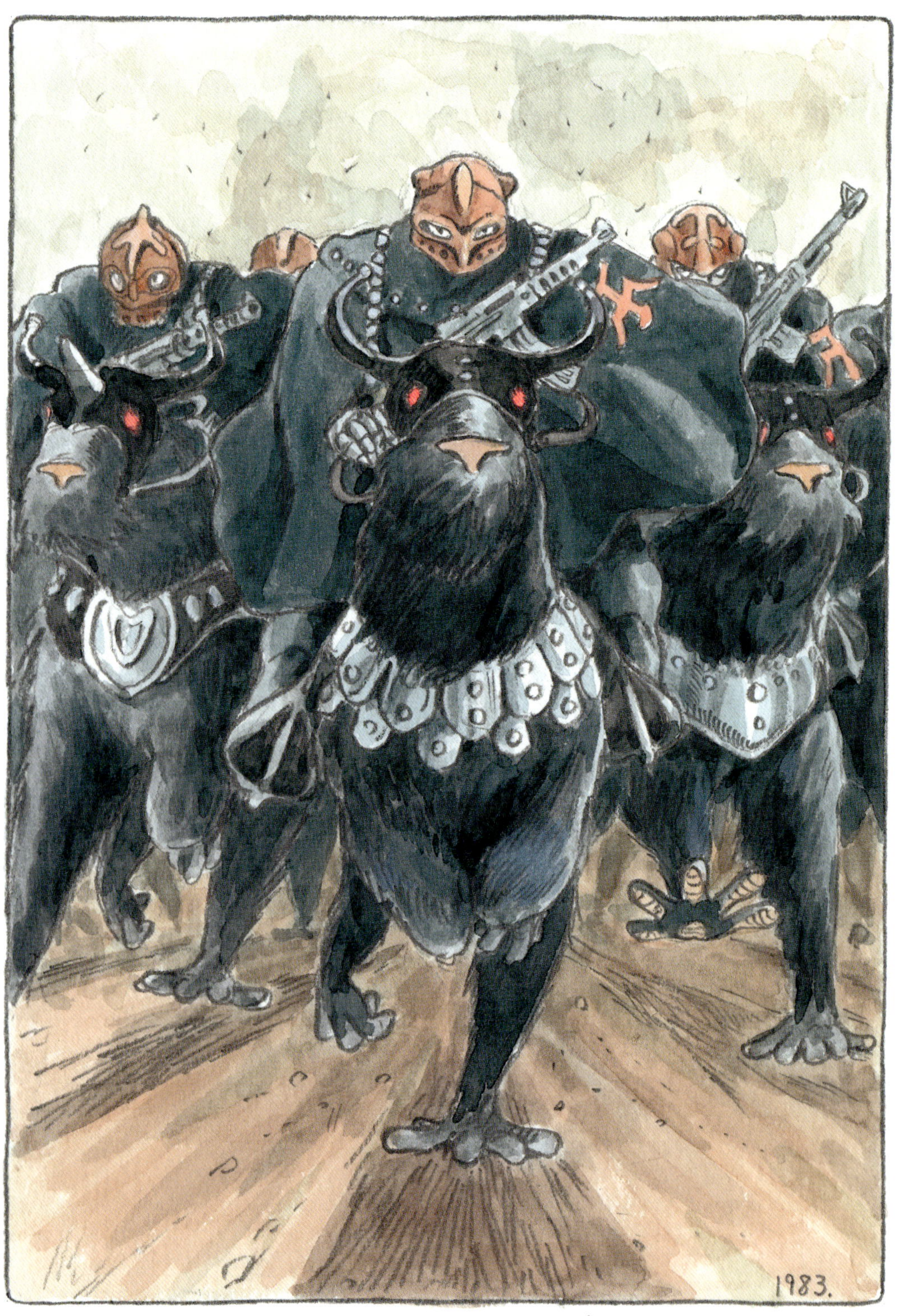
1983.

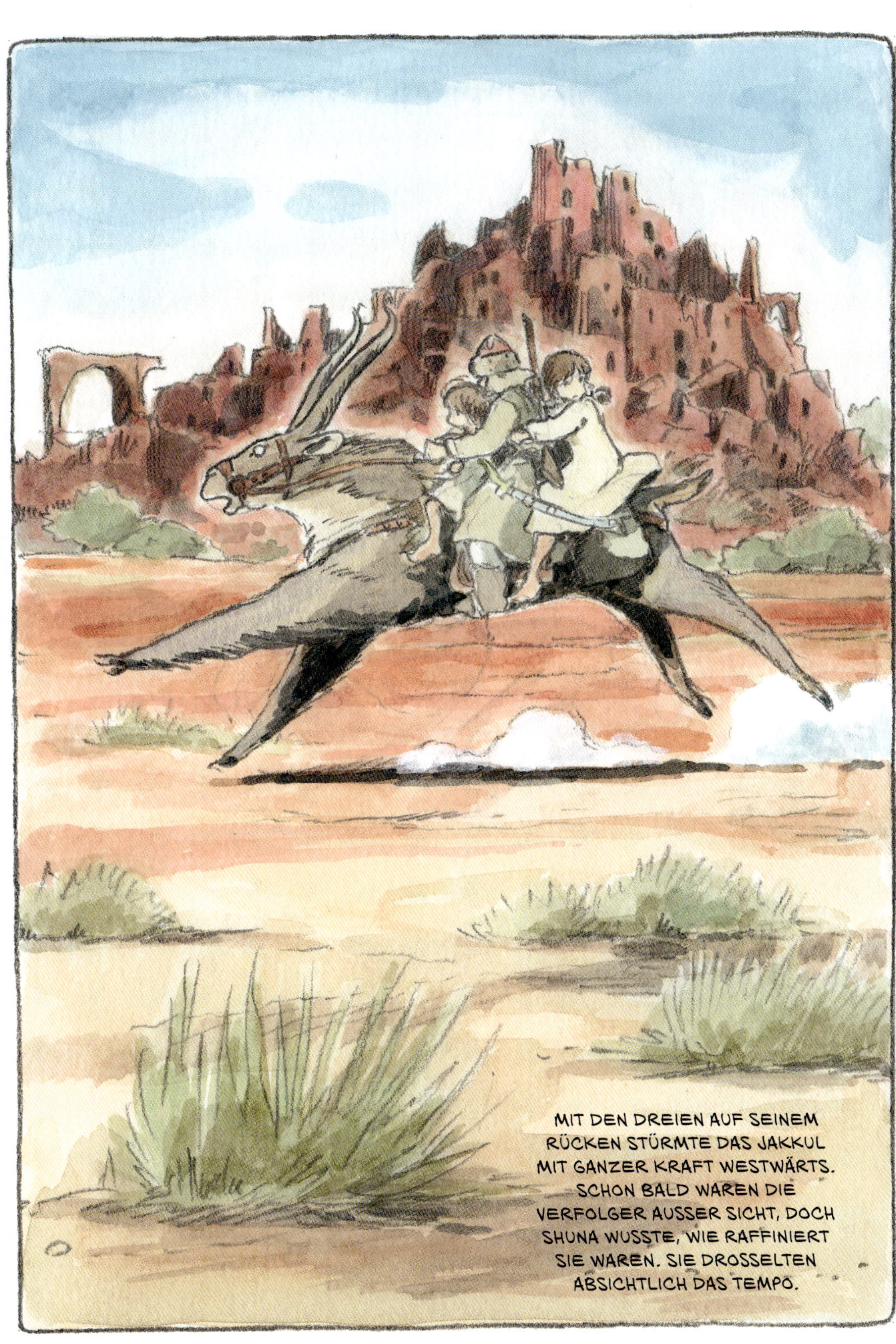
MIT DEN DREIEN AUF SEINEM RÜCKEN STÜRMTE DAS JAKKUL MIT GANZER KRAFT WESTWÄRTS. SCHON BALD WAREN DIE VERFOLGER AUSSER SICHT, DOCH SHUNA WUSSTE, WIE RAFFINIERT SIE WAREN. SIE DROSSELTEN ABSICHTLICH DAS TEMPO.

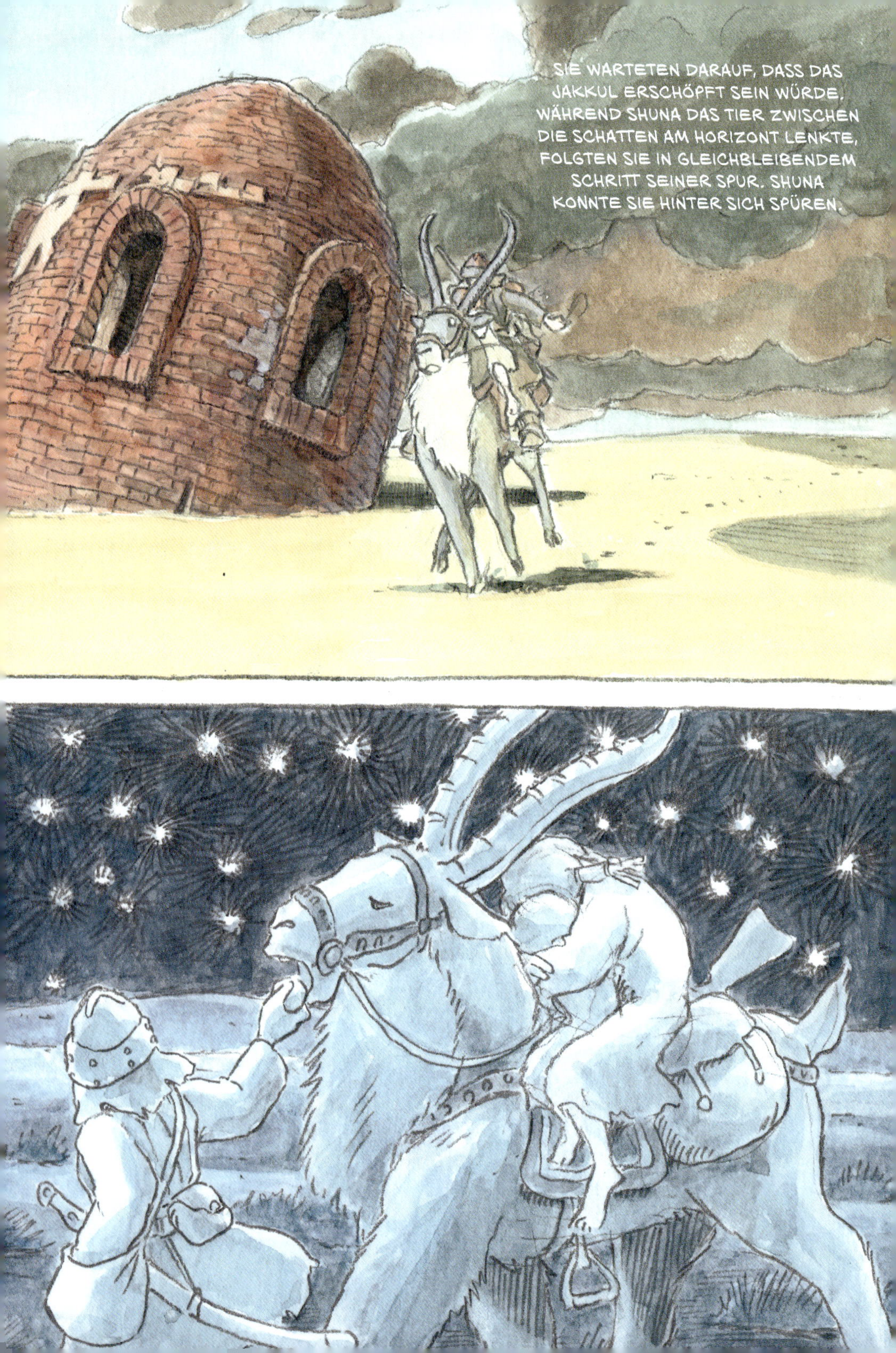

SIE WARTETEN DARAUF, DASS DAS JAKKUL ERSCHÖPFT SEIN WÜRDE. WÄHREND SHUNA DAS TIER ZWISCHEN DIE SCHATTEN AM HORIZONT LENKTE, FOLGTEN SIE IN GLEICHBLEIBENDEM SCHRITT SEINER SPUR. SHUNA KONNTE SIE HINTER SICH SPÜREN.

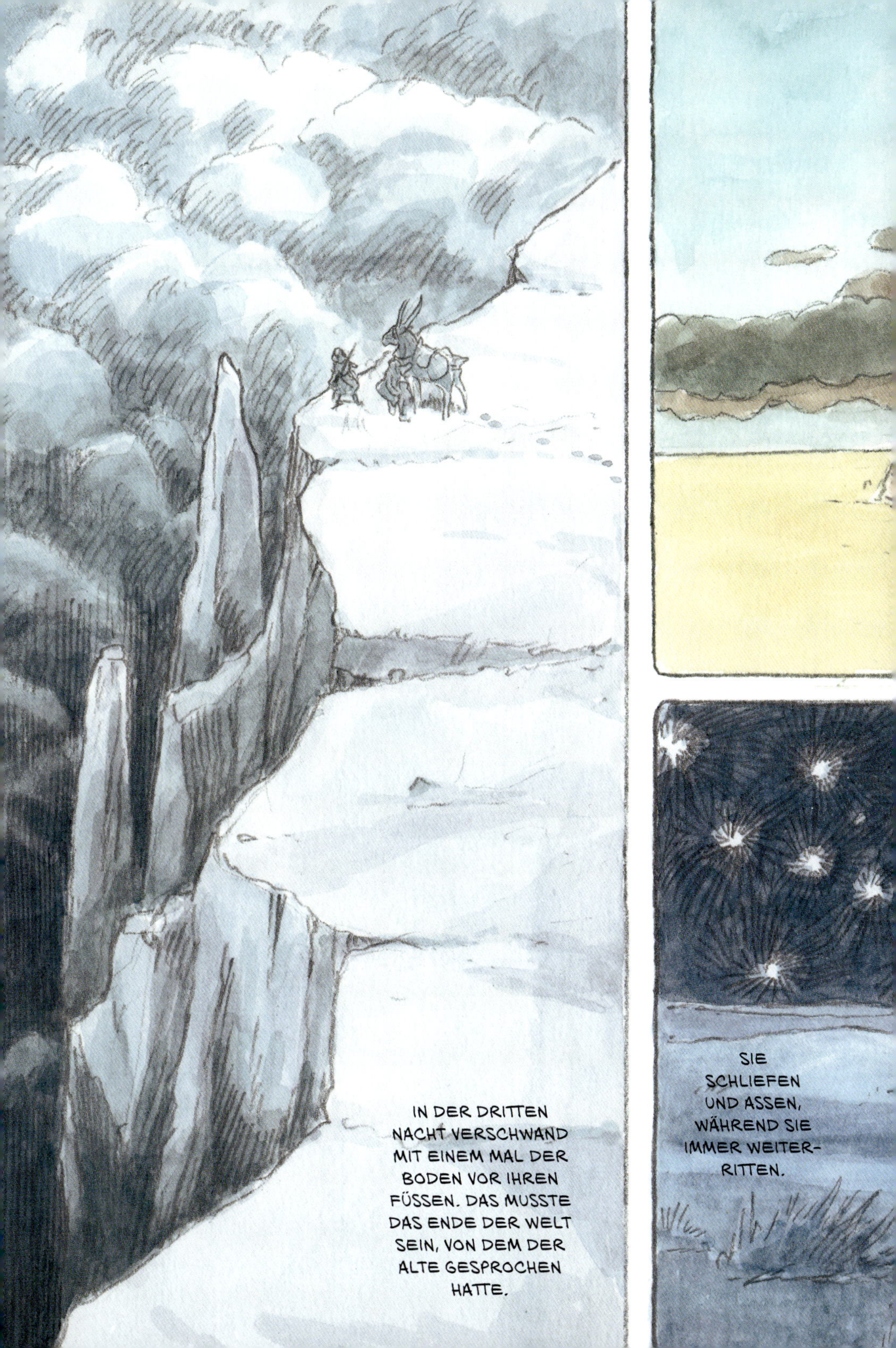
IN DER DRITTEN NACHT VERSCHWAND MIT EINEM MAL DER BODEN VOR IHREN FÜSSEN. DAS MUSSTE DAS ENDE DER WELT SEIN, VON DEM DER ALTE GESPROCHEN HATTE.
SIE SCHLIEFEN UND ASSEN, WÄHREND SIE IMMER WEITER-RITTEN.

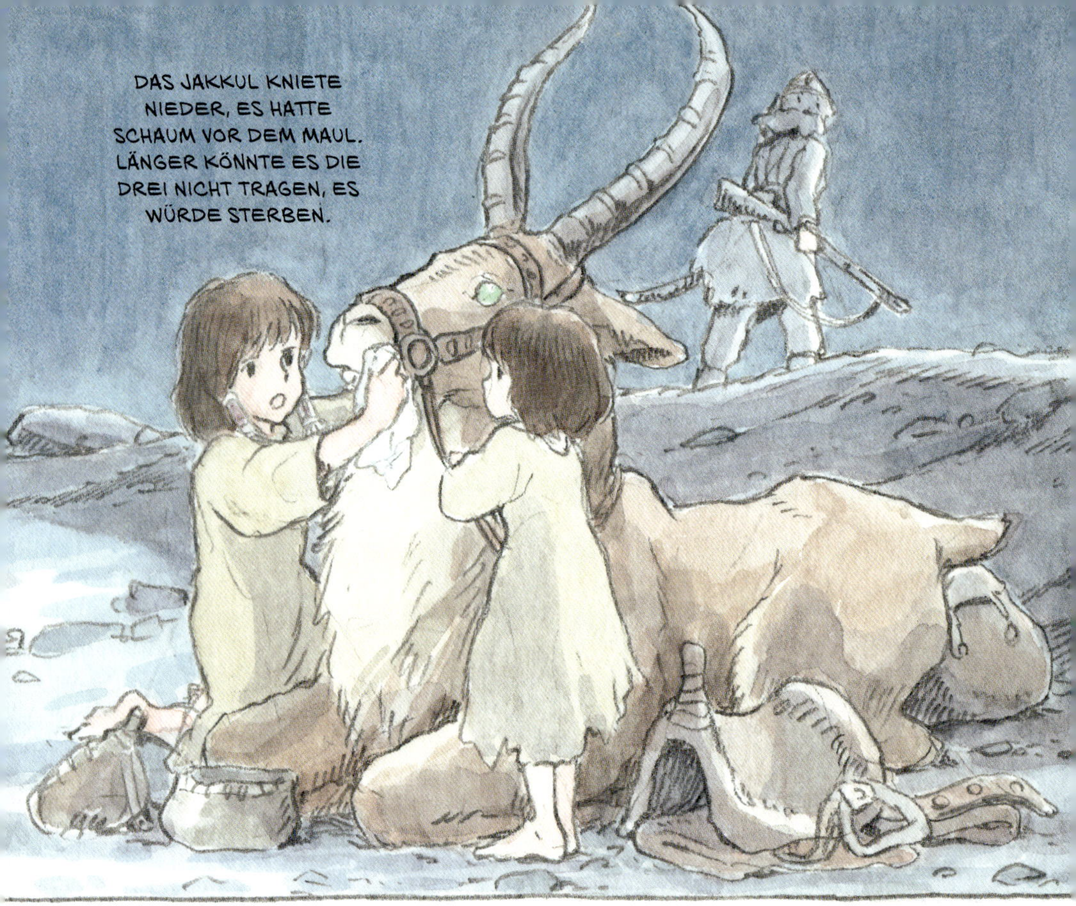

DAS JAKKUL KNIETE NIEDER, ES HATTE SCHAUM VOR DEM MAUL. LÄNGER KÖNNTE ES DIE DREI NICHT TRAGEN, ES WÜRDE STERBEN.

„MIT EUCH ALLEIN GEHT ES. ICH BLEIBE HIER UND HALTE UNSERE VERFOLGER AUF." DIE MÄDCHEN WOLLTEN BEI IHM BLEIBEN, DOCH SHUNA SAGTE: „SOBALD ICH DIE KERLE BESIEGT HABE, MACHE ICH MICH AUF INS LAND DER GÖTTER-MENSCHEN."

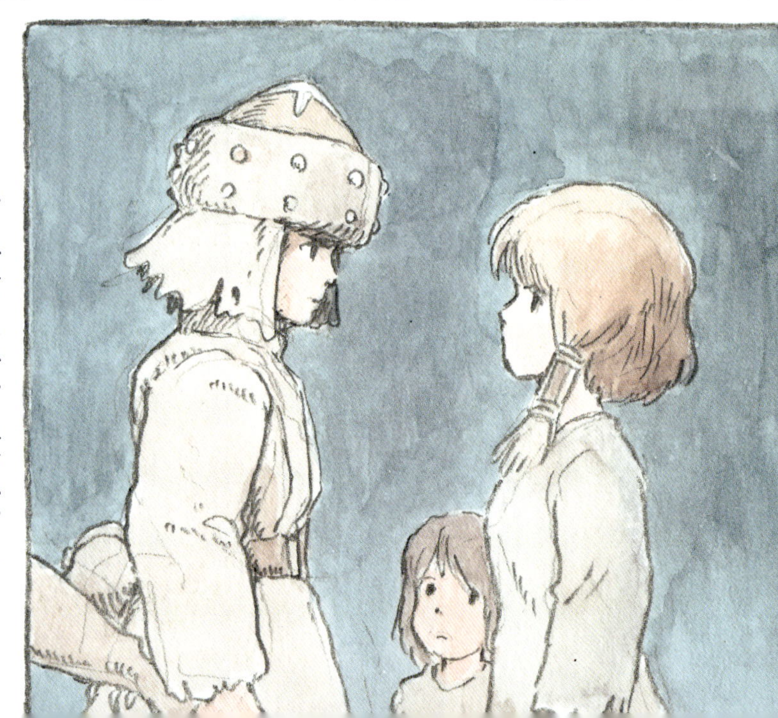

DIE MÄDCHEN SENKTEN DEN BLICK, ALS SIE VON SHUNAS ABSICHT ERFUHREN, DOCH DANN SAH IHN DAS ÄLTERE MÄDCHEN AN UND SAGTE: „WENN DU VON DORT ZURÜCKKOMMST, MUSST DU GEN NORDEN GEHEN, IMMER GEN NORDEN. WIR WARTEN AUF DICH, BIS DU KOMMST." IHR NAME WAR THEA. SHUNA TEILTE DEN PROVIANT UND DAS WASSER UND SCHLIESSLICH WAR ES ZEIT FÜR DEN ABSCHIED. THEA UND IHRE KLEINE SCHWESTER WINKTEN KURZ, DANN GINGEN SIE SCHNELLEN SCHRITTES RICHTUNG NORDEN. SIE DREHTEN SICH NICHT EINMAL MEHR UM.

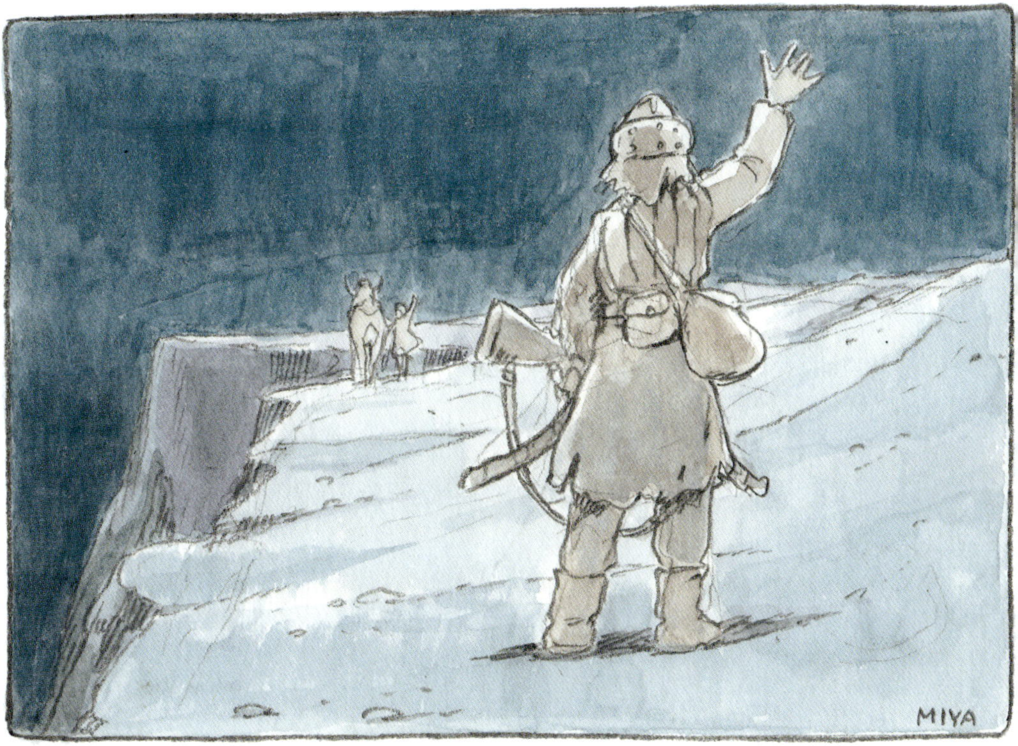

SHUNA BAUTE EINE FALLE, SO WIE ER ES ZU HAUSE IM TAL BEI DER ZIEGENJAGD GELERNT HATTE. AM RANDE DES ABGRUNDS TRUG ER MEHRERE STEINHAUFEN ZUSAMMEN, IN DIE ER SCHIESSPULVER LEGTE.

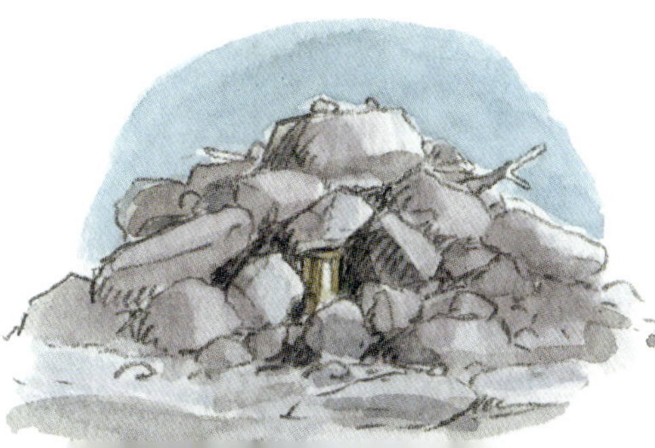

ANSCHLIESSEND GRUB ER EIN LOCH IN DEN SAND, VERBARG SICH DARIN UND WARTETE STILL.

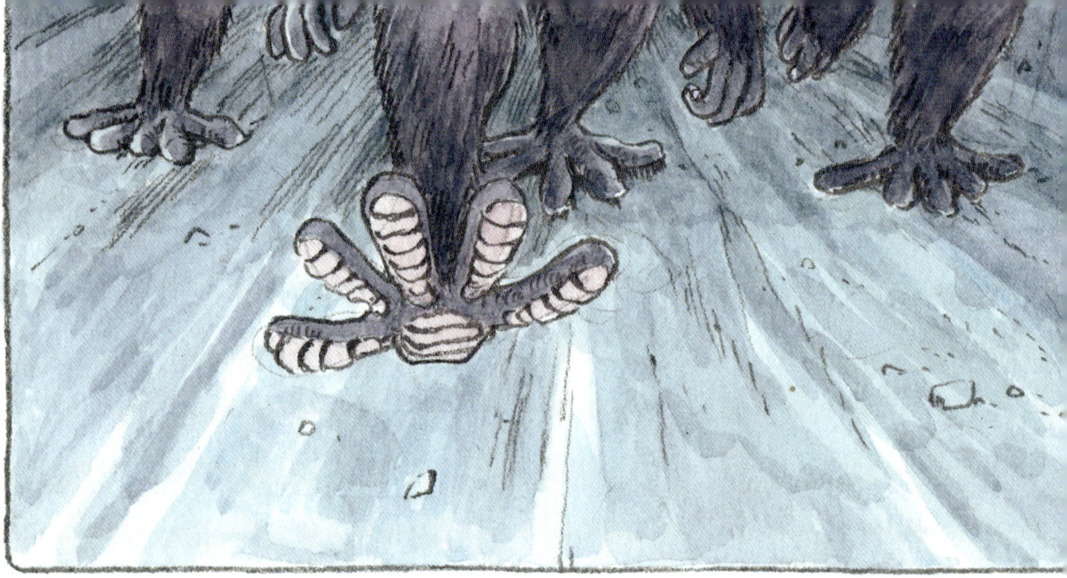

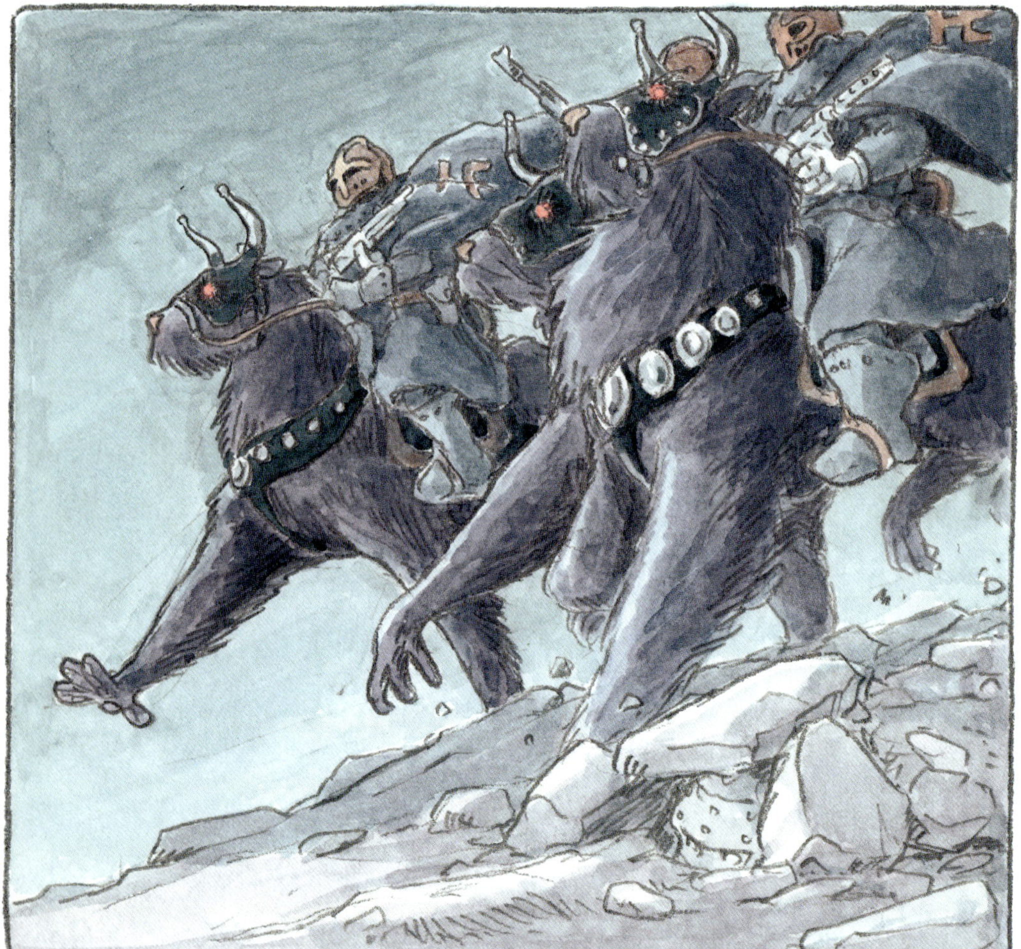

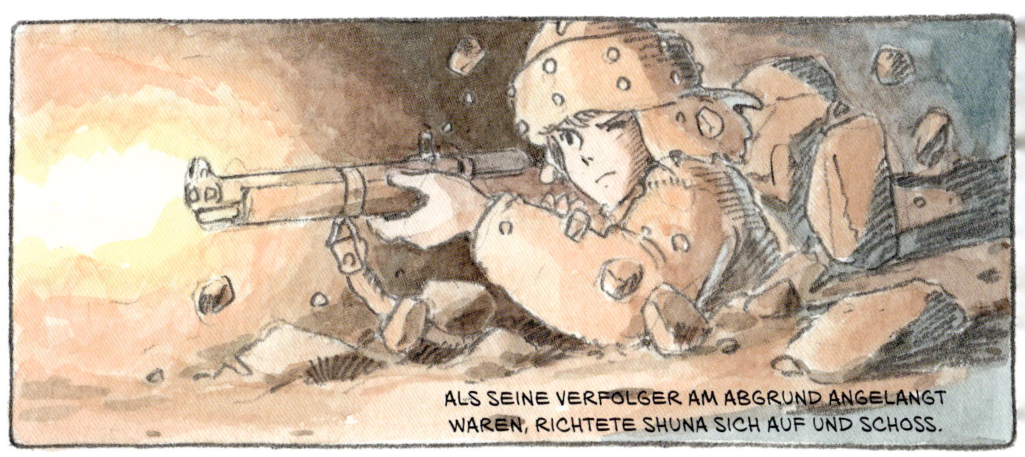

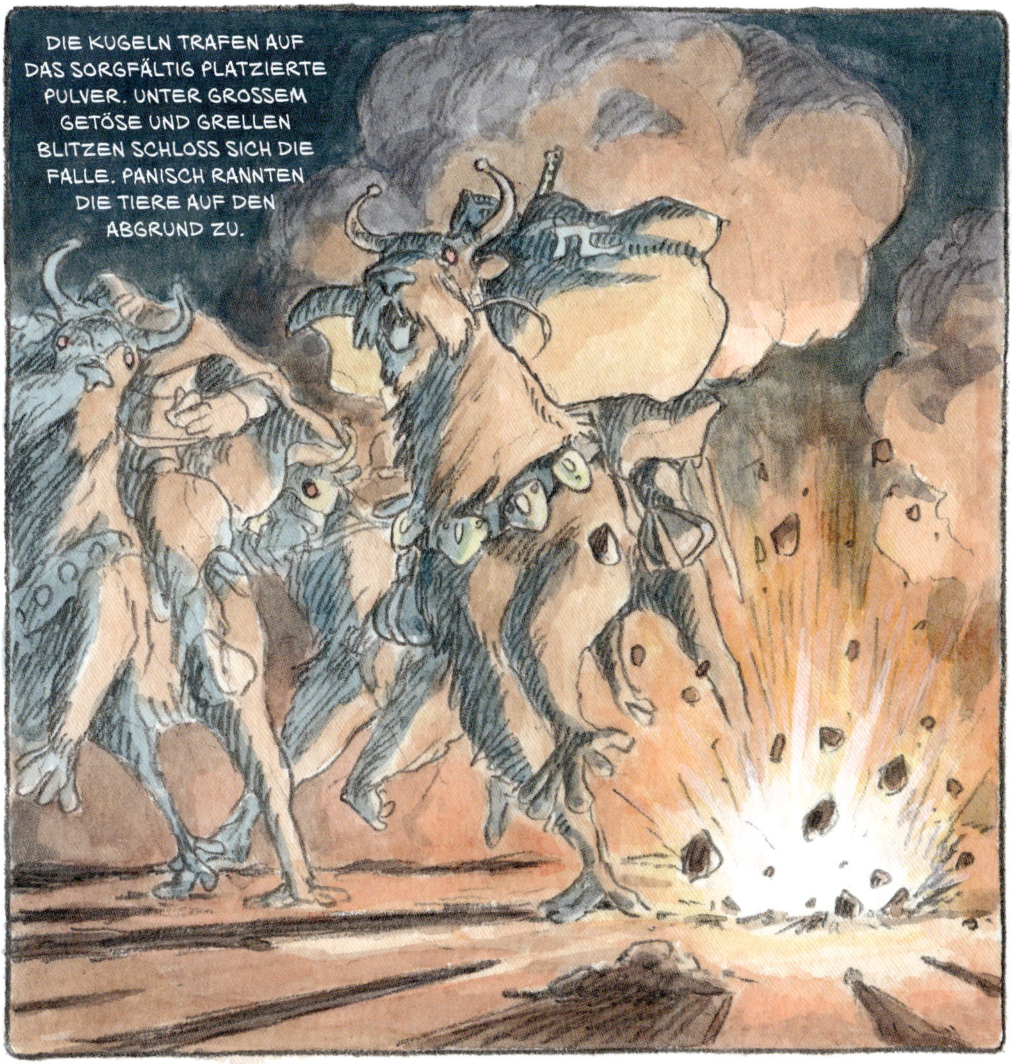

DIE KUGELN TRAFEN AUF DAS SORGFÄLTIG PLATZIERTE PULVER. UNTER GROSSEM GETÖSE UND GRELLEN BLITZEN SCHLOSS SICH DIE FALLE. PANISCH RANNTEN DIE TIERE AUF DEN ABGRUND ZU.

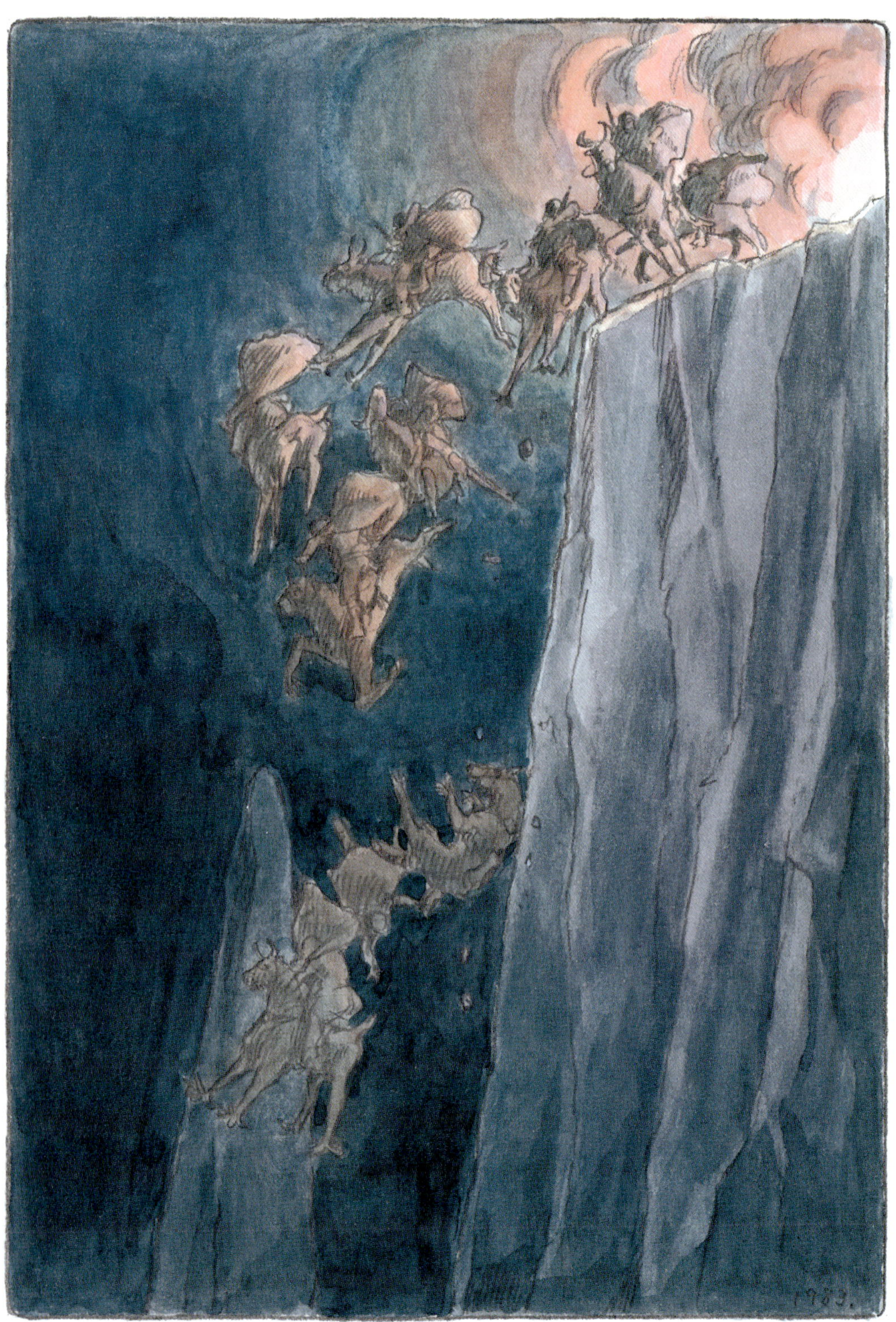

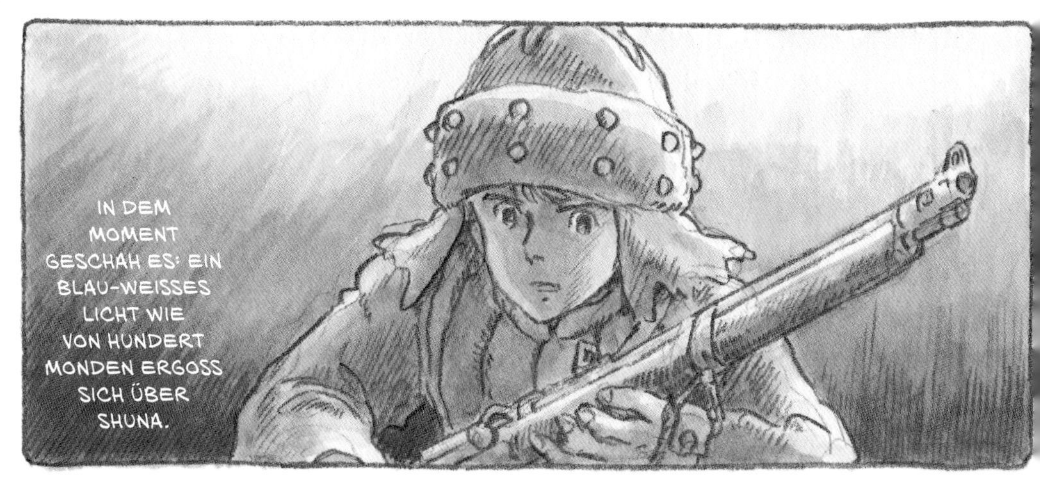

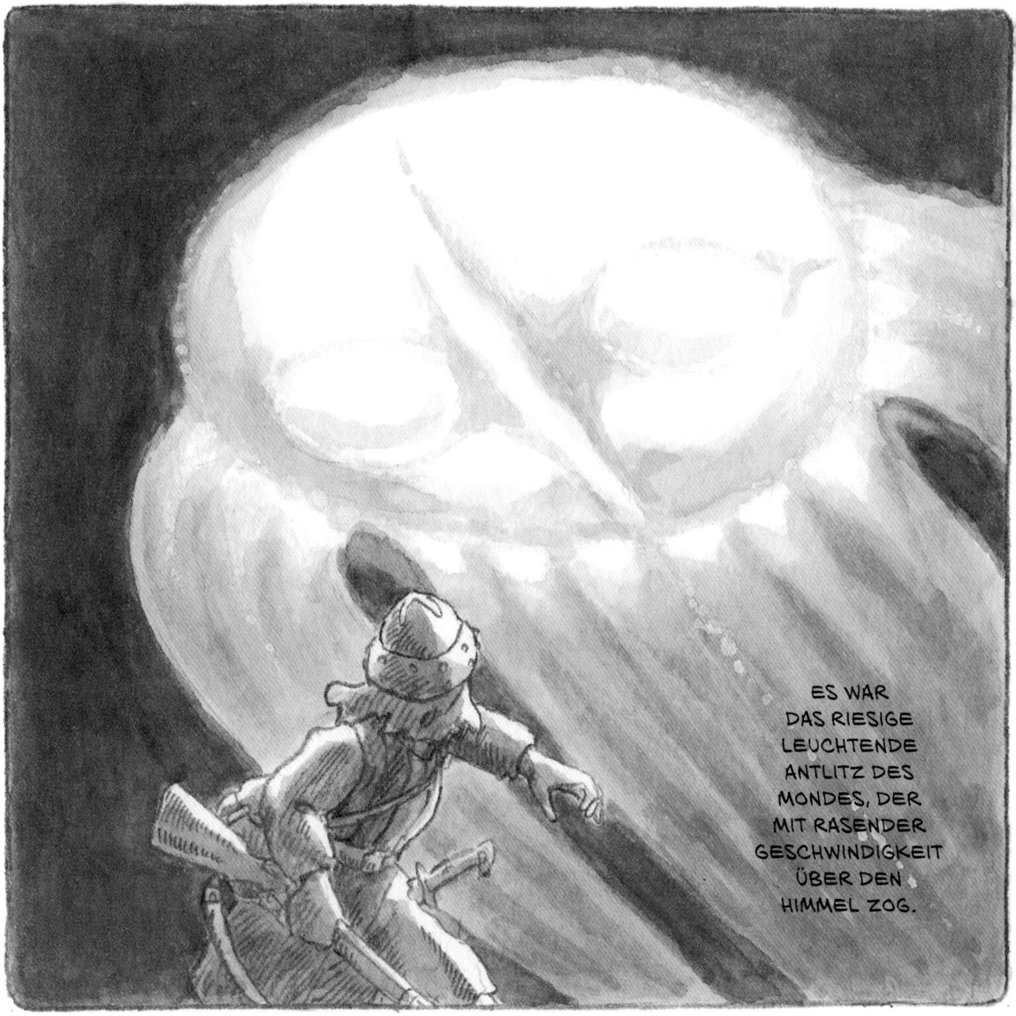

ES WAR DAS RIESIGE LEUCHTENDE ANTLITZ DES MONDES, DER MIT RASENDER GESCHWINDIGKEIT ÜBER DEN HIMMEL ZOG.

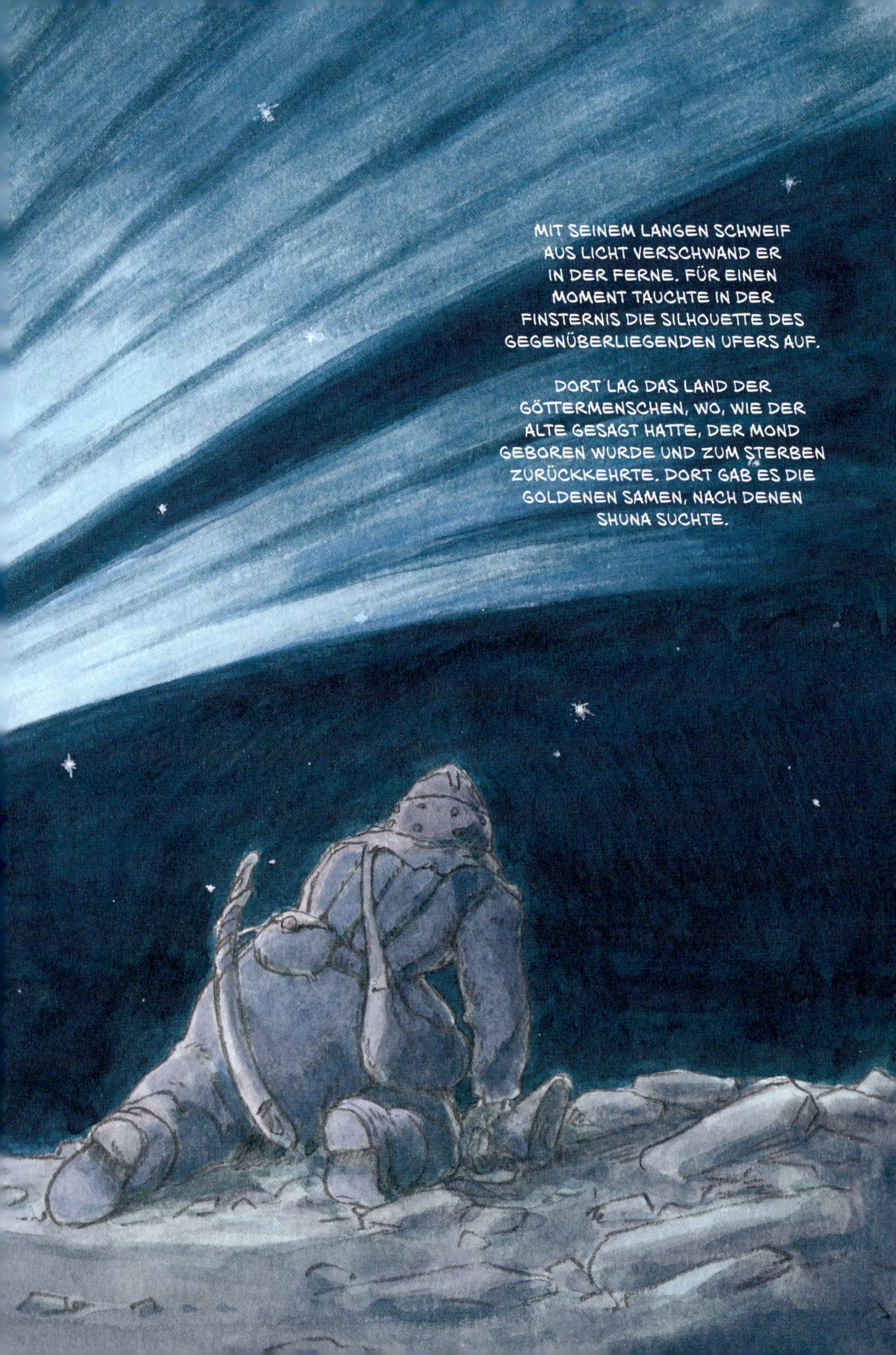
MIT SEINEM LANGEN SCHWEIF AUS LICHT VERSCHWAND ER IN DER FERNE. FÜR EINEN MOMENT TAUCHTE IN DER FINSTERNIS DIE SILHOUETTE DES GEGENÜBERLIEGENDEN UFERS AUF.
DORT LAG DAS LAND DER GÖTTERMENSCHEN, WO, WIE DER ALTE GESAGT HATTE, DER MOND GEBOREN WURDE UND ZUM STERBEN ZURÜCKKEHRTE. DORT GAB ES DIE GOLDENEN SAMEN, NACH DENEN SHUNA SUCHTE.

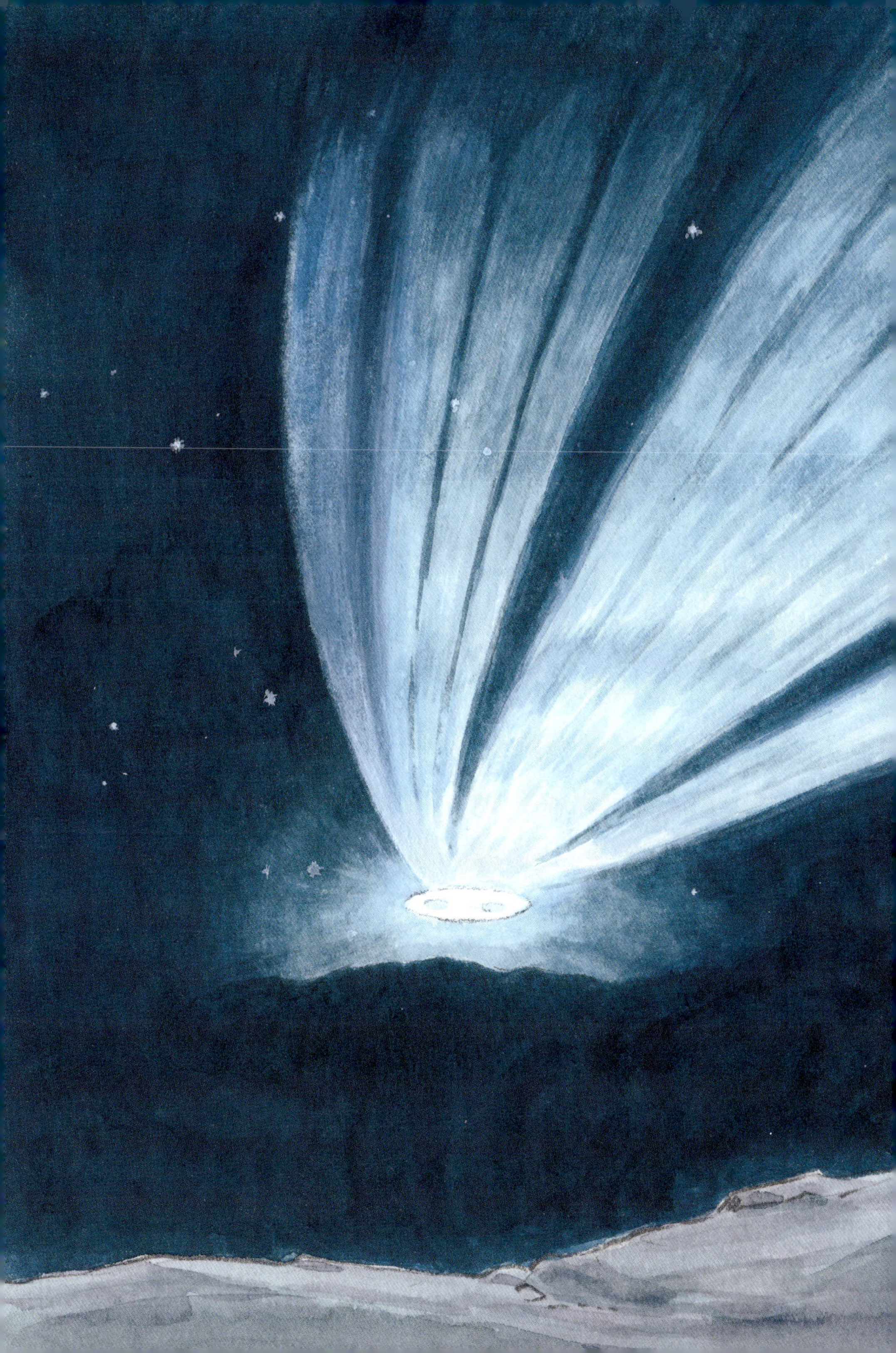

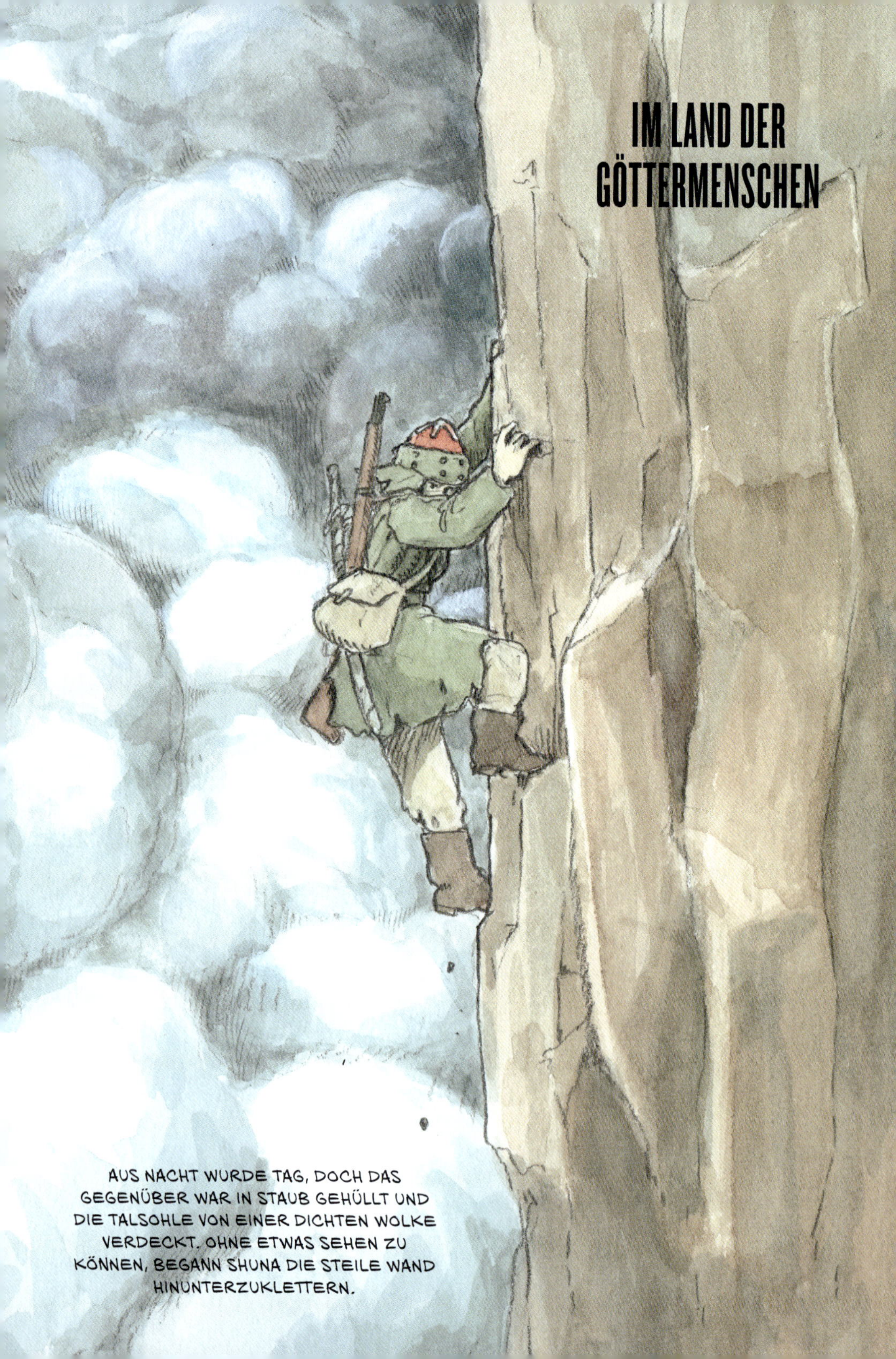
IM LAND DER GÖTTERMENSCHEN
AUS NACHT WURDE TAG, DOCH DAS GEGENÜBER WAR IN STAUB GEHÜLLT UND DIE TALSOHLE VON EINER DICHTEN WOLKE VERDECKT. OHNE ETWAS SEHEN ZU KÖNNEN, BEGANN SHUNA DIE STEILE WAND HINUNTERZUKLETTERN.

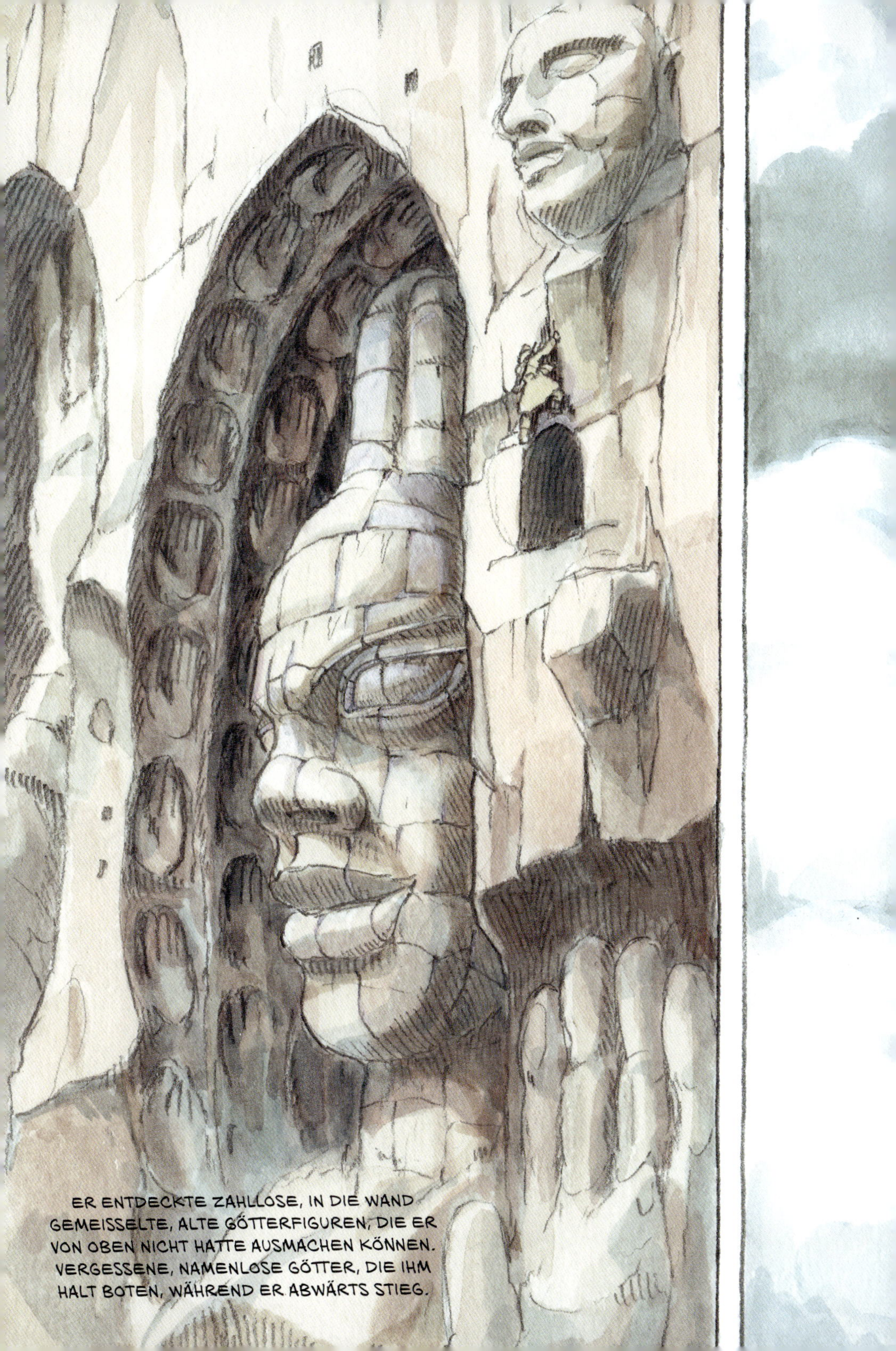
ER ENTDECKTE ZAHLLOSE, IN DIE WAND
GEMEISSELTE, ALTE GÖTTERFIGUREN, DIE ER
VON OBEN NICHT HATTE AUSMACHEN KÖNNEN.
VERGESSENE, NAMENLOSE GÖTTER, DIE IHM
HALT BOTEN, WÄHREND ER ABWÄRTS STIEG.

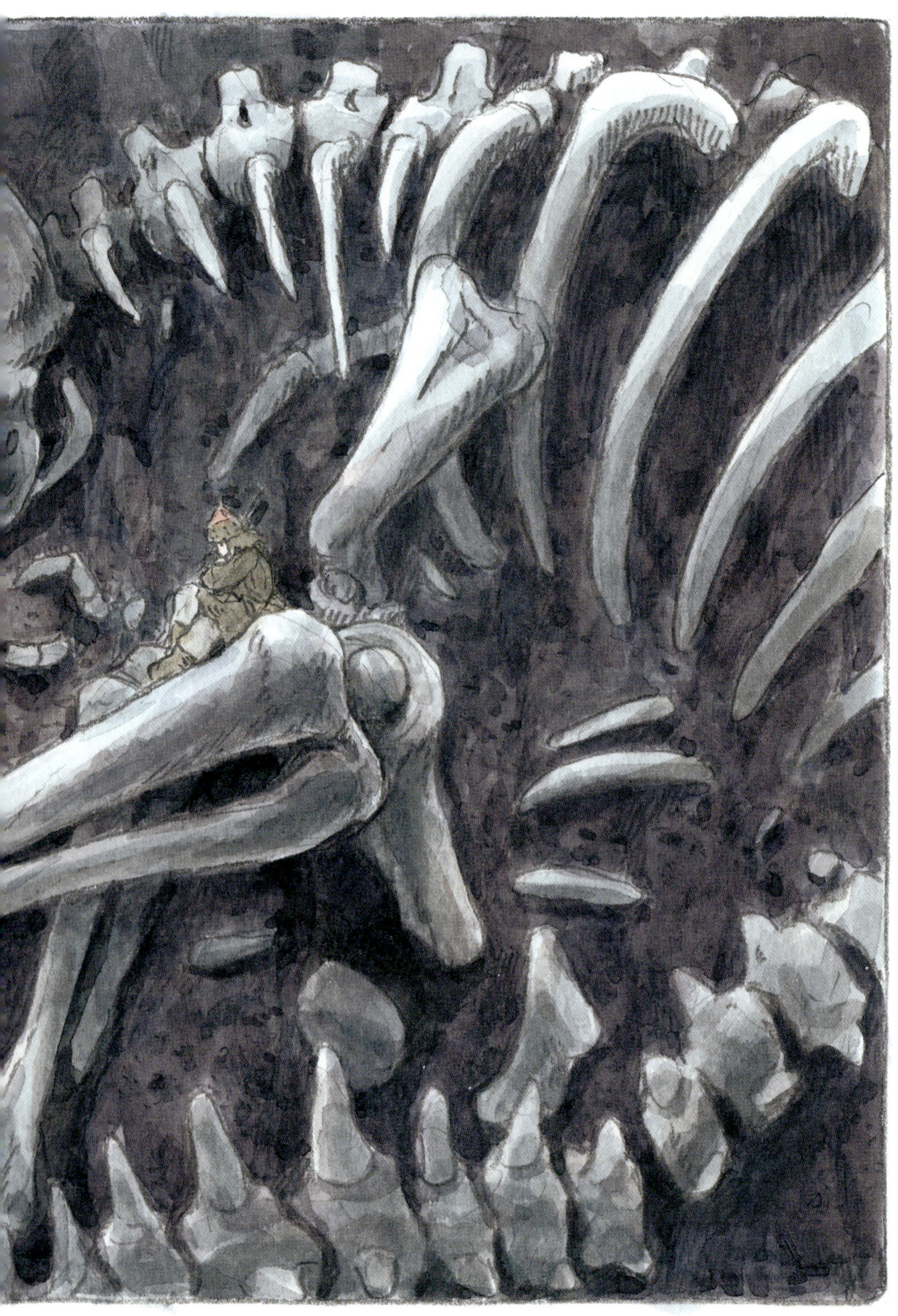

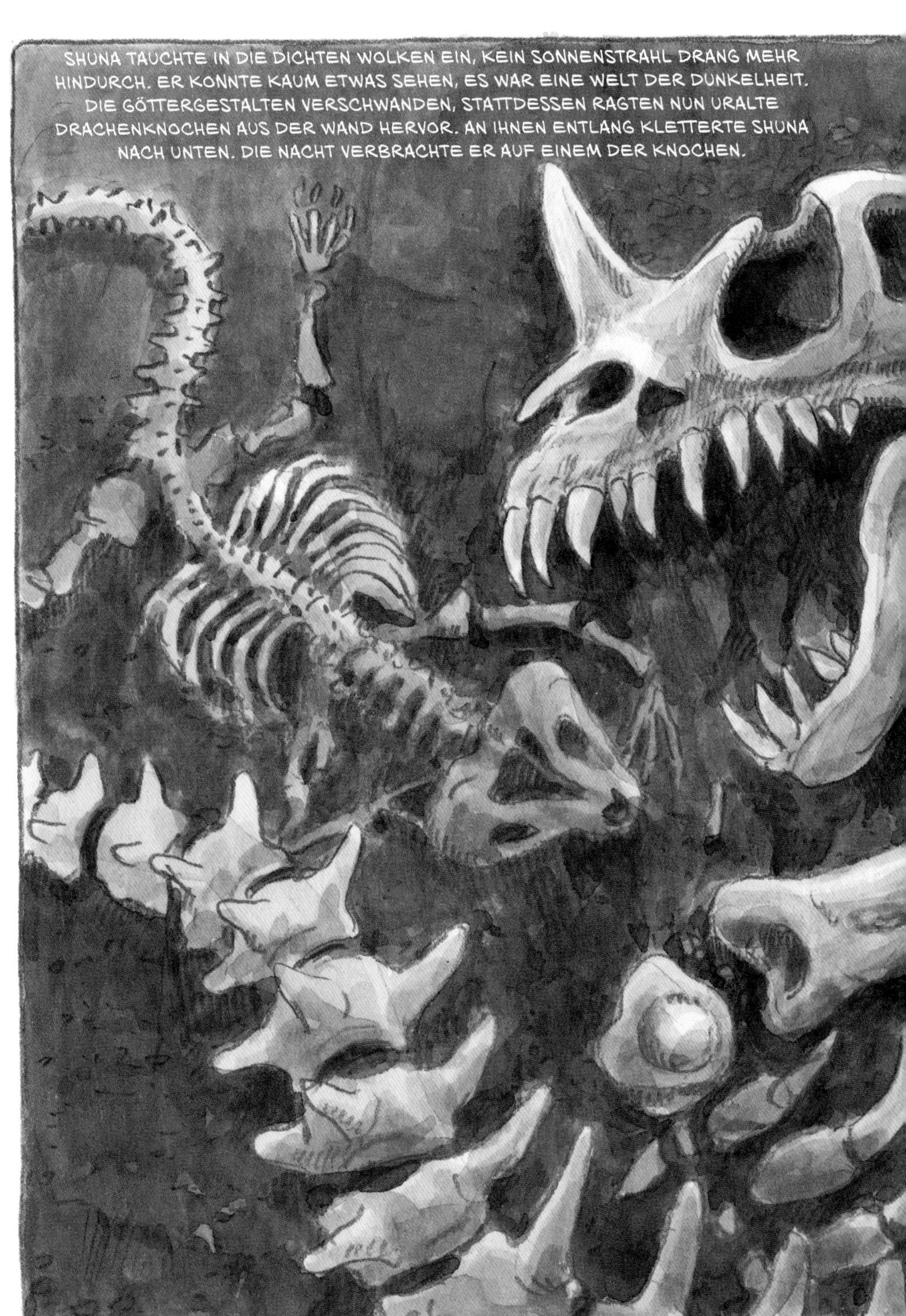
SHUNA TAUCHTE IN DIE DICHTEN WOLKEN EIN, KEIN SONNENSTRAHL DRANG MEHR HINDURCH. ER KONNTE KAUM ETWAS SEHEN, ES WAR EINE WELT DER DUNKELHEIT. DIE GÖTTERGESTALTEN VERSCHWANDEN, STATTDESSEN RAGTEN NUN URALTE DRACHENKNOCHEN AUS DER WAND HERVOR. AN IHNEN ENTLANG KLETTERTE SHUNA NACH UNTEN. DIE NACHT VERBRACHTE ER AUF EINEM DER KNOCHEN.

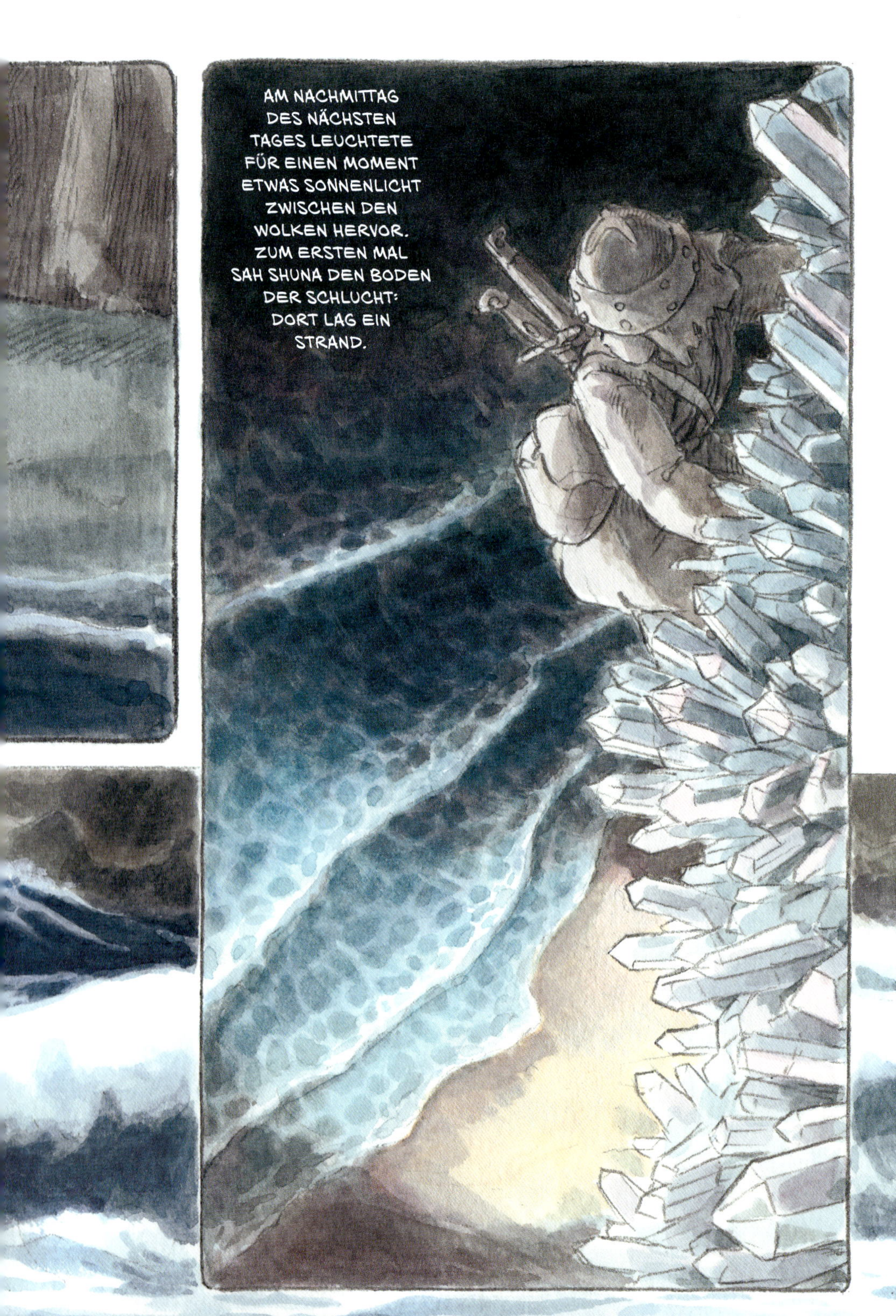
AM NACHMITTAG DES NÄCHSTEN TAGES LEUCHTETE FÜR EINEN MOMENT ETWAS SONNENLICHT ZWISCHEN DEN WOLKEN HERVOR. ZUM ERSTEN MAL SAH SHUNA DEN BODEN DER SCHLUCHT: DORT LAG EIN STRAND.

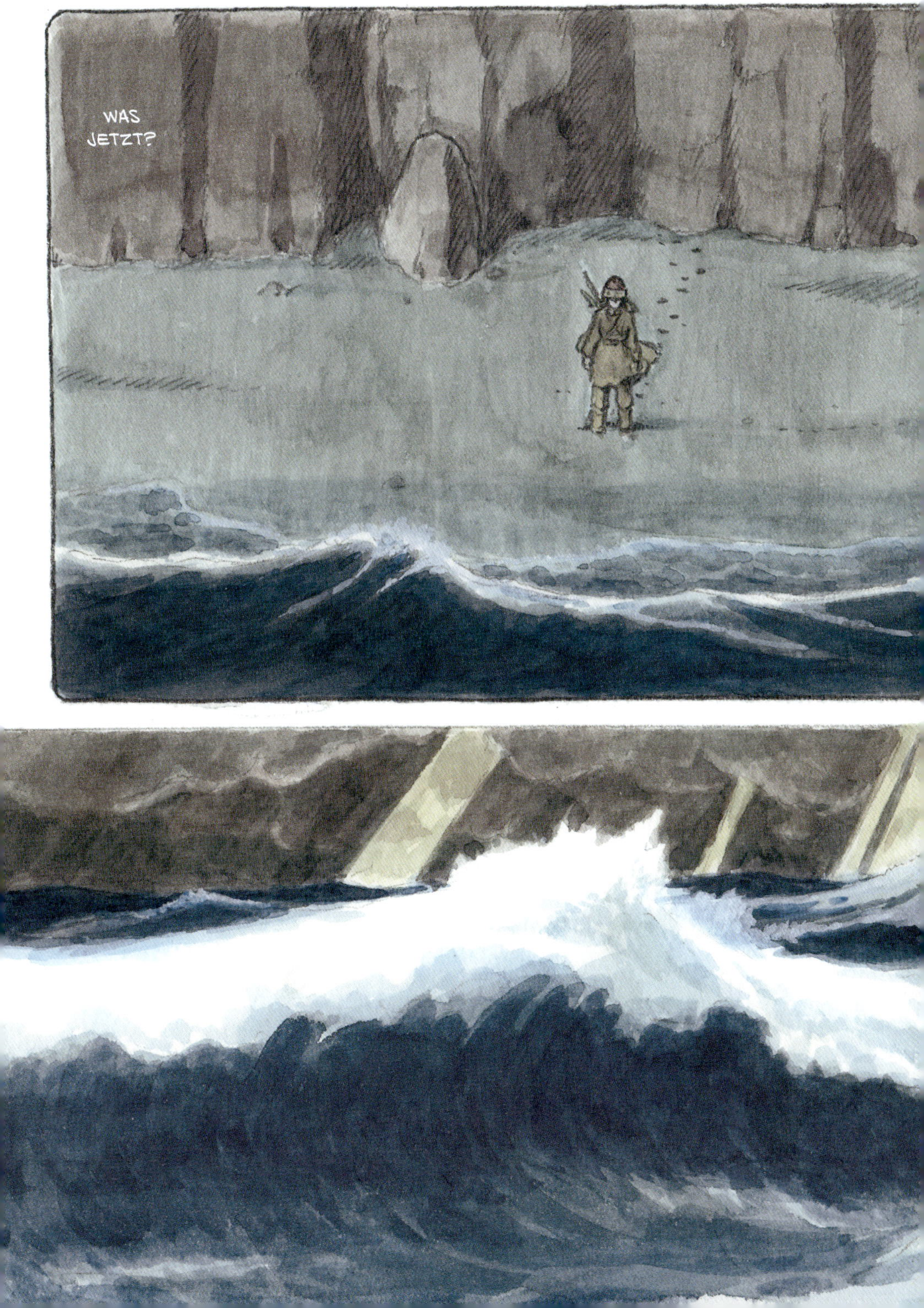

WAS
JETZT?

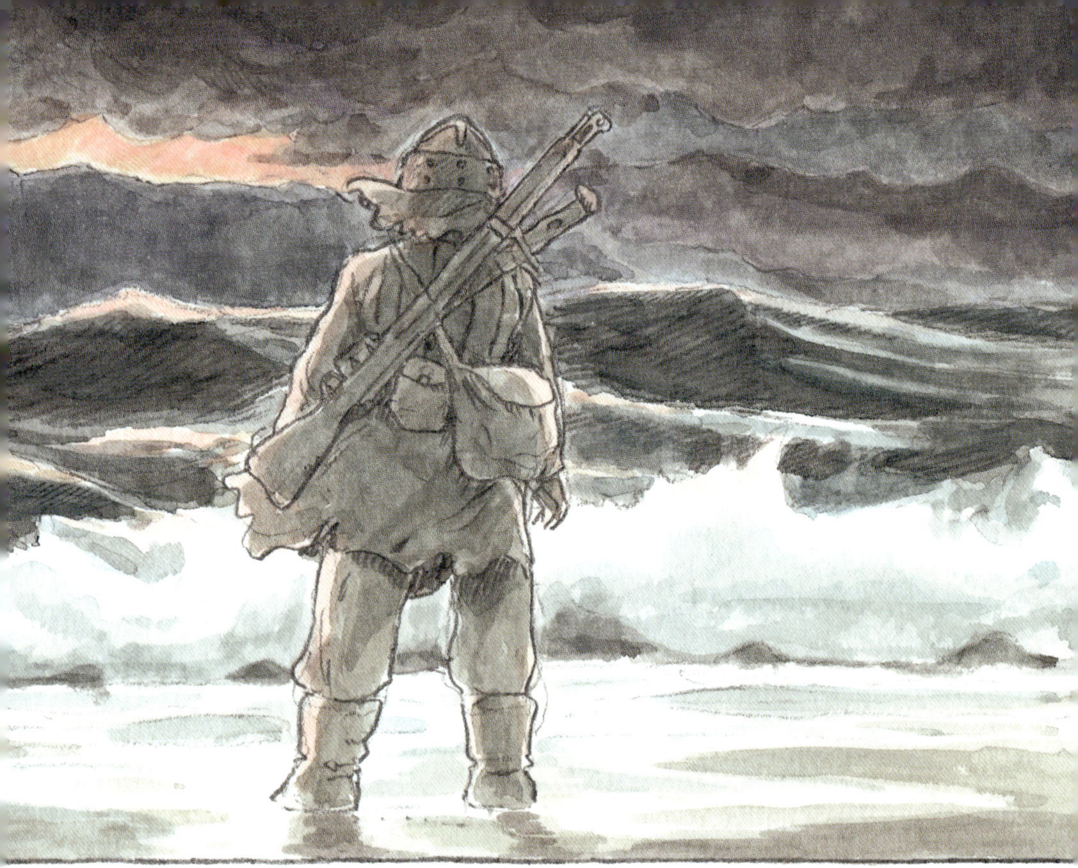

SHUNA WUSSTE NICHT WEITER. ERSCHÖPFT TAUMELTE ER INS WASSER, ER WUSCH SICH GESICHT, HÄNDE UND FÜSSE. DAS WASSER WAR SO KALT, DASS ES SCHMERZTE.

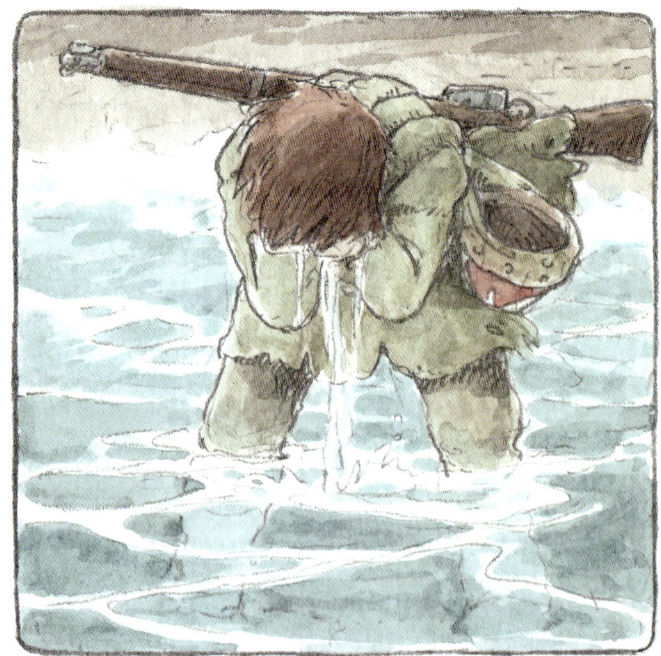

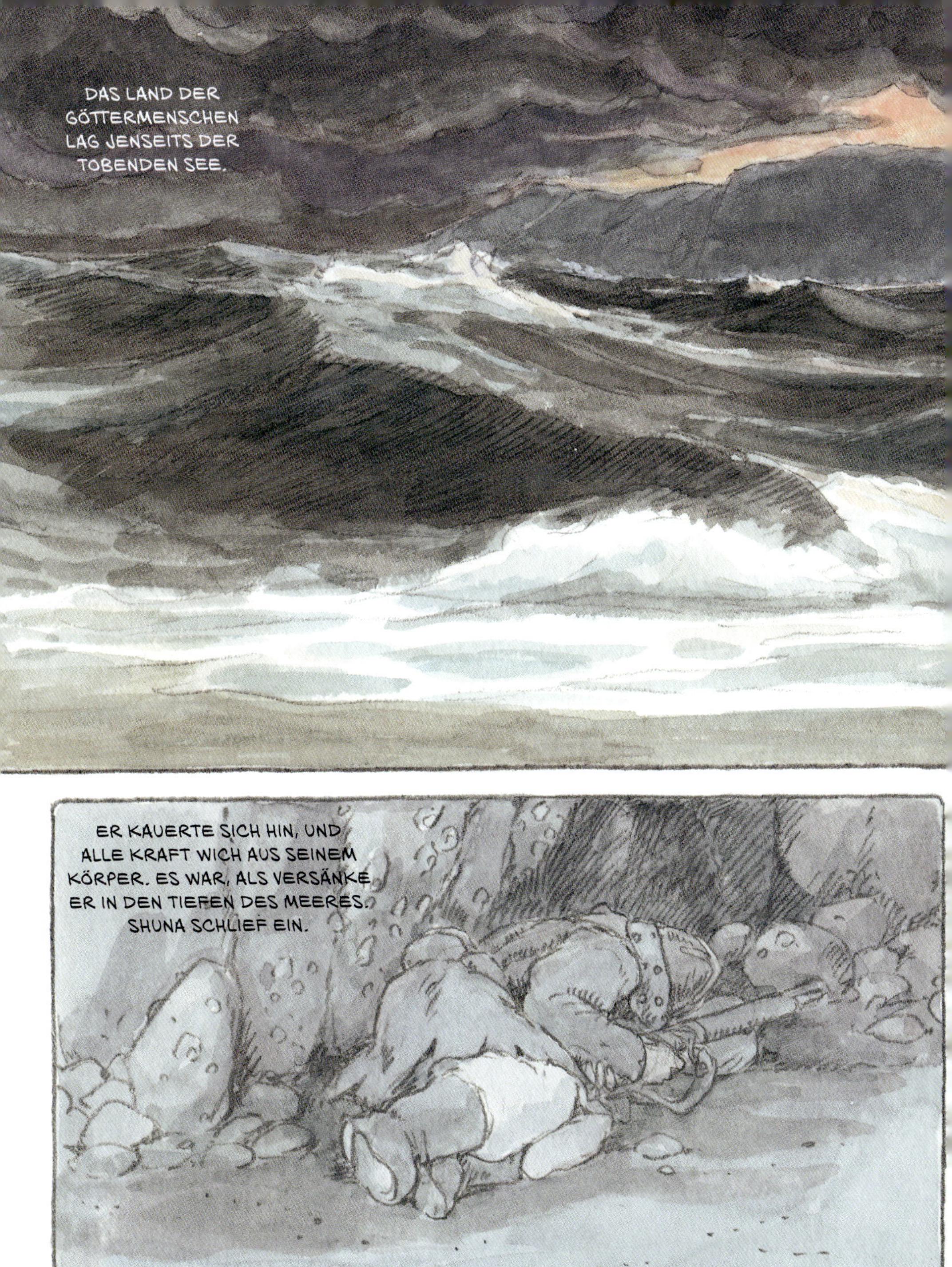
DAS LAND DER GÖTTERMENSCHEN LAG JENSEITS DER TOBENDEN SEE.
ER KAUERTE SICH HIN, UND ALLE KRAFT WICH AUS SEINEM KÖRPER. ES WAR, ALS VERSÄNKE ER IN DEN TIEFEN DES MEERES. SHUNA SCHLIEF EIN.

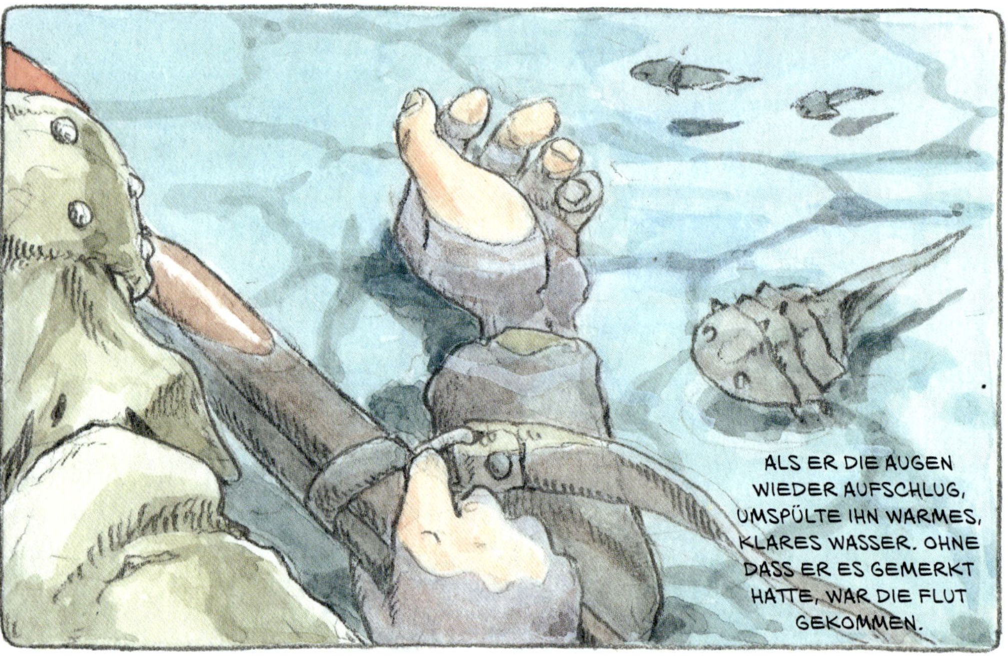

ALS ER DIE AUGEN WIEDER AUFSCHLUG, UMSPÜLTE IHN WARMES, KLARES WASSER. OHNE DASS ER ES GEMERKT HATTE, WAR DIE FLUT GEKOMMEN.

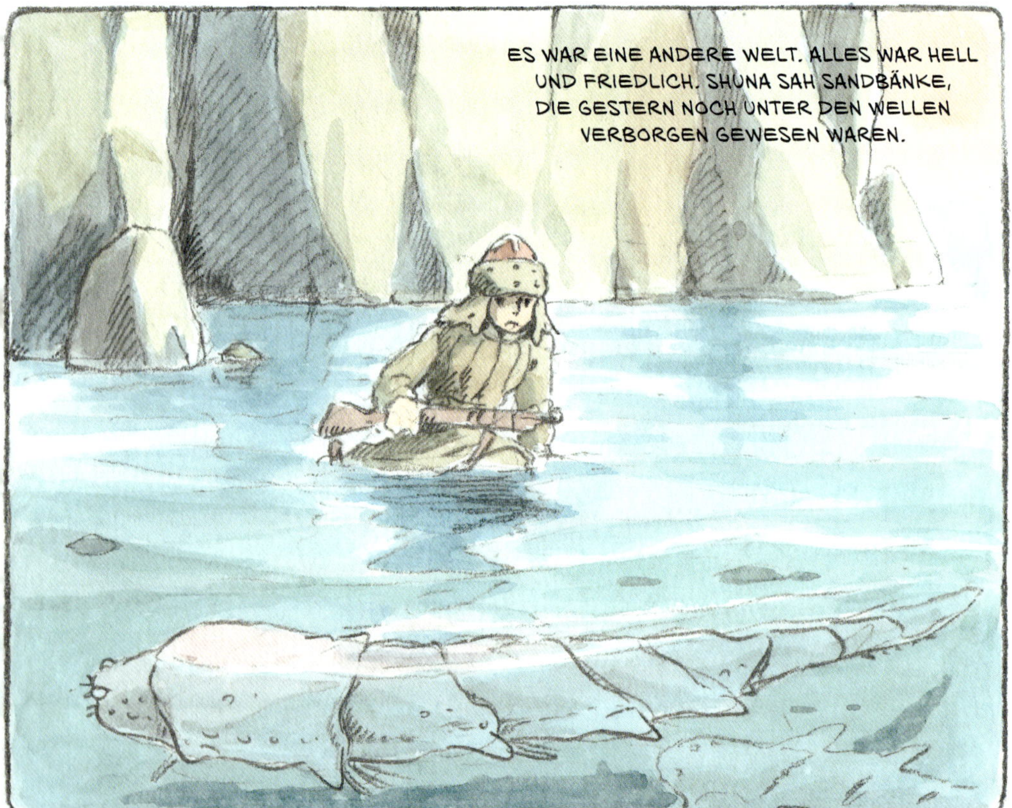

ES WAR EINE ANDERE WELT. ALLES WAR HELL UND FRIEDLICH. SHUNA SAH SANDBÄNKE, DIE GESTERN NOCH UNTER DEN WELLEN VERBORGEN GEWESEN WAREN.

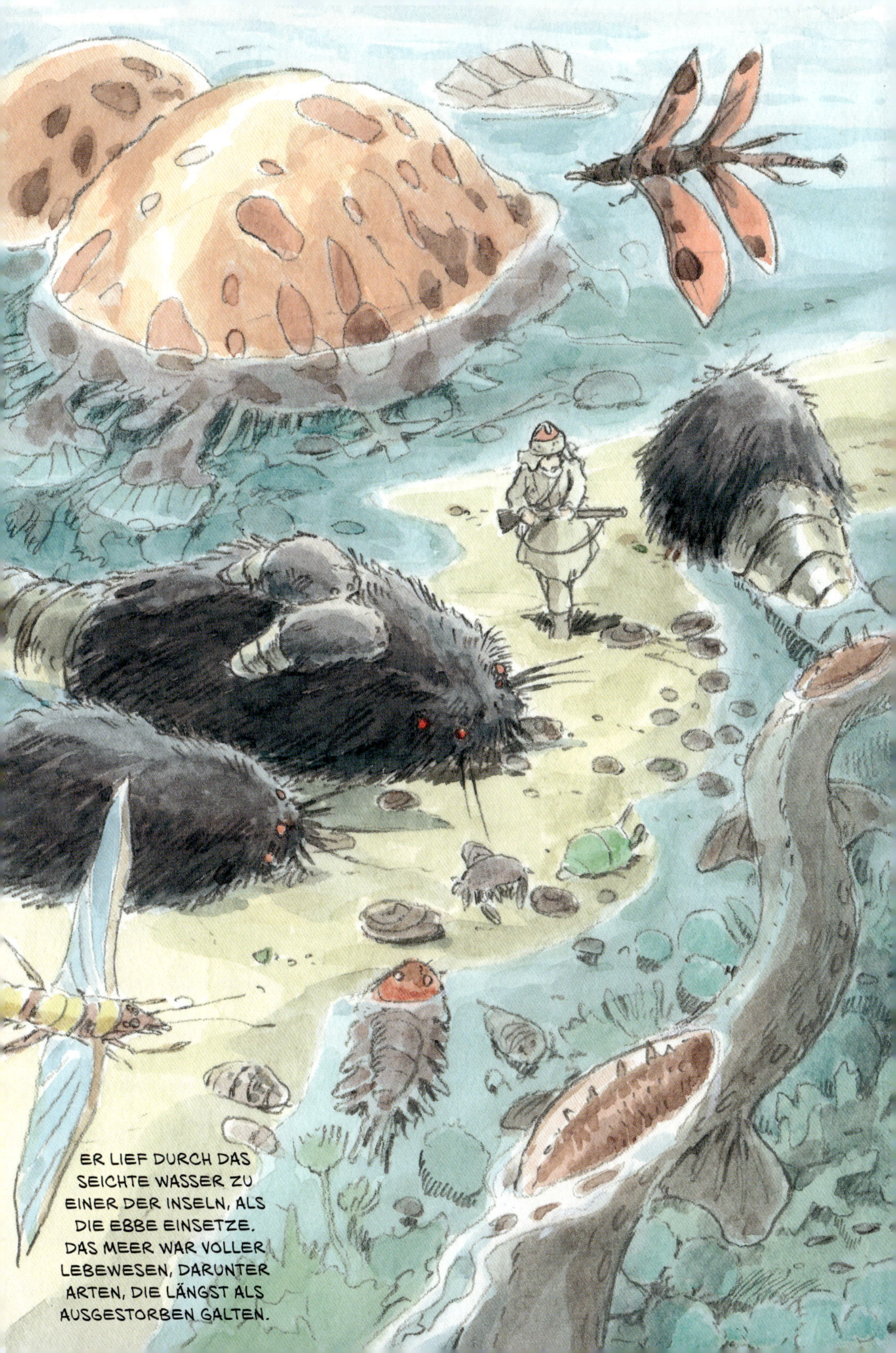
ER LIEF DURCH DAS
SEICHTE WASSER ZU
EINER DER INSELN, ALS
DIE EBBE EINSETZE.
DAS MEER WAR VOLLER
LEBEWESEN, DARUNTER
ARTEN, DIE LÄNGST ALS
AUSGESTORBEN GALTEN.

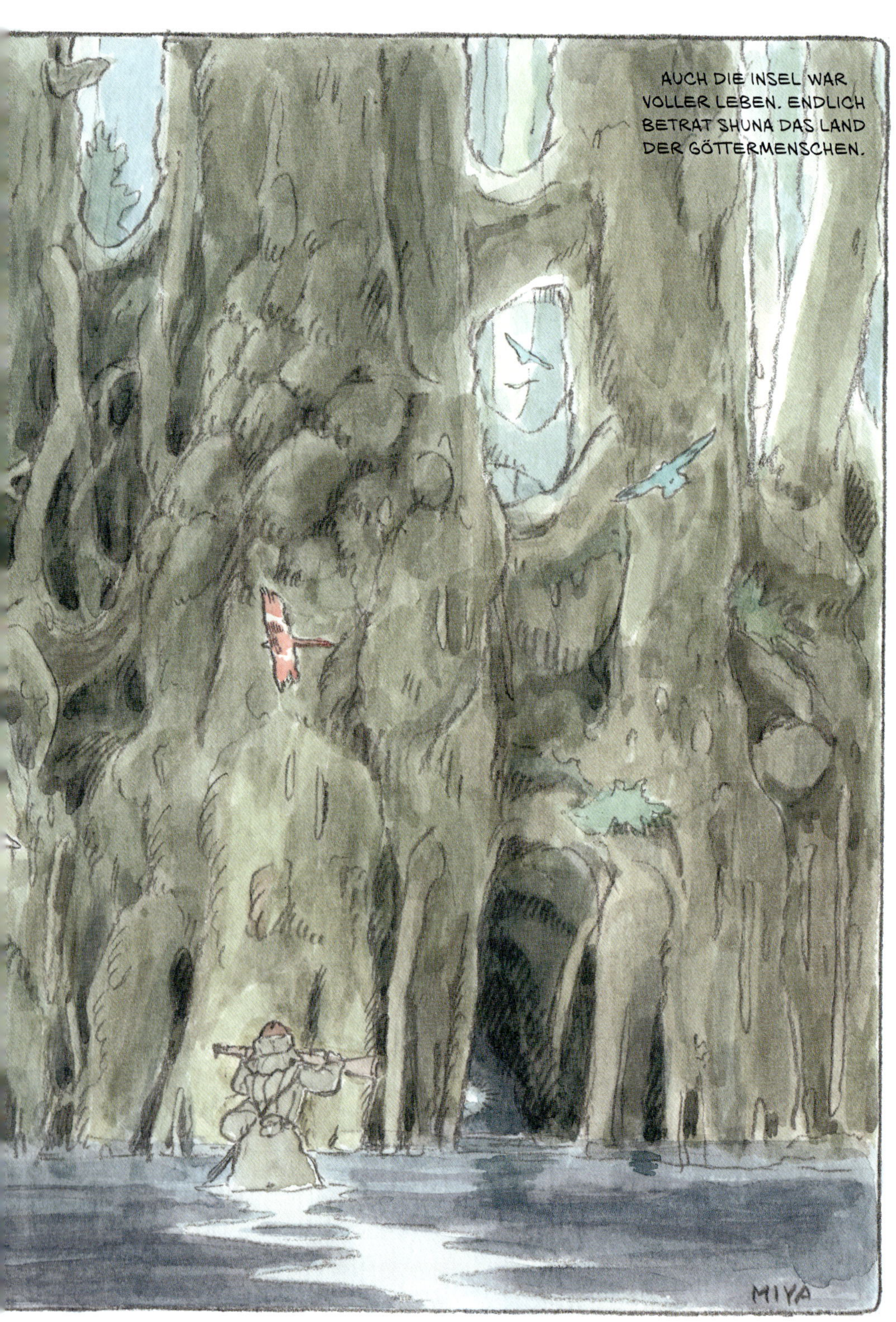
AUCH DIE INSEL WAR VOLLER LEBEN. ENDLICH BETRAT SHUNA DAS LAND DER GÖTTERMENSCHEN.
MIYA

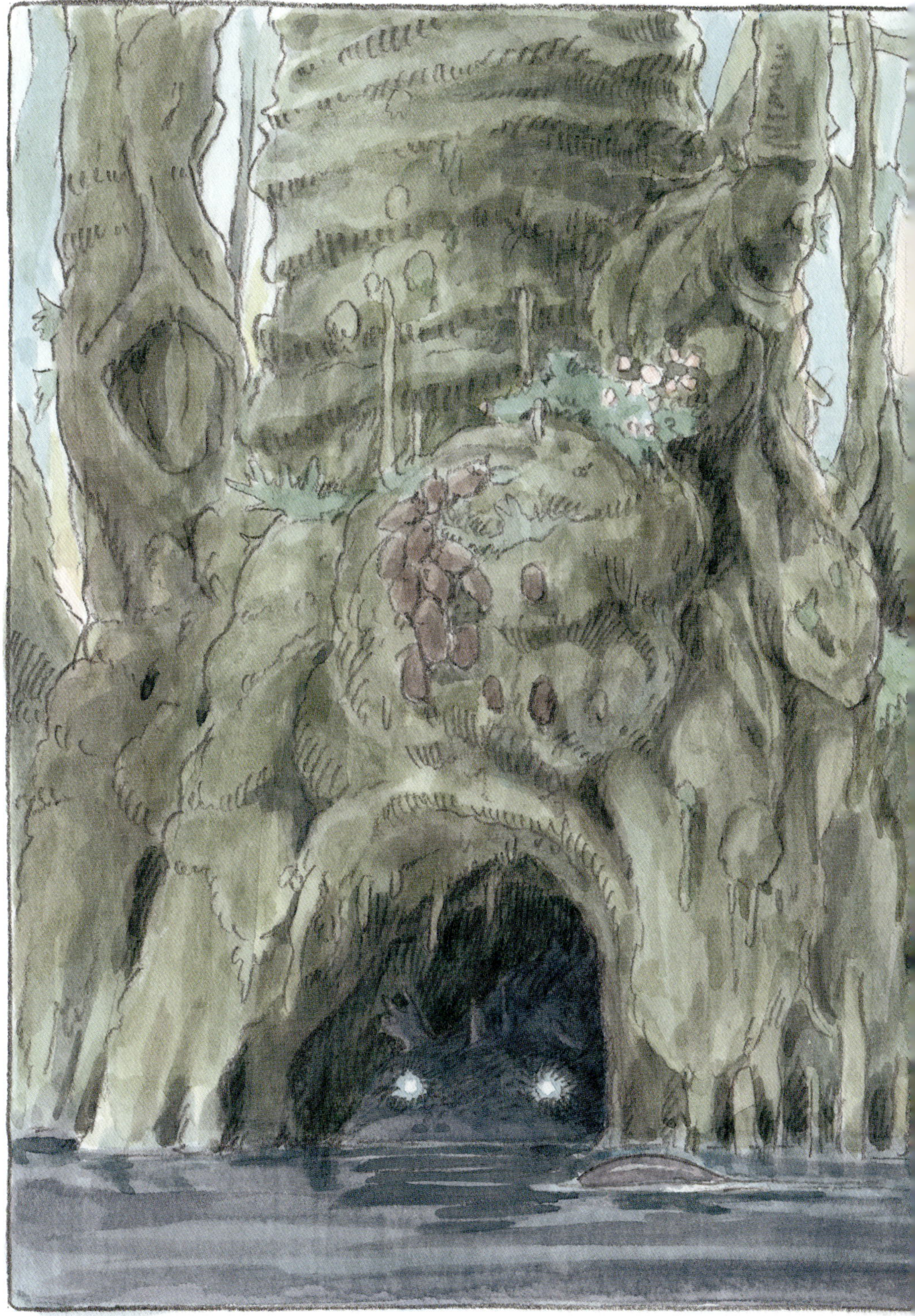

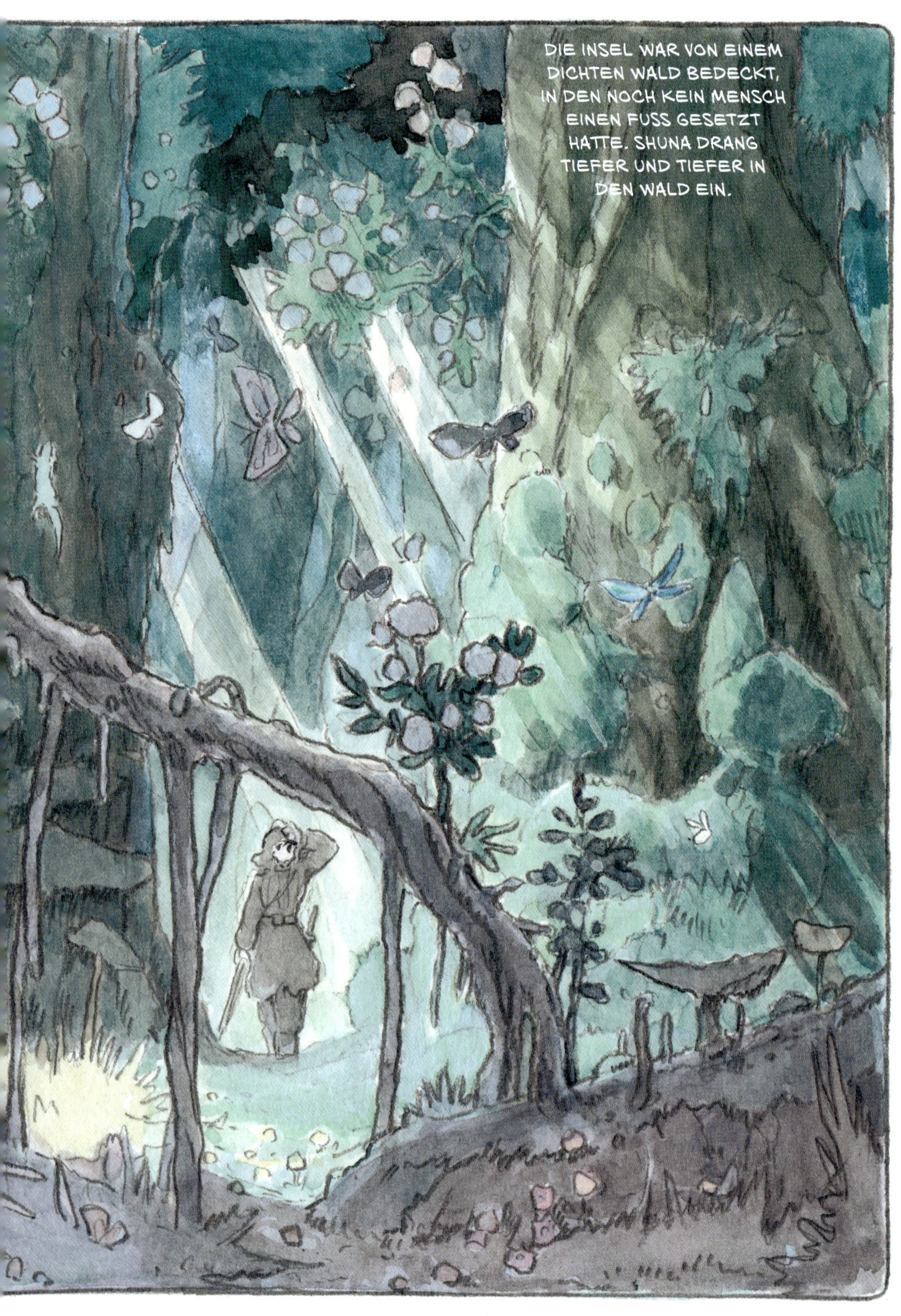
DIE INSEL WAR VON EINEM DICHTEN WALD BEDECKT, IN DEN NOCH KEIN MENSCH EINEN FUSS GESETZT HATTE. SHUNA DRANG TIEFER UND TIEFER IN DEN WALD EIN.

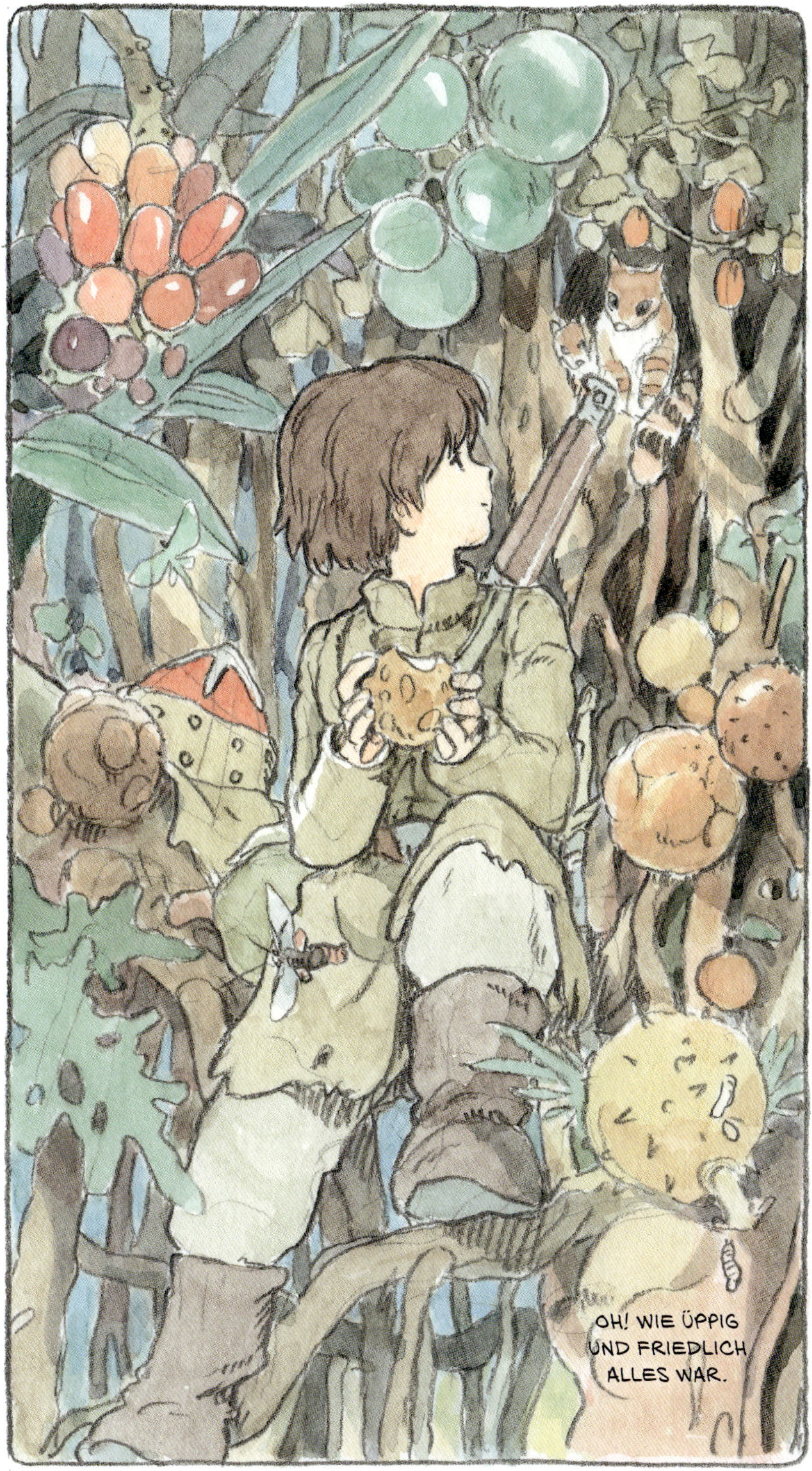

OH! WIE ÜPPIG UND FRIEDLICH ALLES WAR.

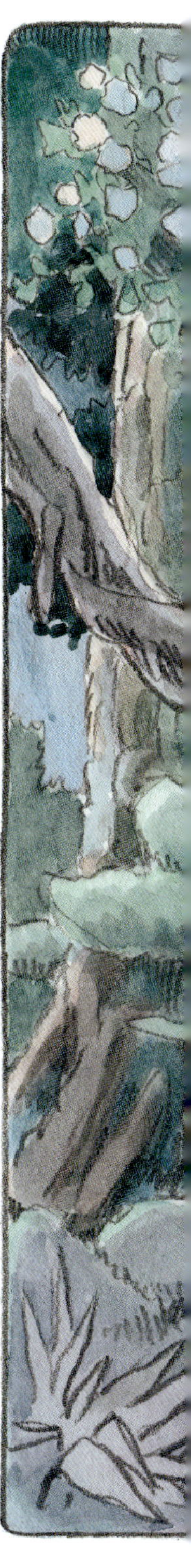

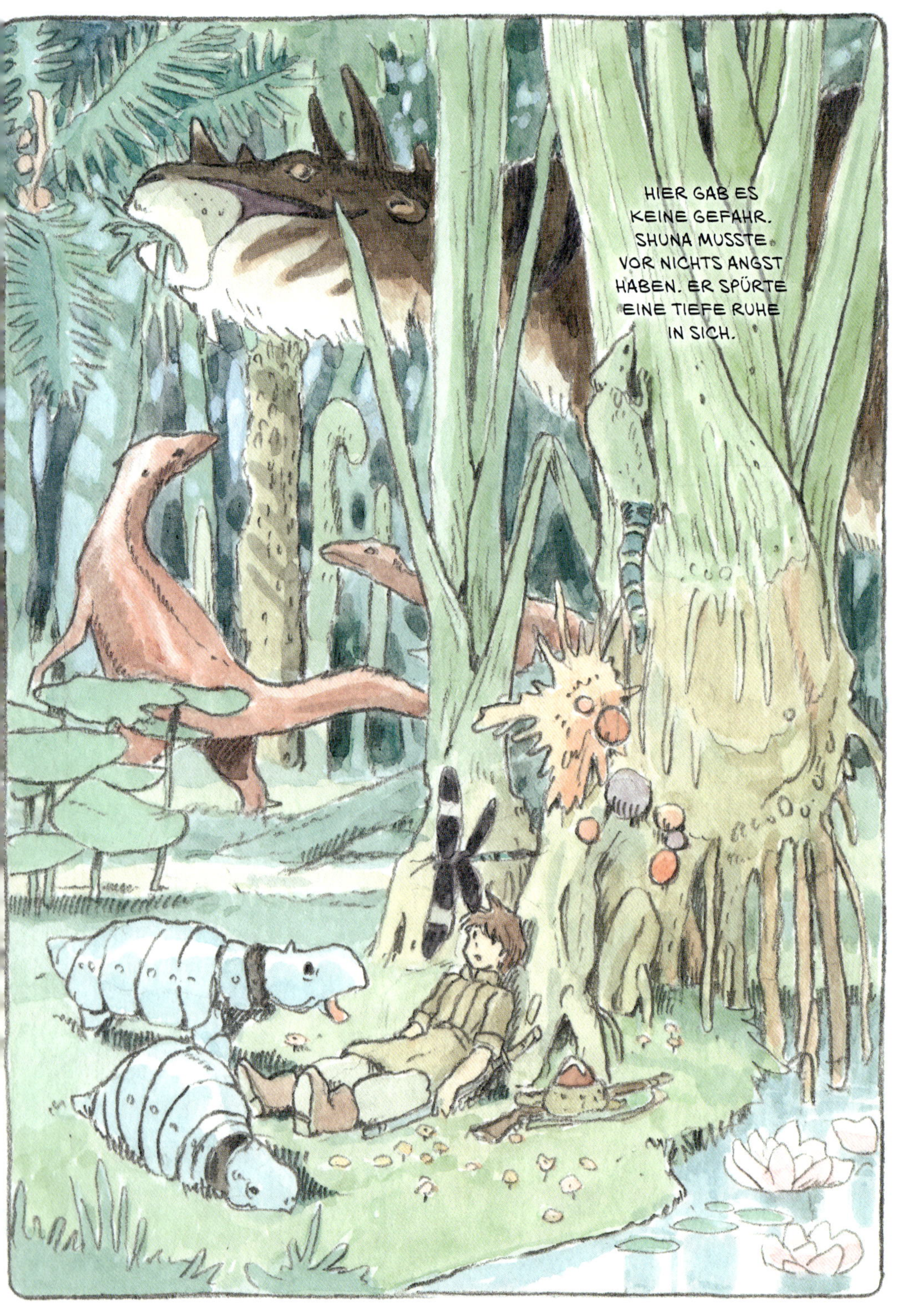
HIER GAB ES KEINE GEFAHR. SHUNA MUSSTE VOR NICHTS ANGST HABEN. ER SPÜRTE EINE TIEFE RUHE IN SICH.

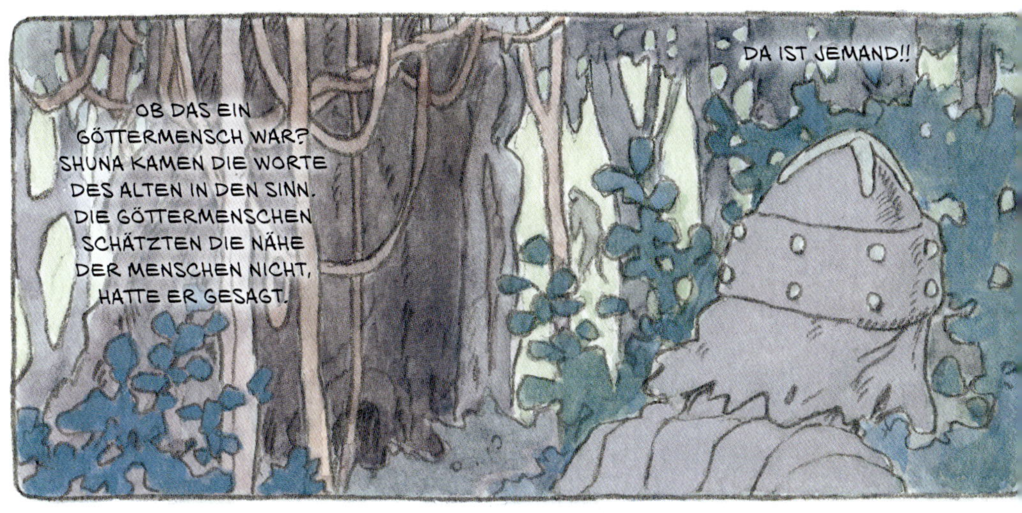

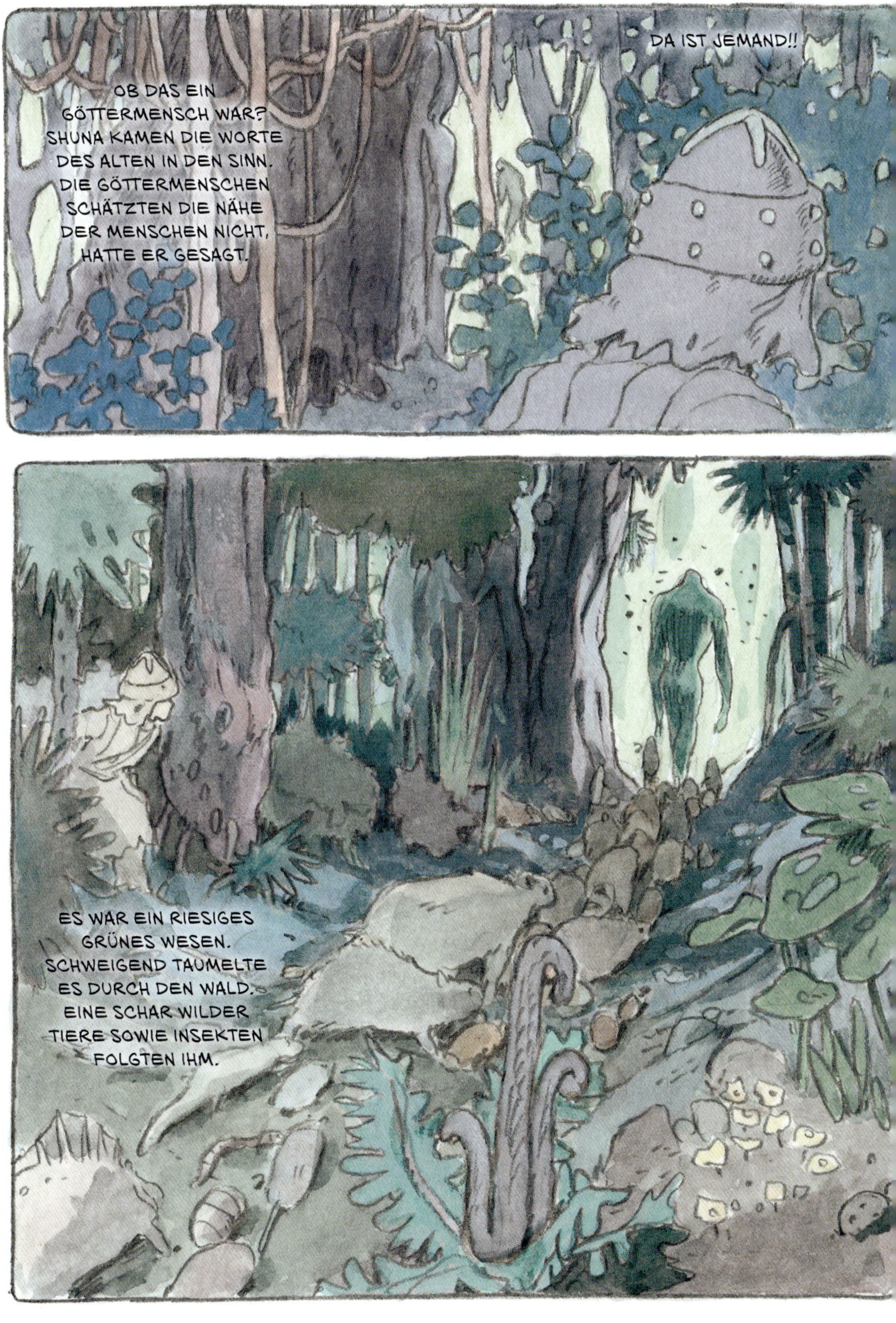

ES WAR EIN RIESIGES GRÜNES WESEN. SCHWEIGEND TAUMELTE ES DURCH DEN WALD. EINE SCHAR WILDER TIERE SOWIE INSEKTEN FOLGTEN IHM.

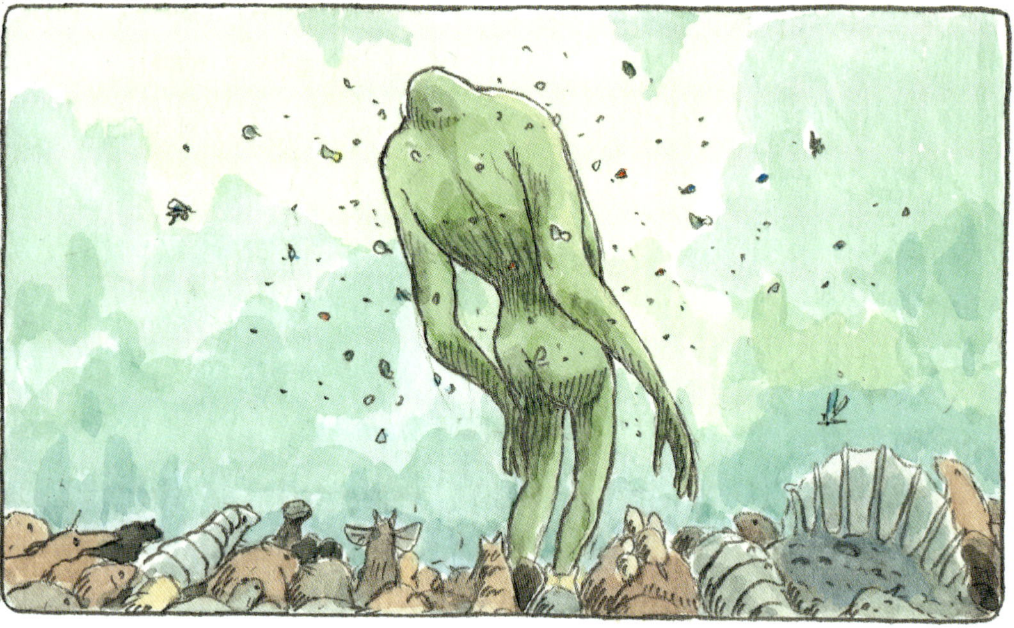

SHUNA KONNTE KAUM ERTRAGEN, WAS ER DANN SAH. EINE HORDE KLEINER TIERE STÜRZTE SICH AUF DEN RIESEN UND MACHTE SICH DARAN, IHN AUFZUFRESSEN.

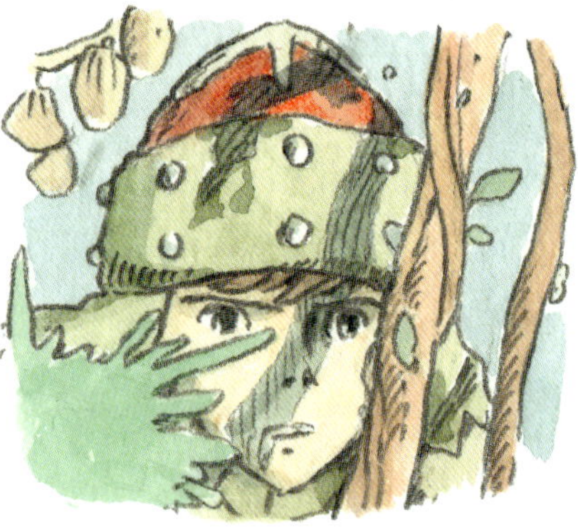

AUF EINER LICHTUNG IM WALD BLIEB DER RIESE STEHEN.

SCHLIESSLICH SANK ER LANGSAM ZU BODEN.

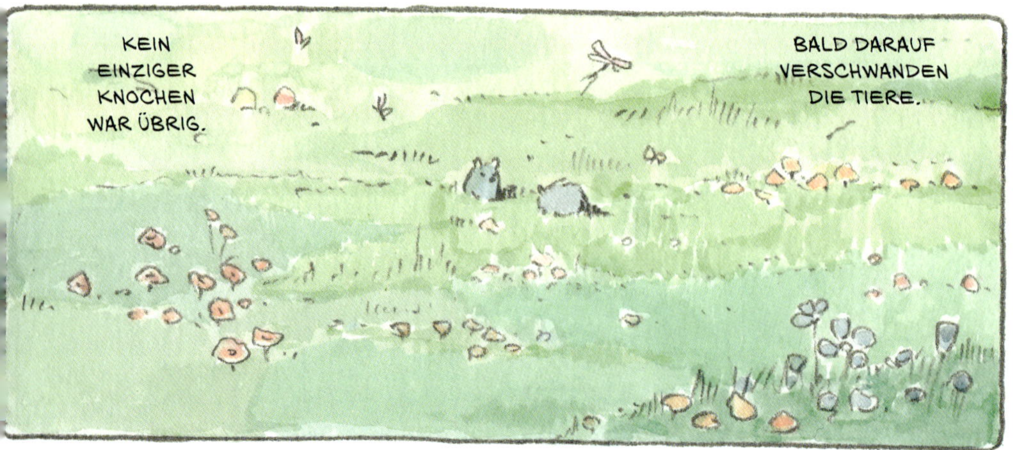

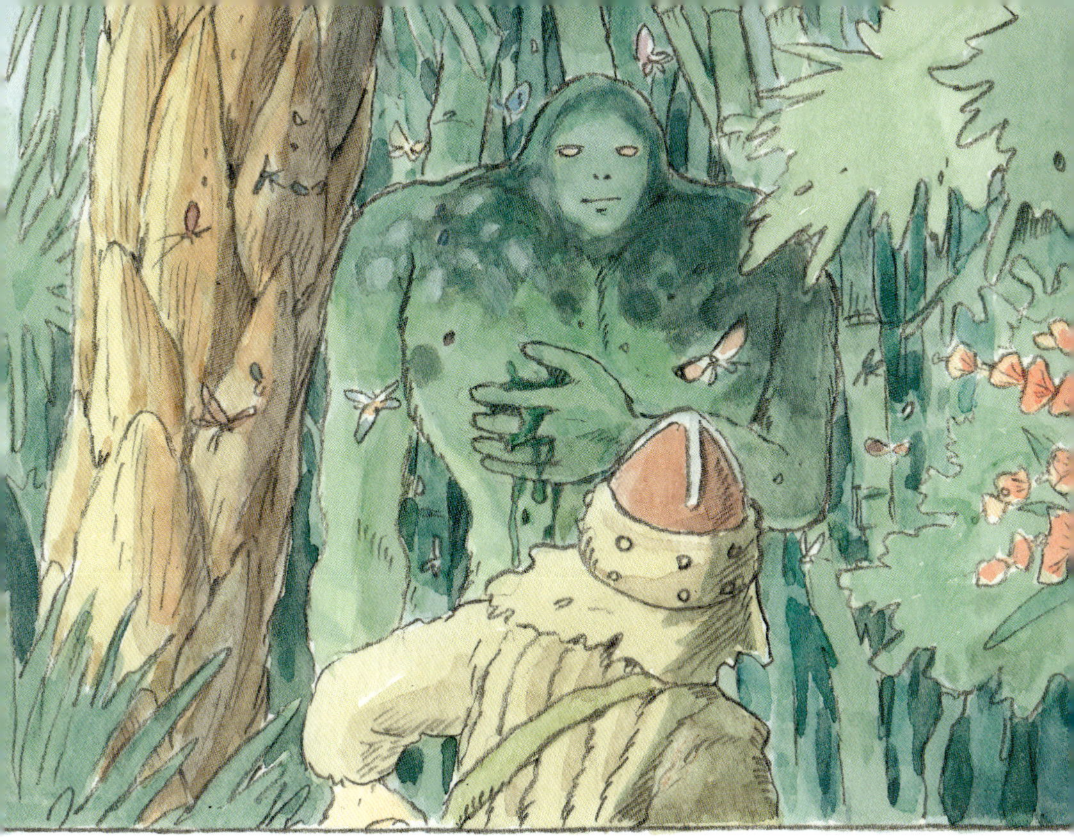

SHUNA SCHLUG DEN WEG EIN, DEN DER RIESE GEKOMMEN WAR, ALS IHM EIN ANDERER RIESE BEGEGNETE. ER SCHIEN SHUNA NICHT ZU BEMERKEN, ER GING EINFACH AN IHM VORBEI. SEIN GESICHTSAUSDRUCK WAR SANFT. ER WAR VERLETZT. „ER GEHT IN DEN TOD...", FLÜSTERTE SHUNA. IHN SCHAUDERTE.

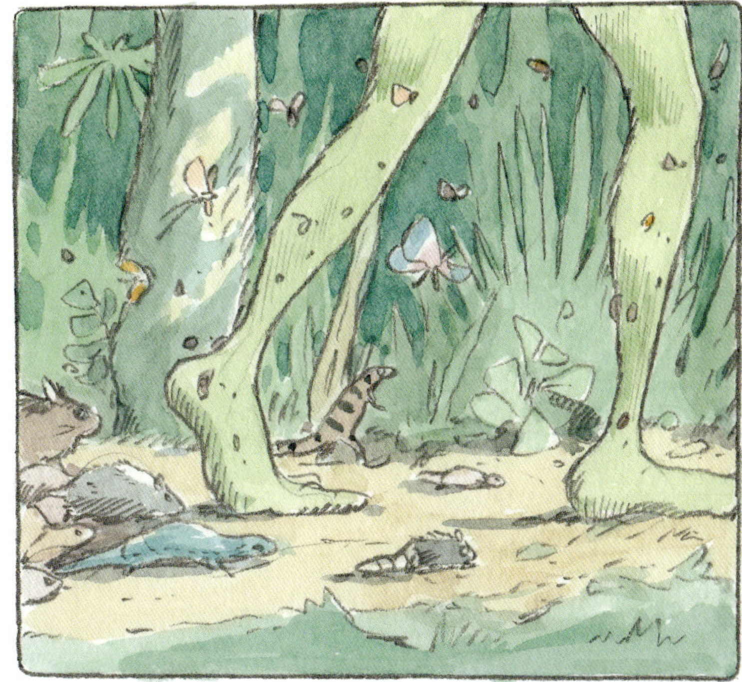

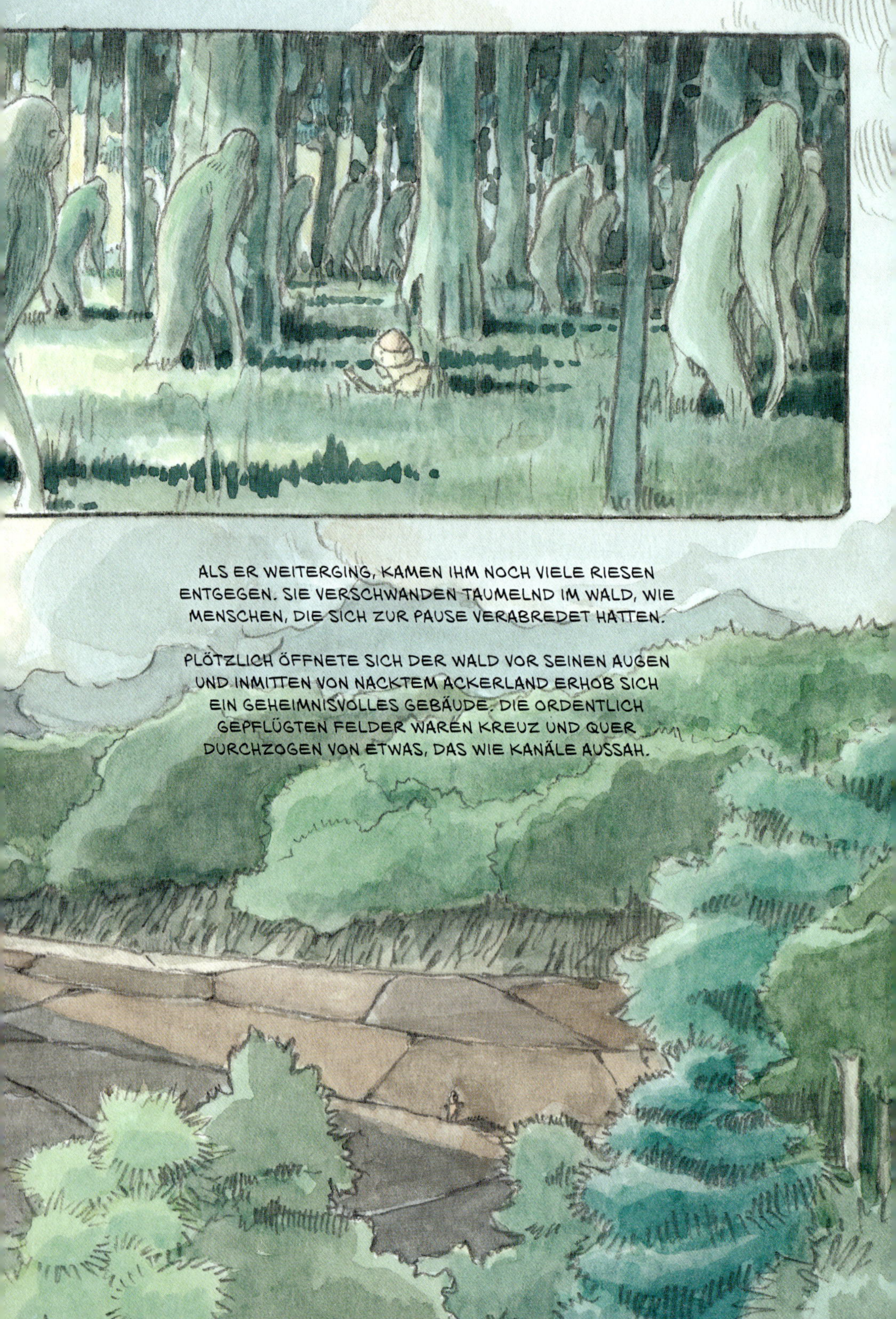
ALS ER WEITERGING, KAMEN IHM NOCH VIELE RIESEN ENTGEGEN. SIE VERSCHWANDEN TAUMELND IM WALD, WIE MENSCHEN, DIE SICH ZUR PAUSE VERABREDET HATTEN.
PLÖTZLICH ÖFFNETE SICH DER WALD VOR SEINEN AUGEN UND INMITTEN VON NACKTEM ACKERLAND ERHOB SICH EIN GEHEIMNISVOLLES GEBÄUDE. DIE ORDENTLICH GEPFLÜGTEN FELDER WAREN KREUZ UND QUER DURCHZOGEN VON ETWAS, DAS WIE KANÄLE AUSSAH.

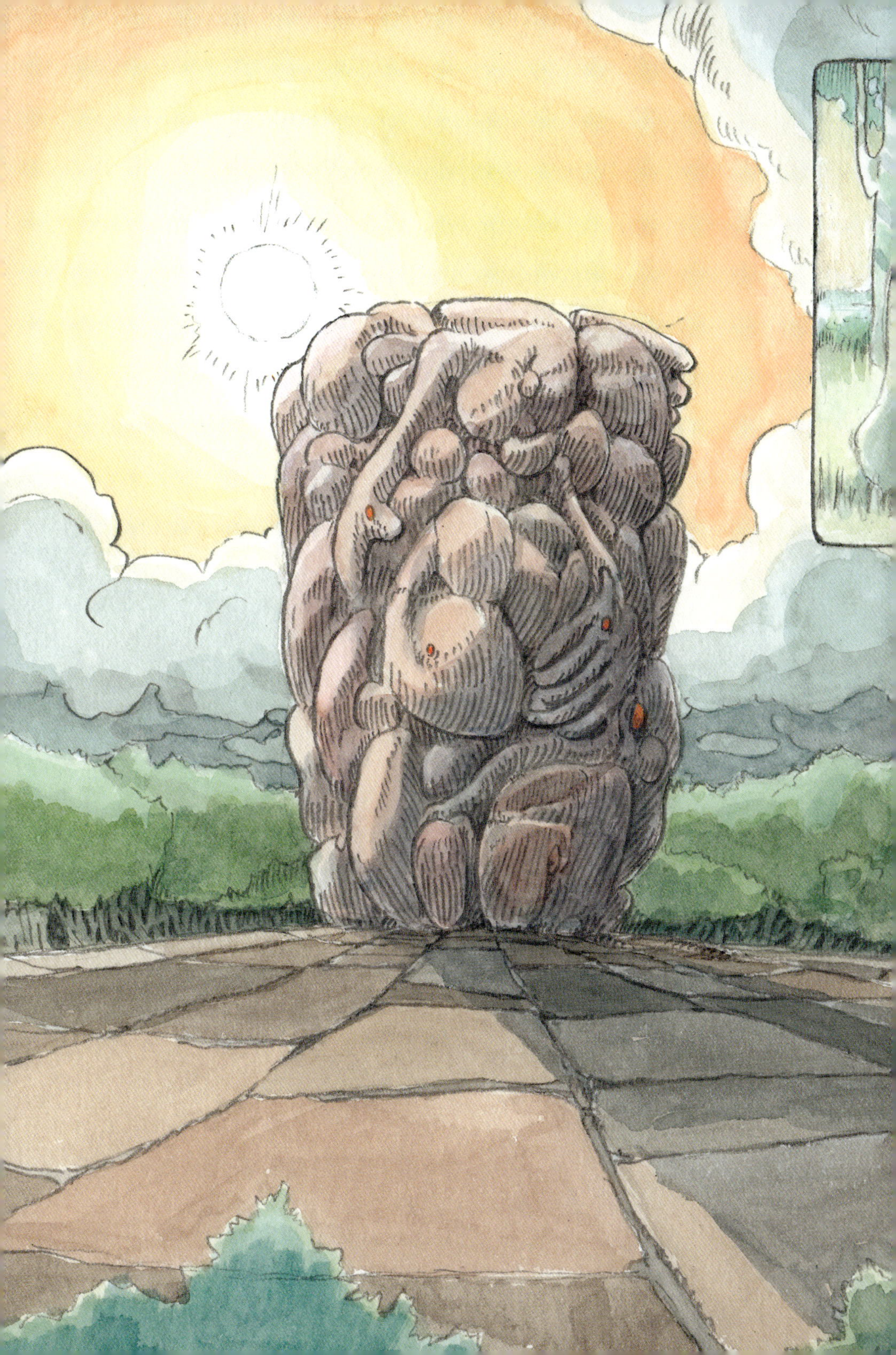

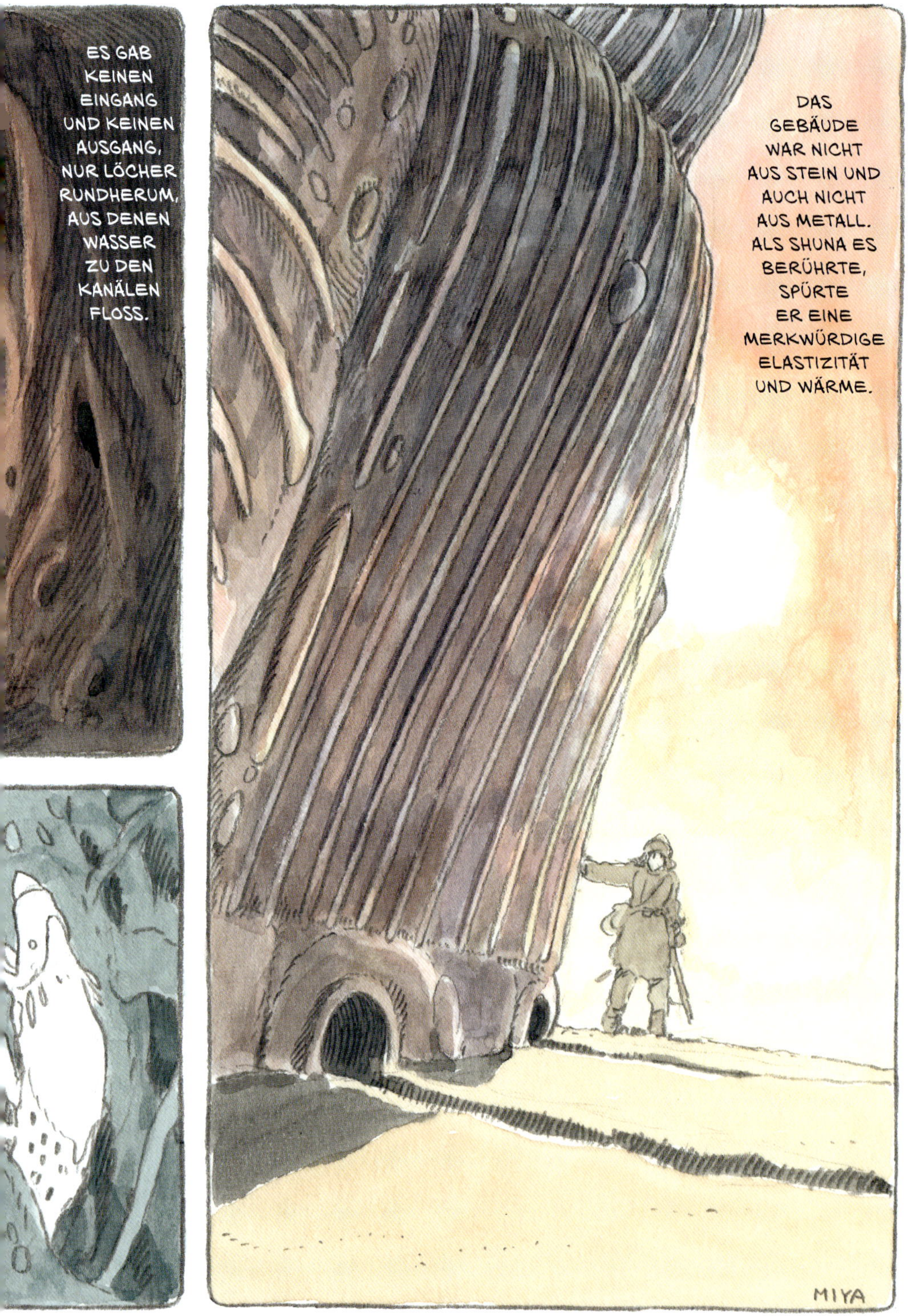

ES GAB KEINEN EINGANG UND KEINEN AUSGANG, NUR LÖCHER RUNDHERUM, AUS DENEN WASSER ZU DEN KANÄLEN FLOSS.

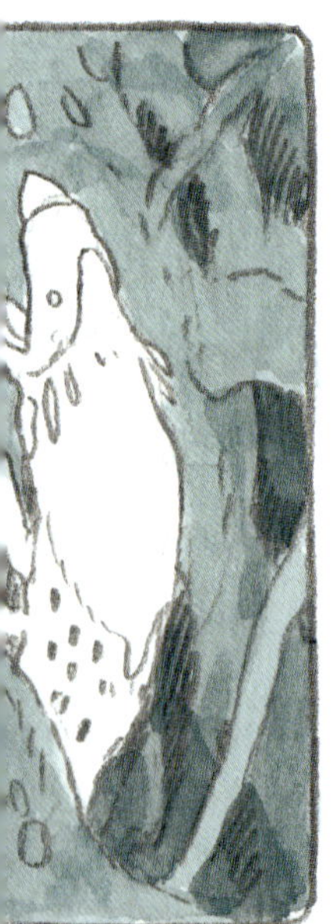

DAS GEBÄUDE WAR NICHT AUS STEIN UND AUCH NICHT AUS METALL. ALS SHUNA ES BERÜHRTE, SPÜRTE ER EINE MERKWÜRDIGE ELASTIZITÄT UND WÄRME.

MIYA

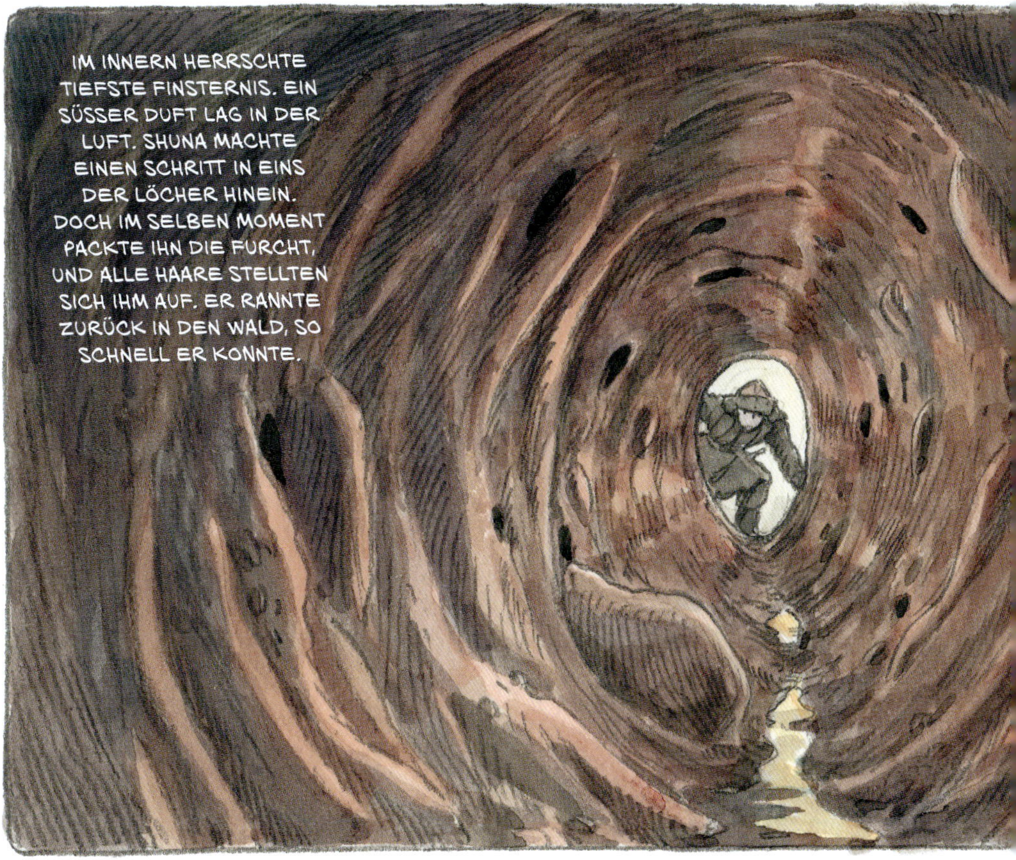

IM INNERN HERRSCHTE TIEFSTE FINSTERNIS. EIN SÜSSER DUFT LAG IN DER LUFT. SHUNA MACHTE EINEN SCHRITT IN EINS DER LÖCHER HINEIN. DOCH IM SELBEN MOMENT PACKTE IHN DIE FURCHT, UND ALLE HAARE STELLTEN SICH IHM AUF. ER RANNTE ZURÜCK IN DEN WALD, SO SCHNELL ER KONNTE.

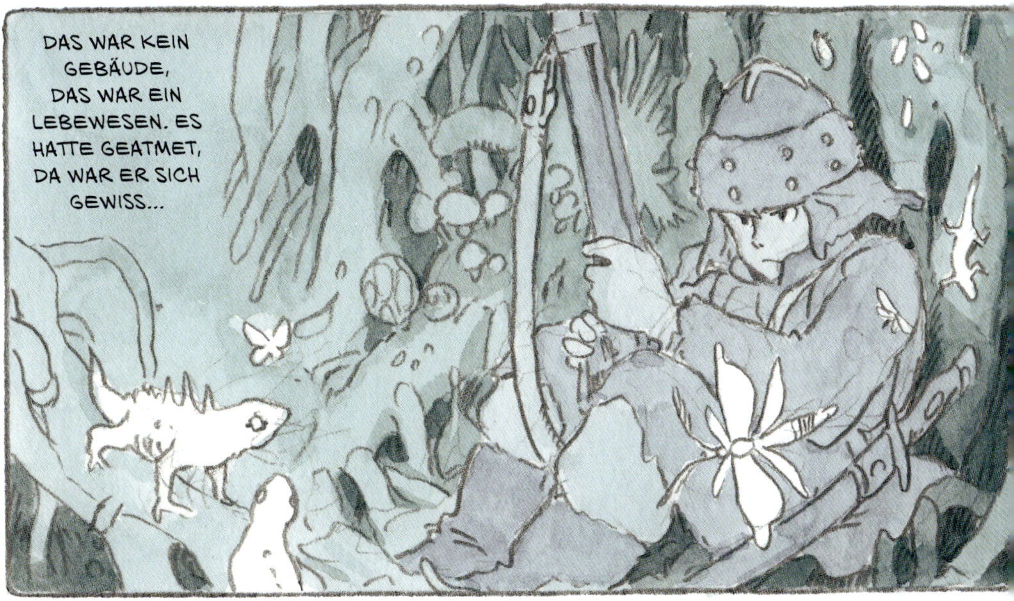

DAS WAR KEIN GEBÄUDE, DAS WAR EIN LEBEWESEN. ES HATTE GEATMET, DA WAR ER SICH GEWISS...

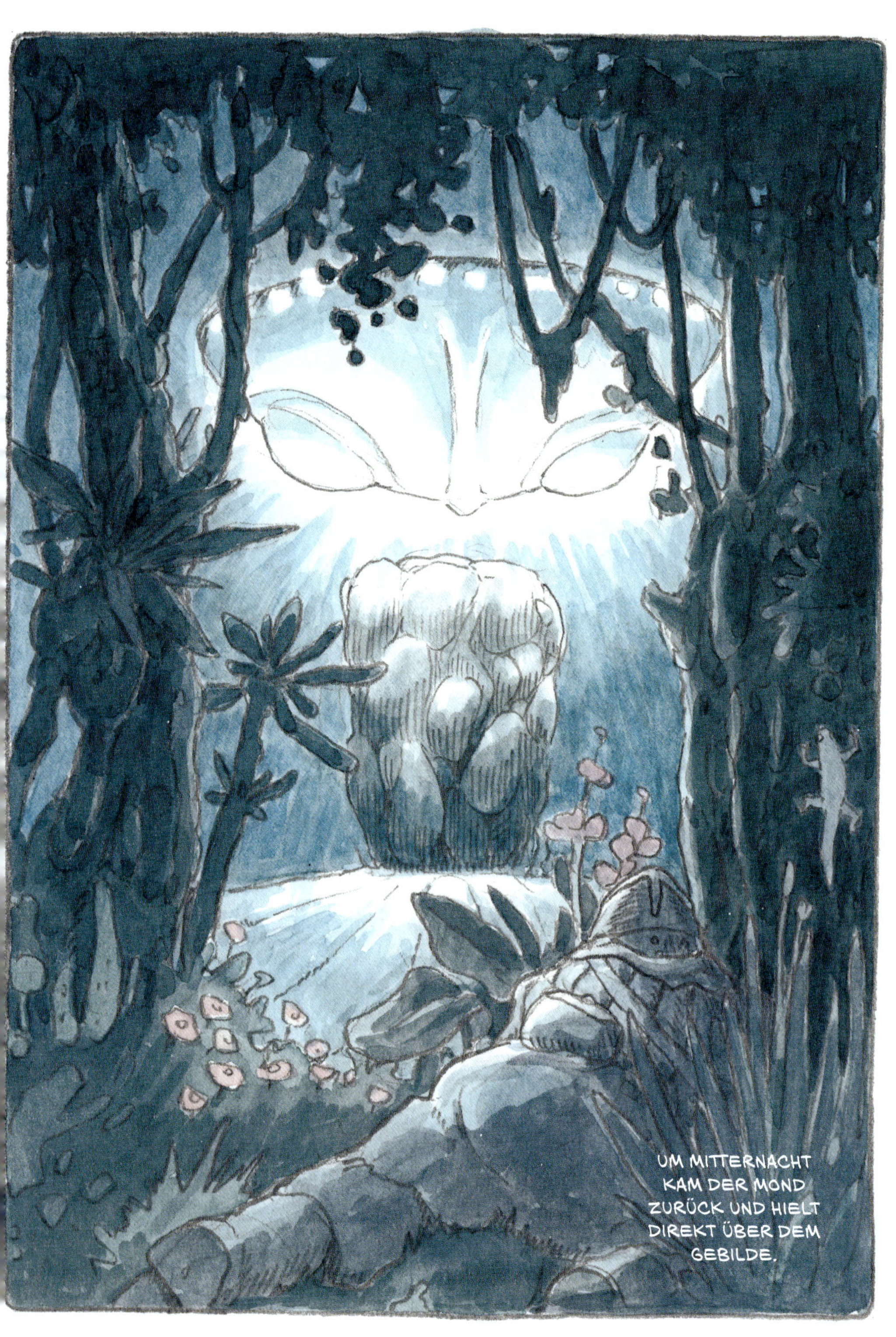
UM MITTERNACHT KAM DER MOND ZURÜCK UND HIELT DIREKT ÜBER DEM GEBILDE.

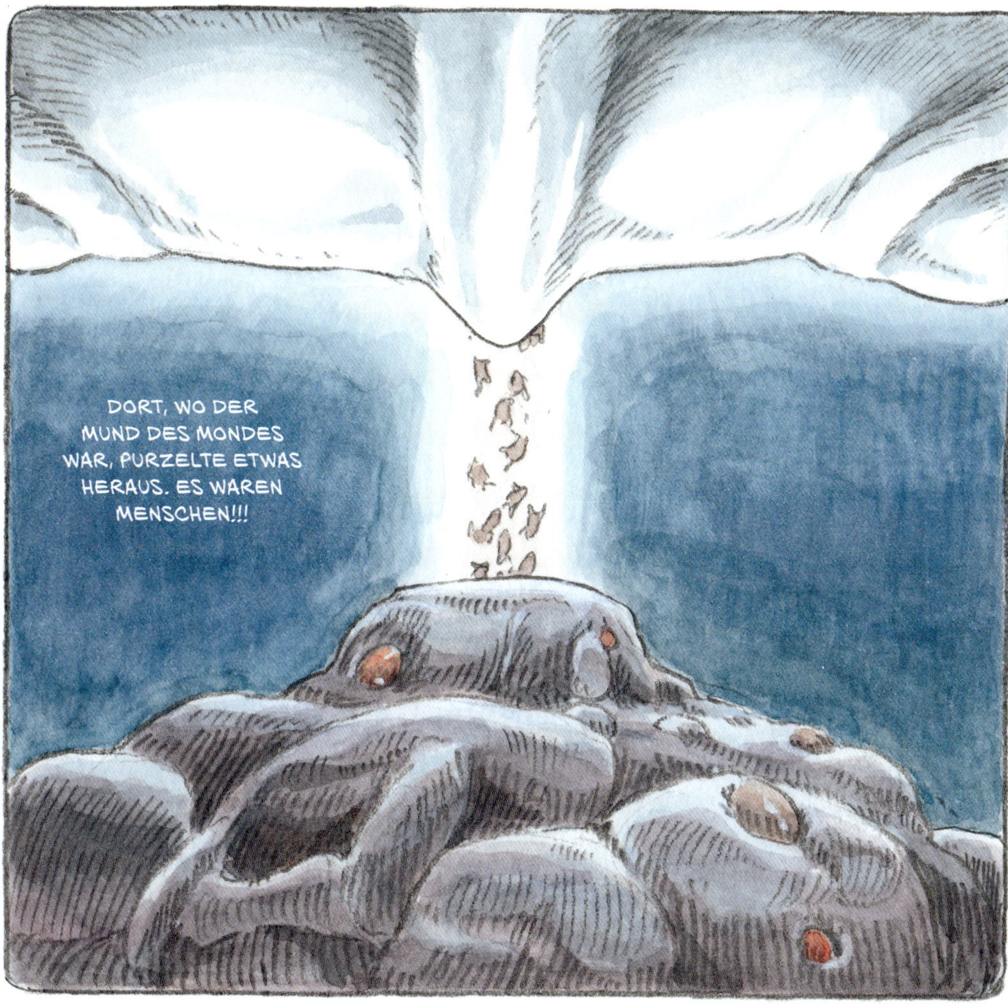

DORT, WO DER MUND DES MONDES WAR, PURZELTE ETWAS HERAUS. ES WAREN MENSCHEN!!!

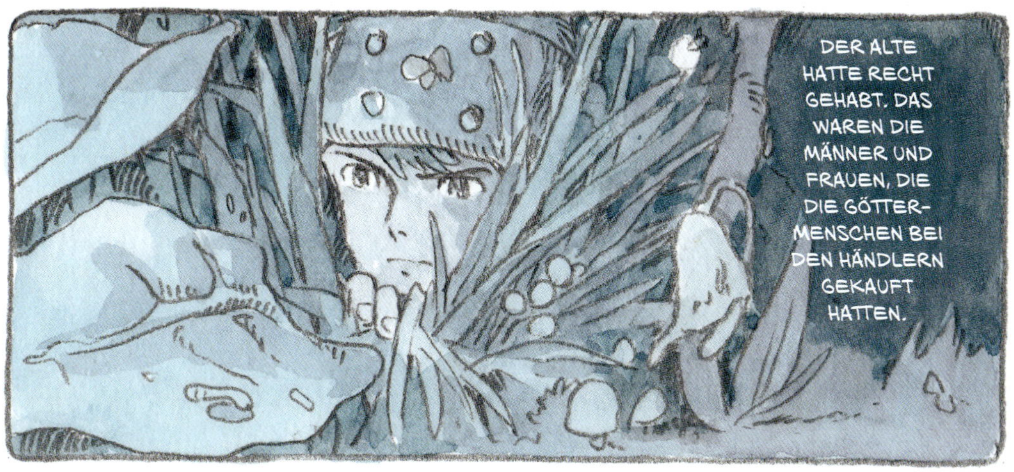

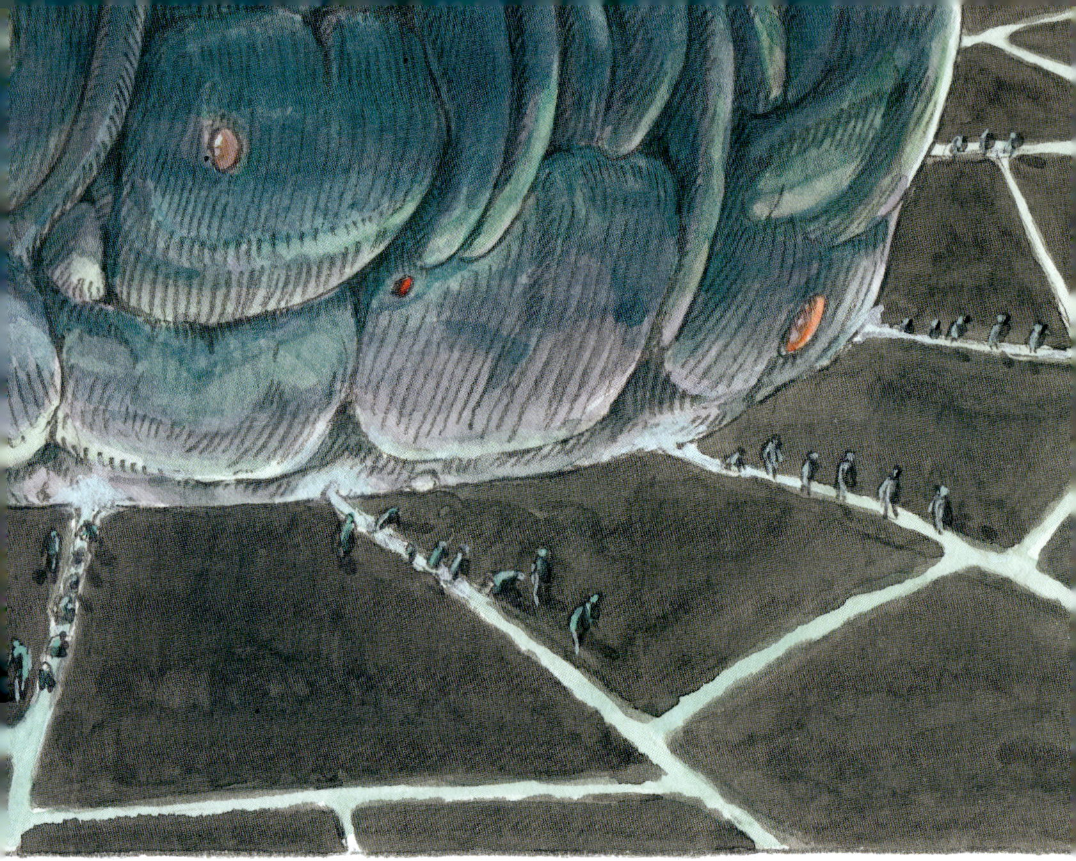

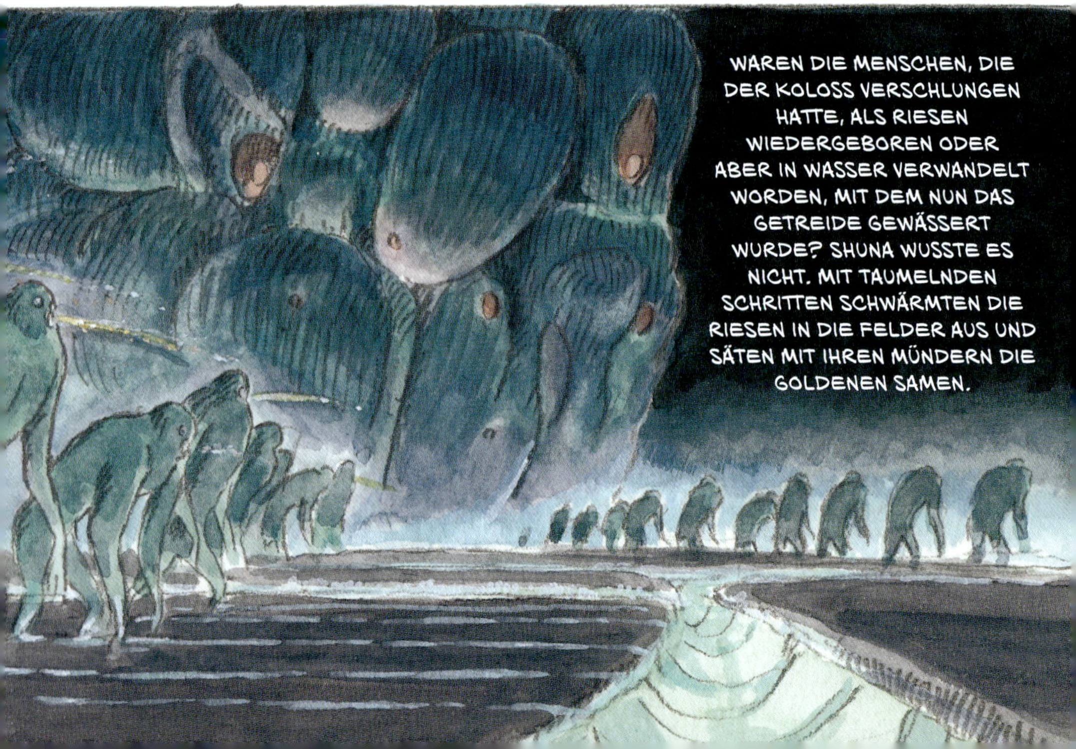

WAREN DIE MENSCHEN, DIE DER KOLOSS VERSCHLUNGEN HATTE, ALS RIESEN WIEDERGEBOREN ODER ABER IN WASSER VERWANDELT WORDEN, MIT DEM NUN DAS GETREIDE GEWÄSSERT WURDE? SHUNA WUSSTE ES NICHT. MIT TAUMELNDEN SCHRITTEN SCHWÄRMTEN DIE RIESEN IN DIE FELDER AUS UND SÄTEN MIT IHREN MÜNDERN DIE GOLDENEN SAMEN.

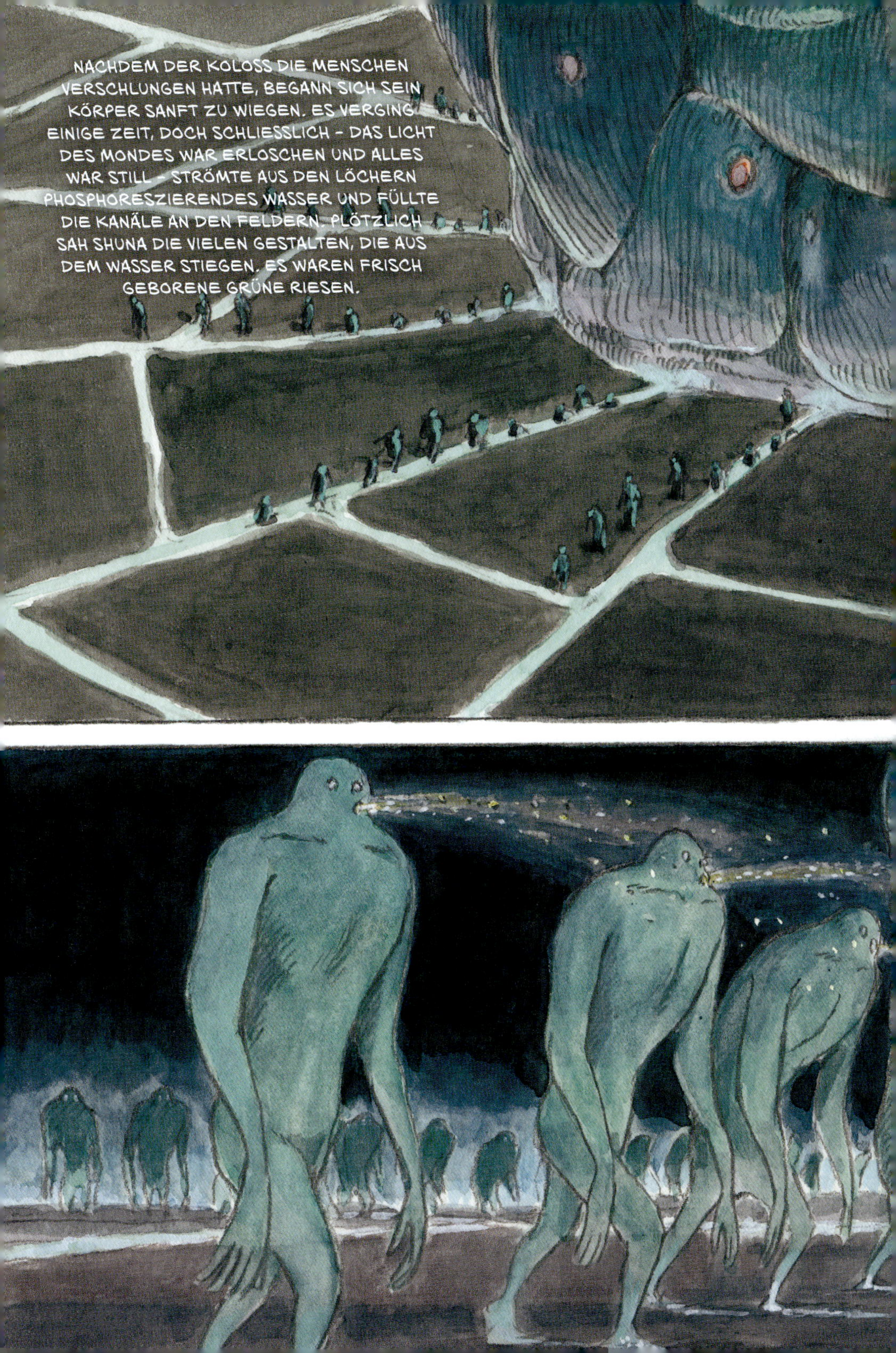

NACHDEM DER KOLOSS DIE MENSCHEN VERSCHLUNGEN HATTE, BEGANN SICH SEIN KÖRPER SANFT ZU WIEGEN. ES VERGING EINIGE ZEIT, DOCH SCHLIESSLICH – DAS LICHT DES MONDES WAR ERLOSCHEN UND ALLES WAR STILL – STRÖMTE AUS DEN LÖCHERN PHOSPHORESZIERENDES WASSER UND FÜLLTE DIE KANÄLE AN DEN FELDERN. PLÖTZLICH SAH SHUNA DIE VIELEN GESTALTEN, DIE AUS DEM WASSER STIEGEN. ES WAREN FRISCH GEBORENE GRÜNE RIESEN.

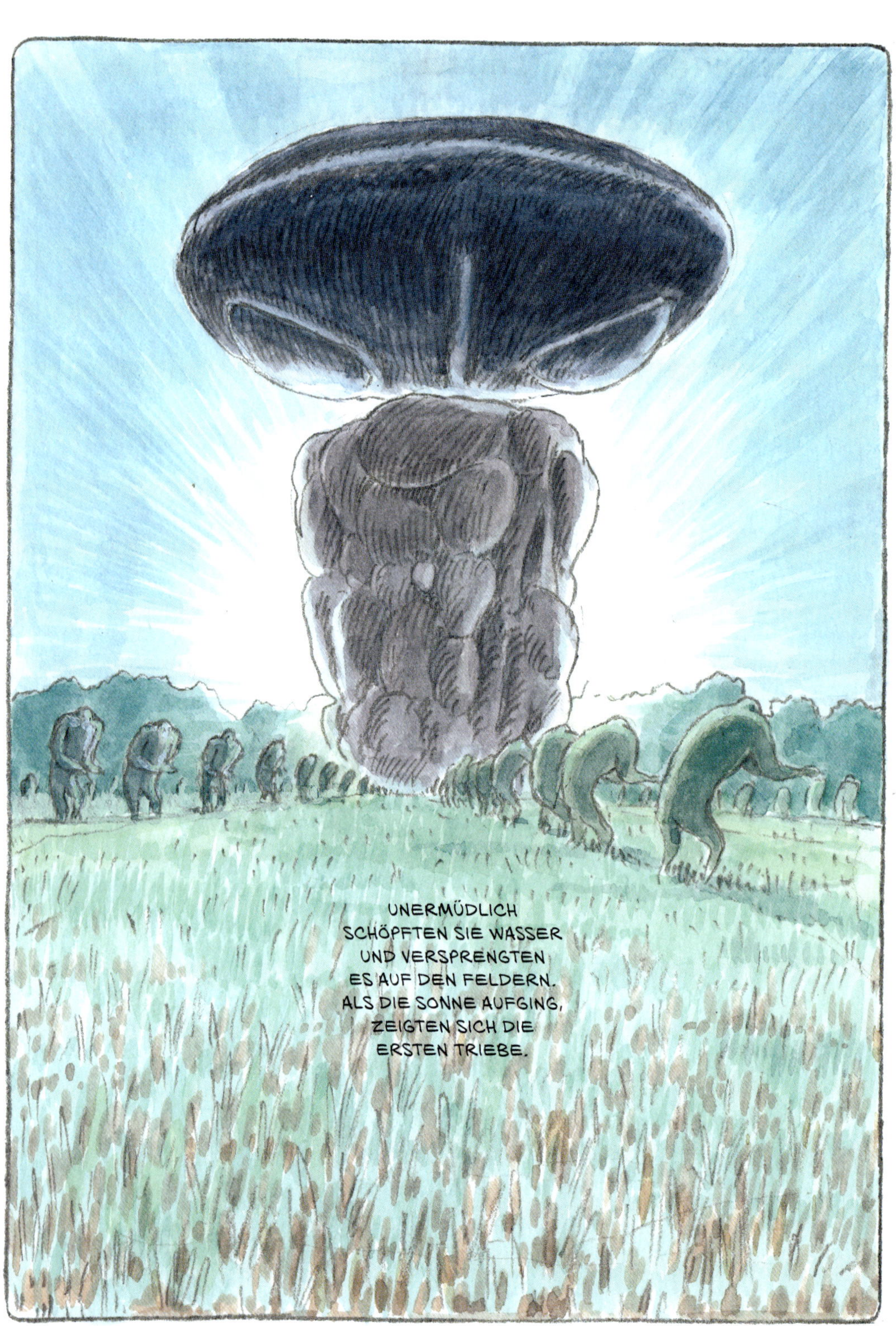
UNERMÜDLICH
SCHÖPFTEN SIE WASSER
UND VERSPRENGTEN
ES AUF DEN FELDERN.
ALS DIE SONNE AUFGING,
ZEIGTEN SICH DIE
ERSTEN TRIEBE.

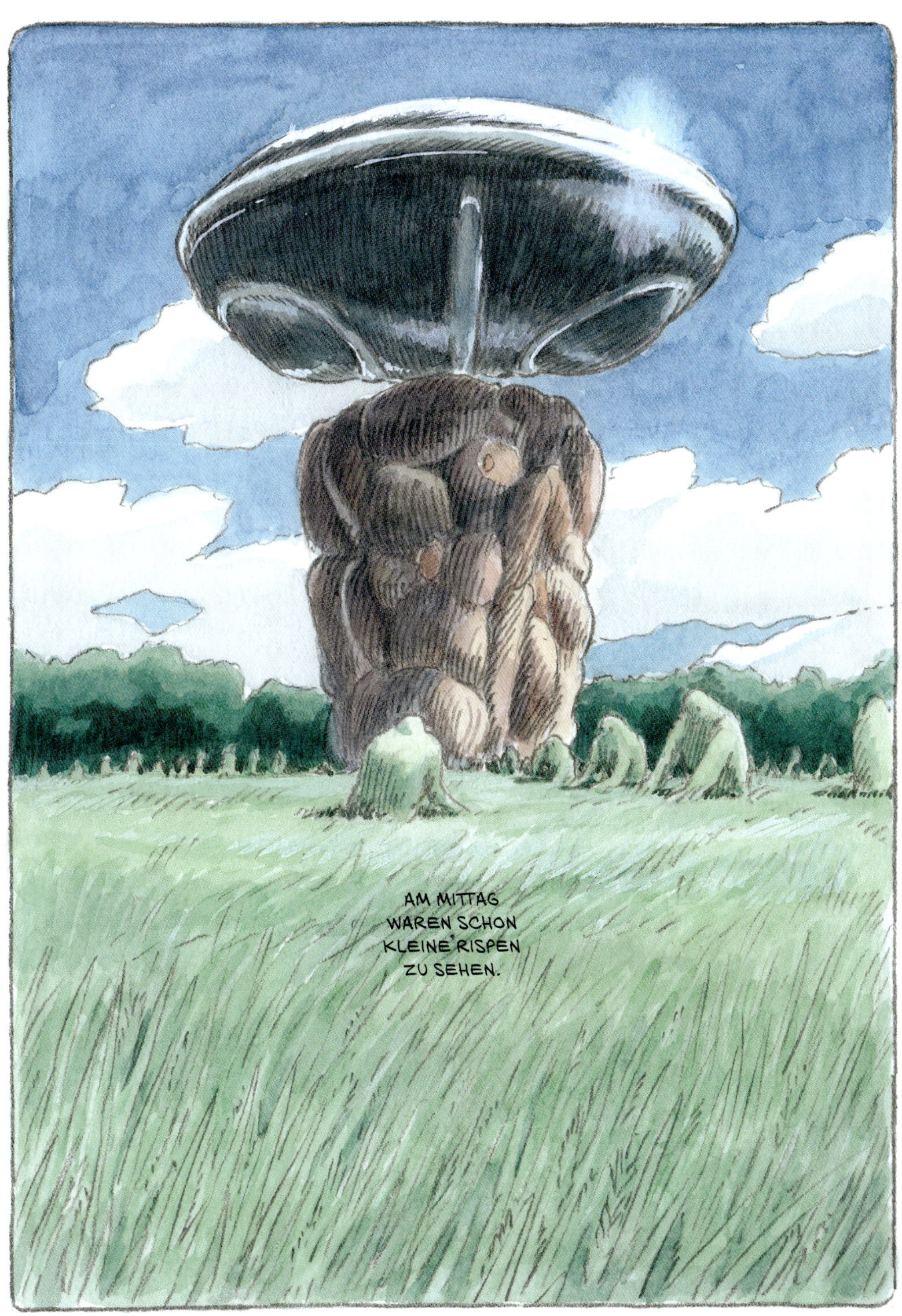
AM MITTAG
WAREN SCHON
KLEINE RISPEN
ZU SEHEN.

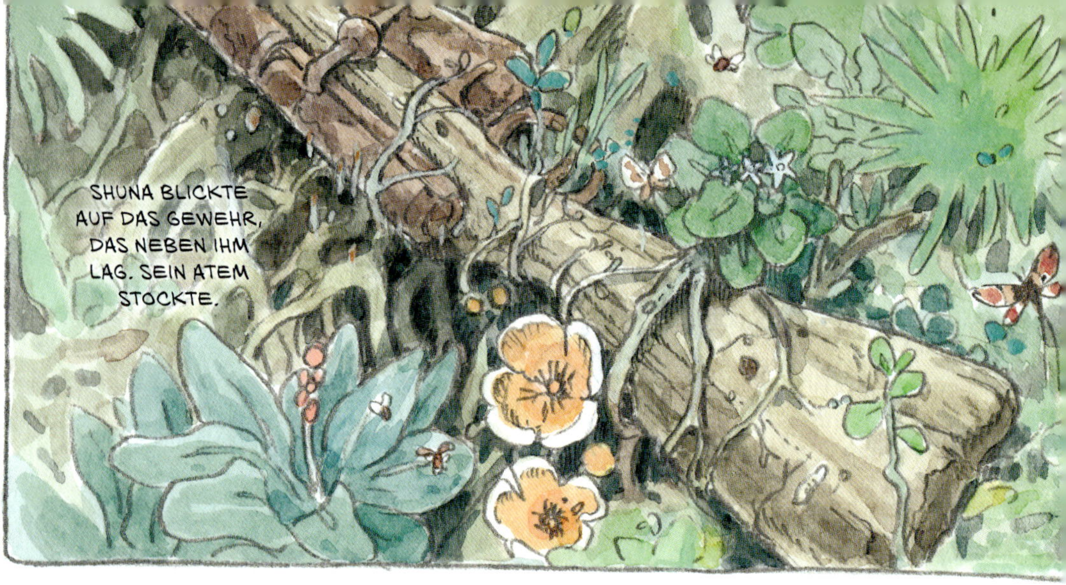

SHUNA BLICKTE AUF DAS GEWEHR, DAS NEBEN IHM LAG. SEIN ATEM STOCKTE.

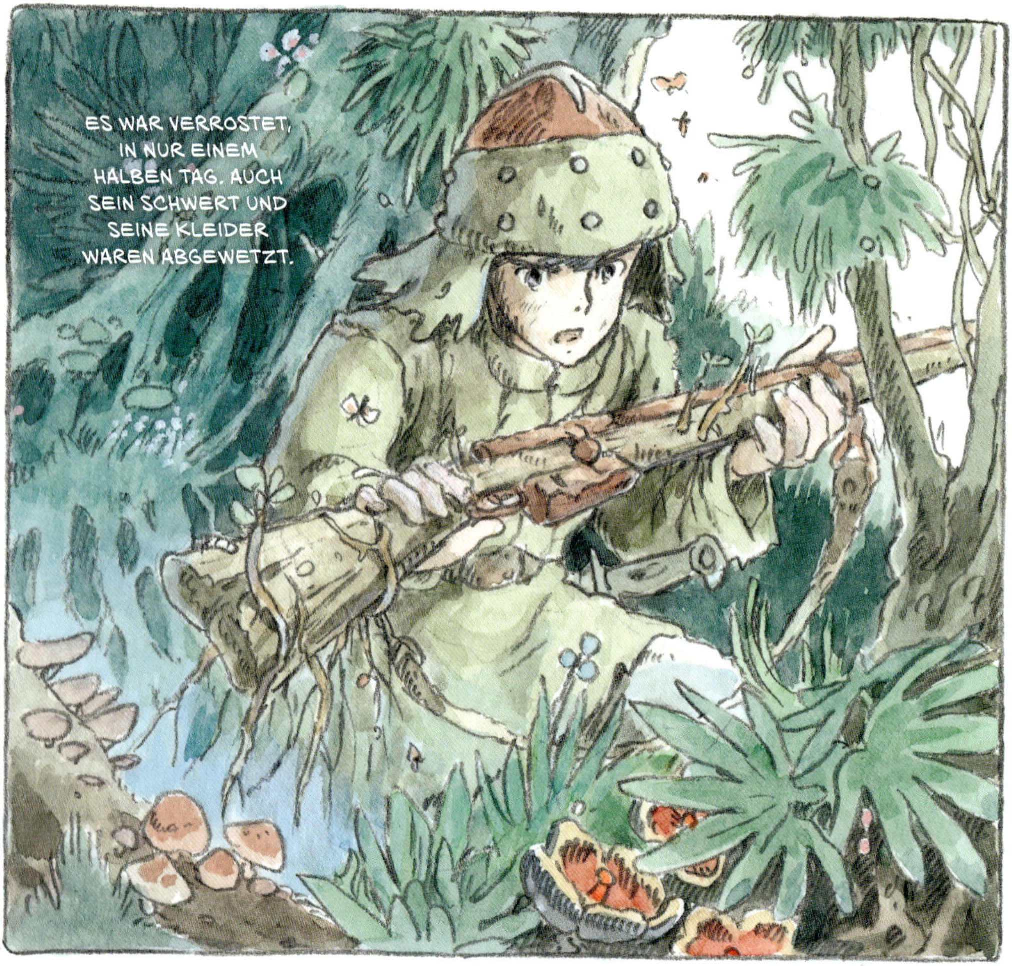

ES WAR VERROSTET, IN NUR EINEM HALBEN TAG. AUCH SEIN SCHWERT UND SEINE KLEIDER WAREN ABGEWETZT.

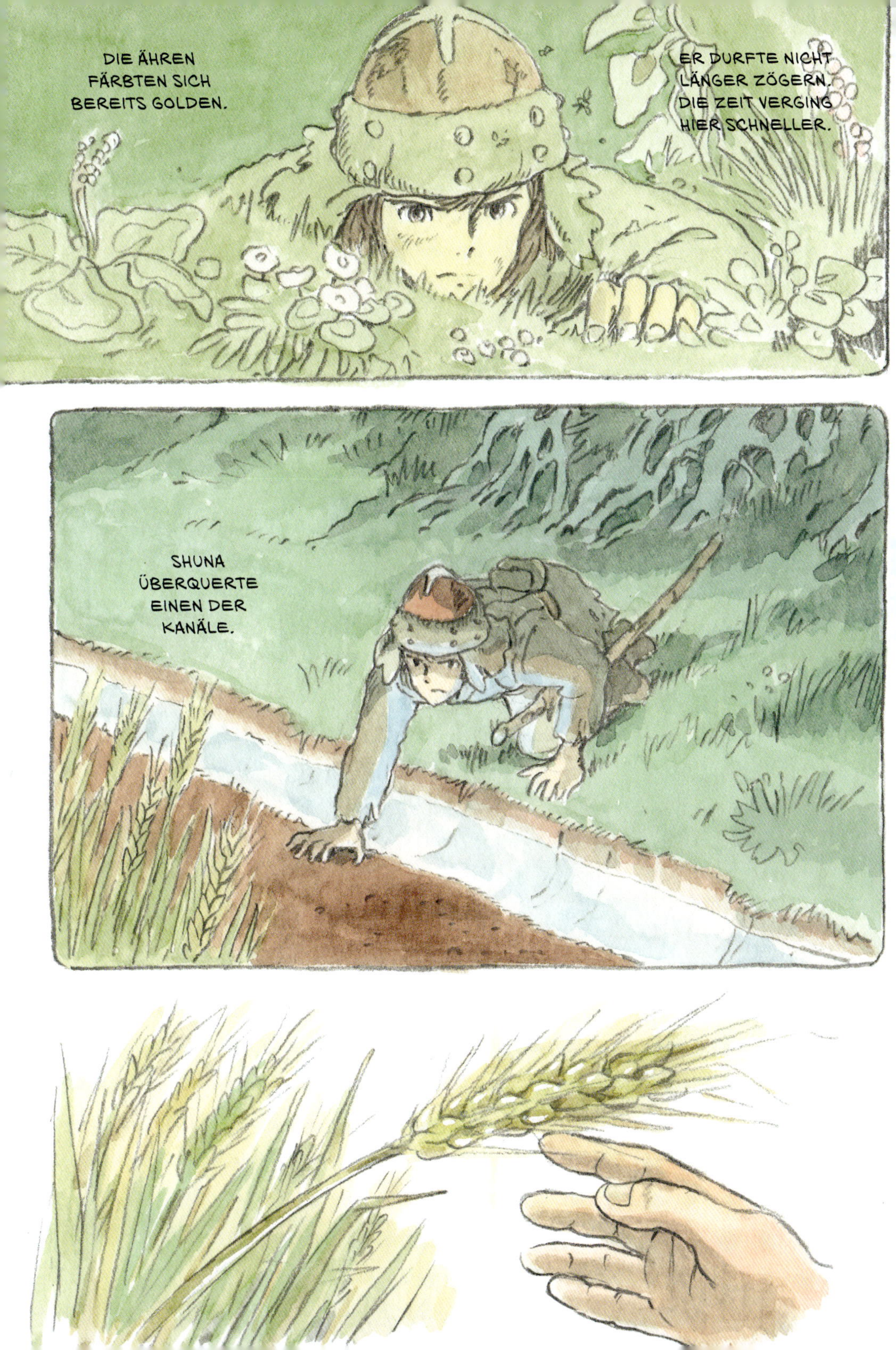

DIE ÄHREN FÄRBTEN SICH BEREITS GOLDEN.

ER DURFTE NICHT LÄNGER ZÖGERN. DIE ZEIT VERGING HIER SCHNELLER.

SHUNA ÜBERQUERTE EINEN DER KANÄLE.

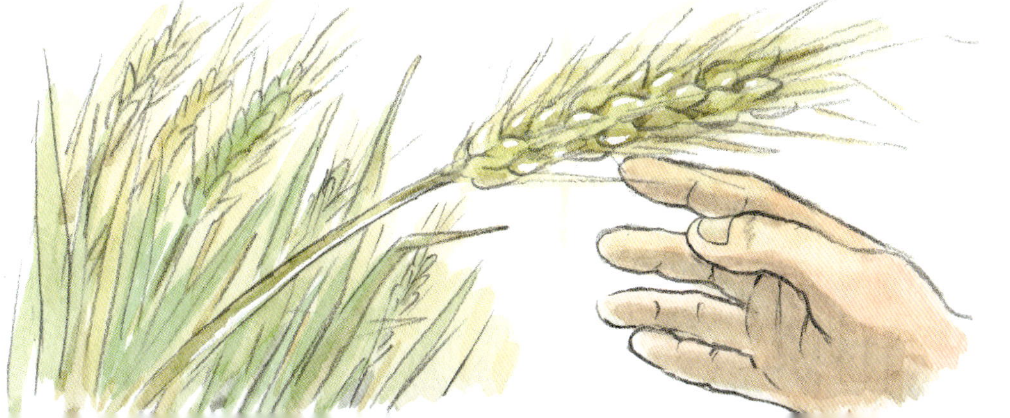

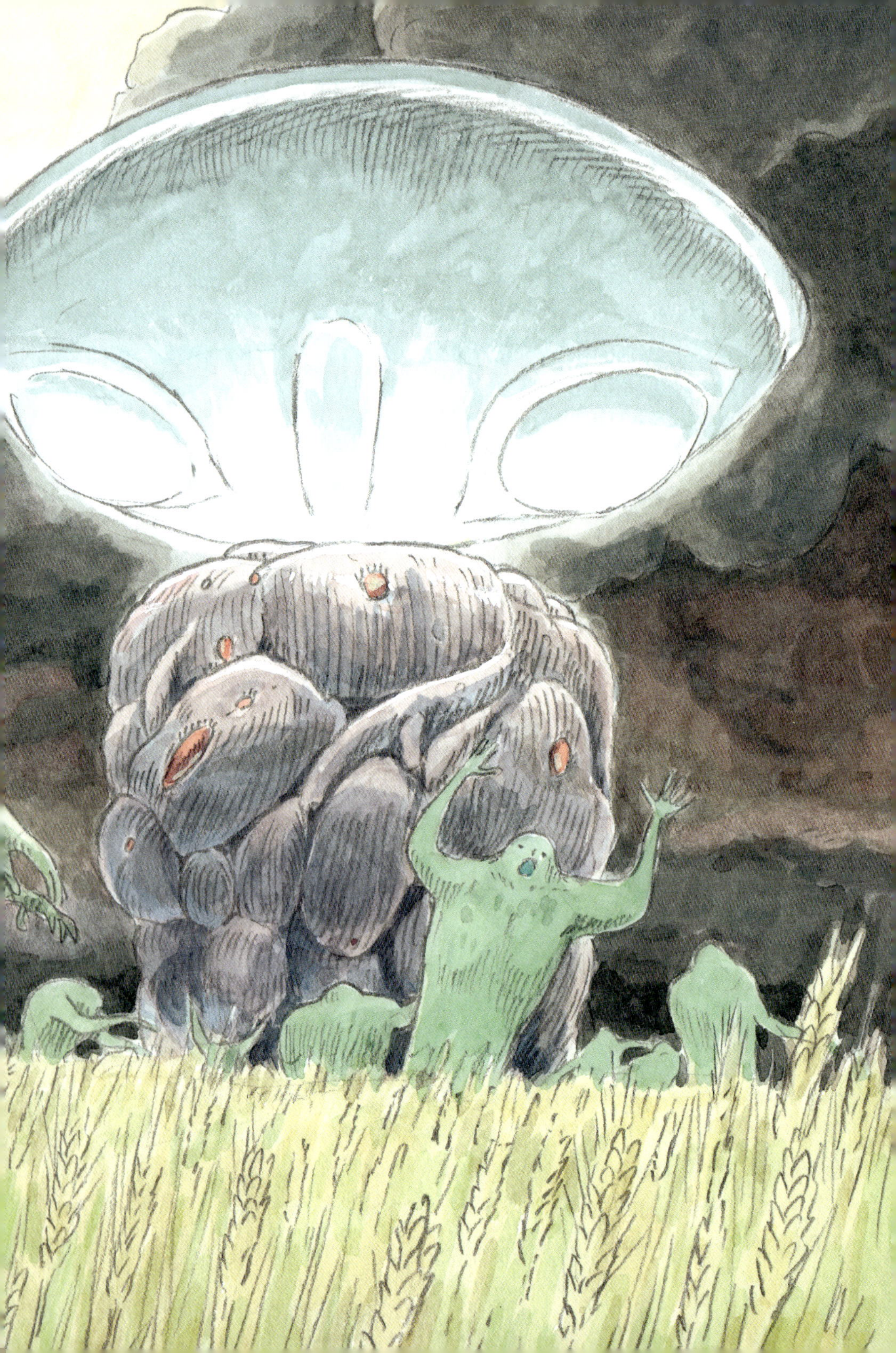

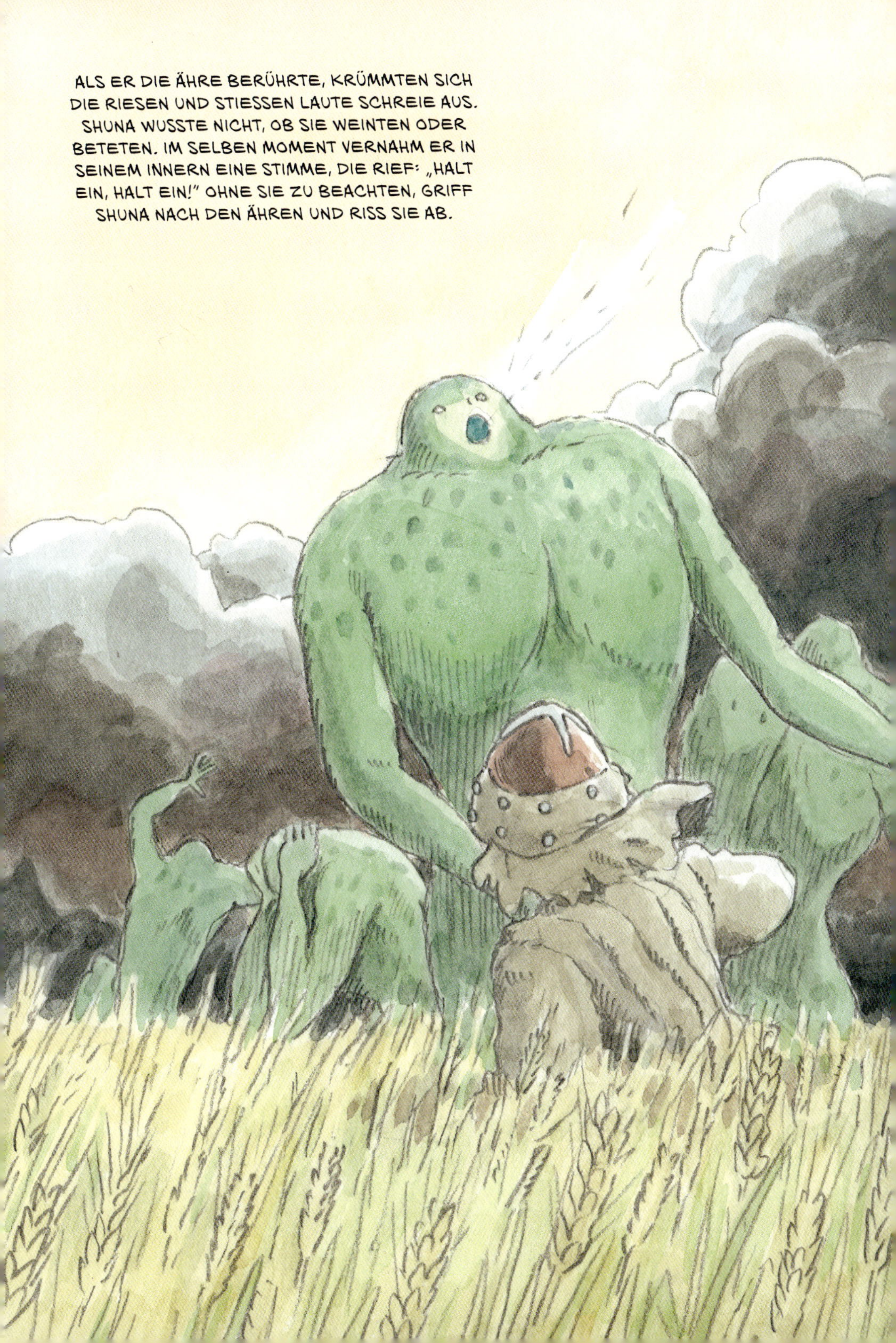
ALS ER DIE ÄHRE BERÜHRTE, KRÜMMTEN SICH DIE RIESEN UND STIESSEN LAUTE SCHREIE AUS. SHUNA WUSSTE NICHT, OB SIE WEINTEN ODER BETETEN. IM SELBEN MOMENT VERNAHM ER IN SEINEM INNERN EINE STIMME, DIE RIEF: „HALT EIN, HALT EIN!" OHNE SIE ZU BEACHTEN, GRIFF SHUNA NACH DEN ÄHREN UND RISS SIE AB.

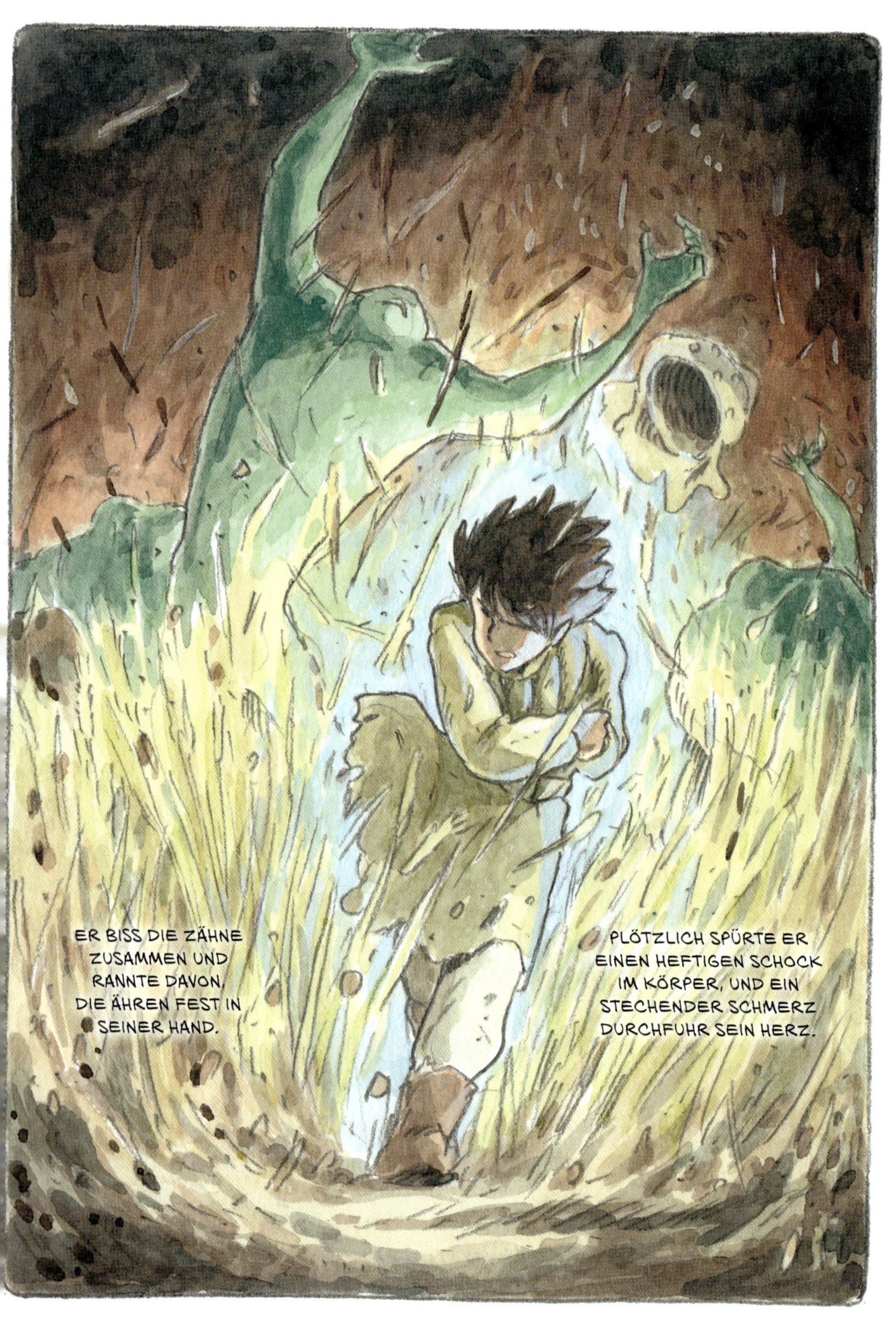
ER BISS DIE ZÄHNE ZUSAMMEN UND RANNTE DAVON, DIE ÄHREN FEST IN SEINER HAND.
PLÖTZLICH SPÜRTE ER EINEN HEFTIGEN SCHOCK IM KÖRPER, UND EIN STECHENDER SCHMERZ DURCHFUHR SEIN HERZ.

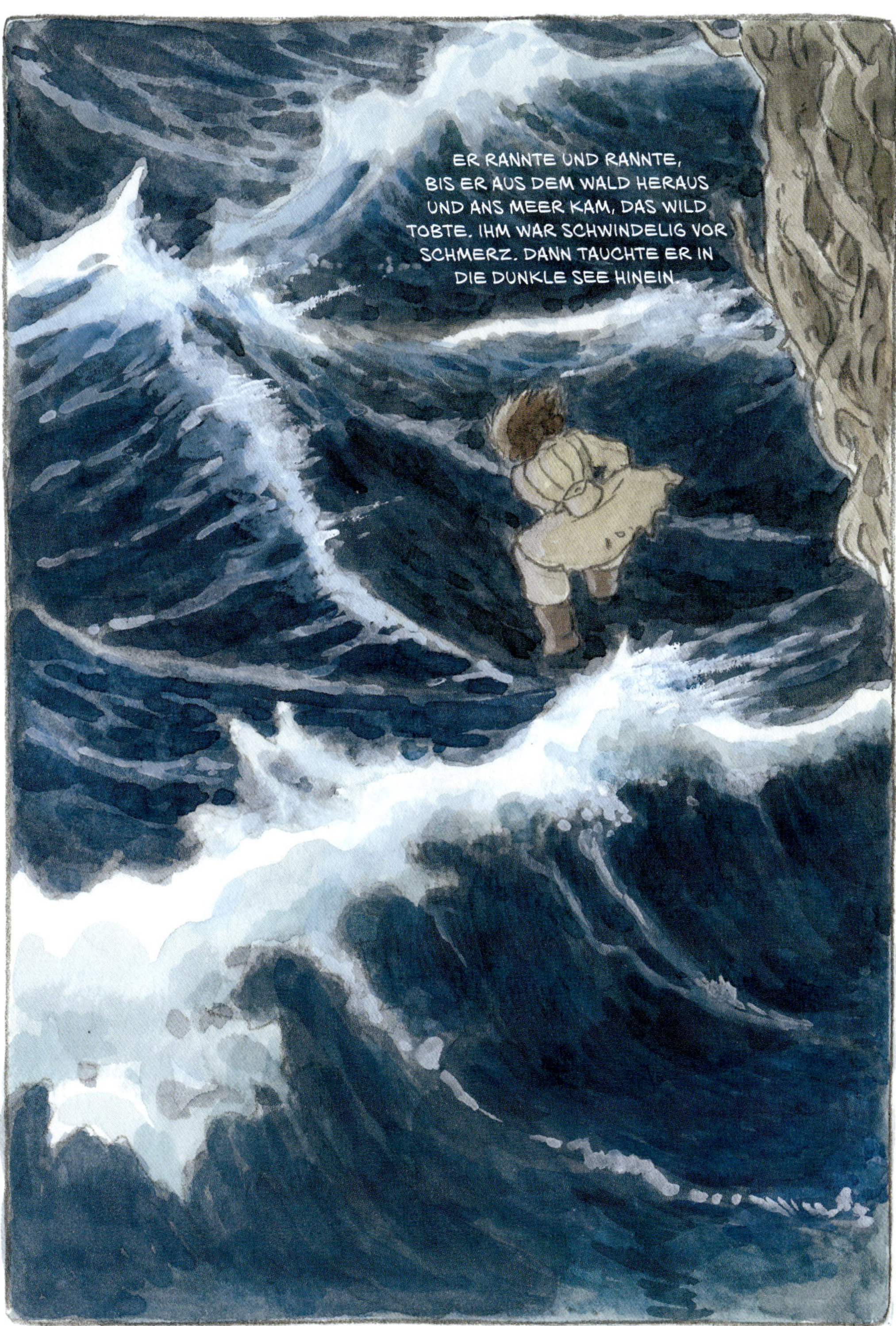
ER RANNTE UND RANNTE, BIS ER AUS DEM WALD HERAUS UND ANS MEER KAM, DAS WILD TOBTE. IHM WAR SCHWINDELIG VOR SCHMERZ. DANN TAUCHTE ER IN DIE DUNKLE SEE HINEIN.

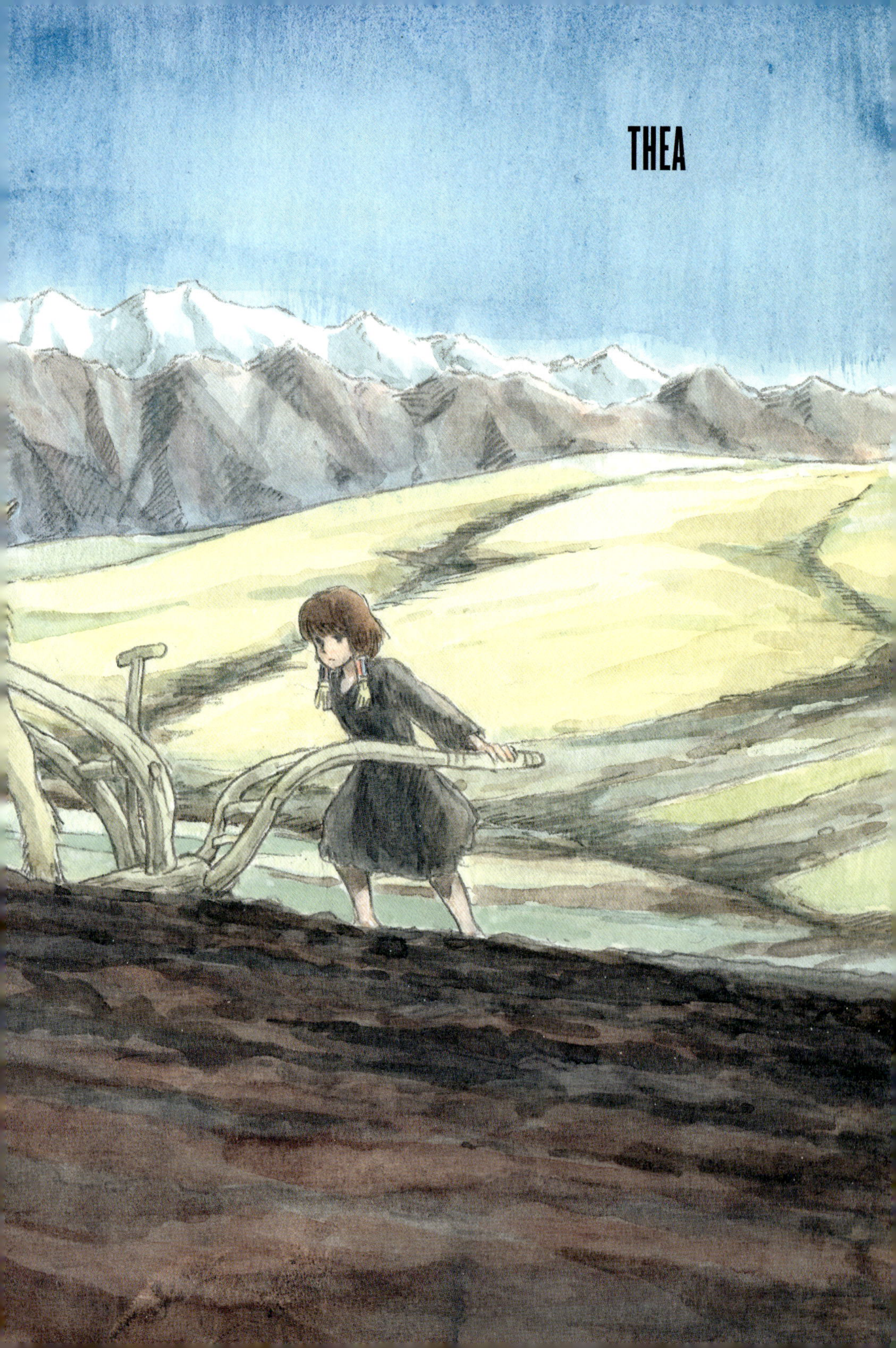
THEA

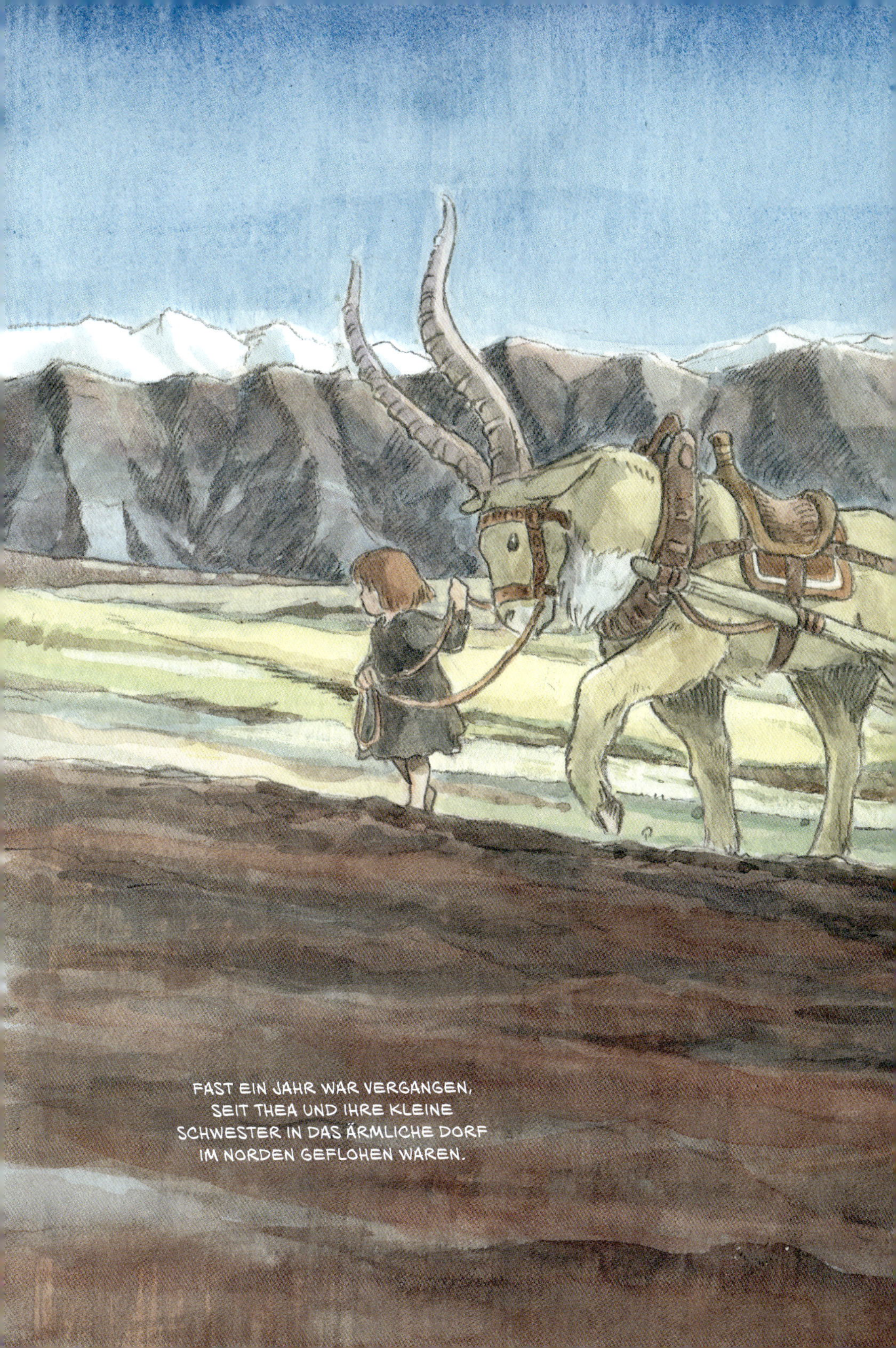
FAST EIN JAHR WAR VERGANGEN,
SEIT THEA UND IHRE KLEINE
SCHWESTER IN DAS ÄRMLICHE DORF
IM NORDEN GEFLOHEN WAREN.

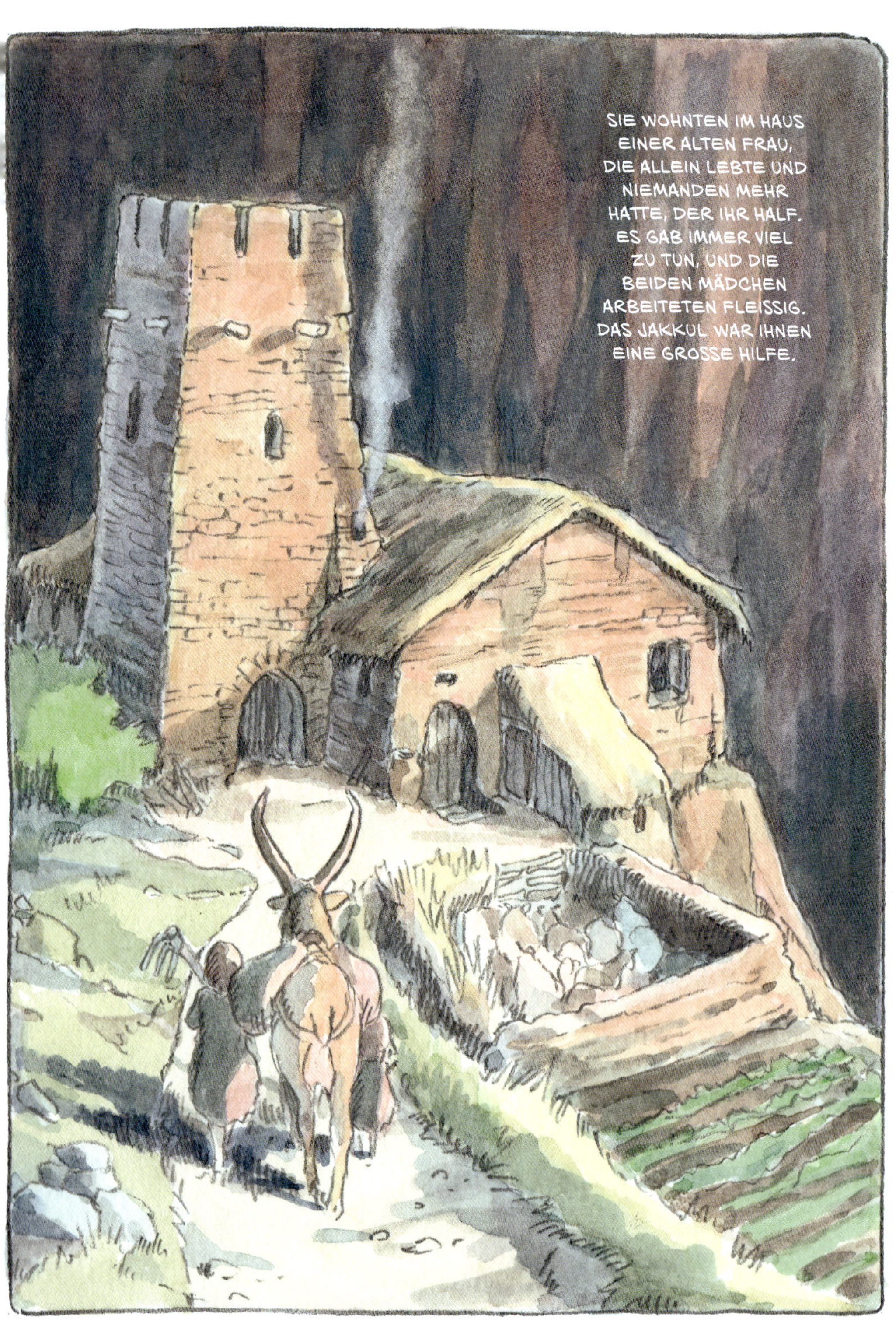
SIE WOHNTEN IM HAUS EINER ALTEN FRAU, DIE ALLEIN LEBTE UND NIEMANDEN MEHR HATTE, DER IHR HALF. ES GAB IMMER VIEL ZU TUN, UND DIE BEIDEN MÄDCHEN ARBEITETEN FLEISSIG. DAS JAKKUL WAR IHNEN EINE GROSSE HILFE.

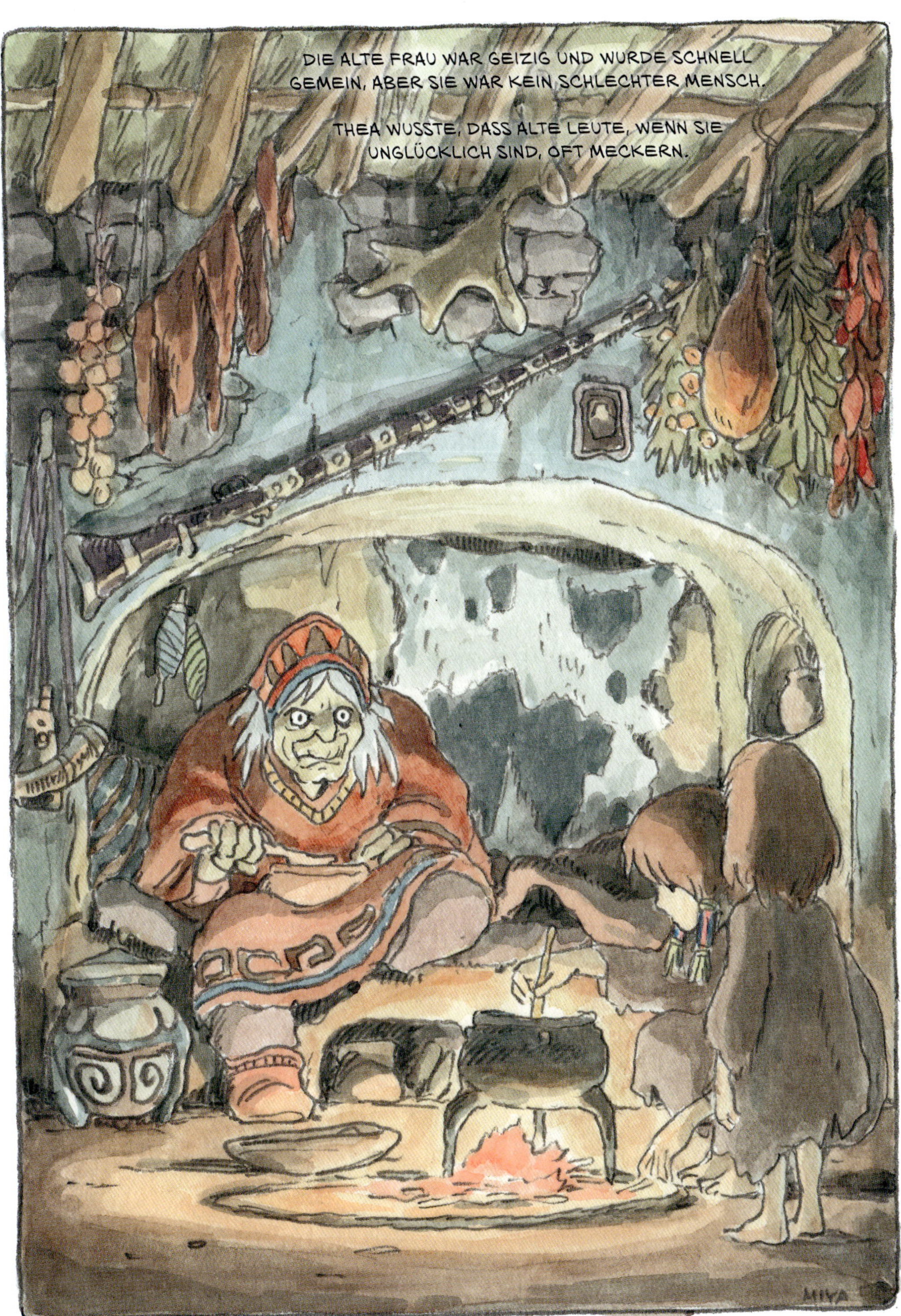
DIE ALTE FRAU WAR GEIZIG UND WURDE SCHNELL GEMEIN, ABER SIE WAR KEIN SCHLECHTER MENSCH.
THEA WUSSTE, DASS ALTE LEUTE, WENN SIE UNGLÜCKLICH SIND, OFT MECKERN.
MIYA

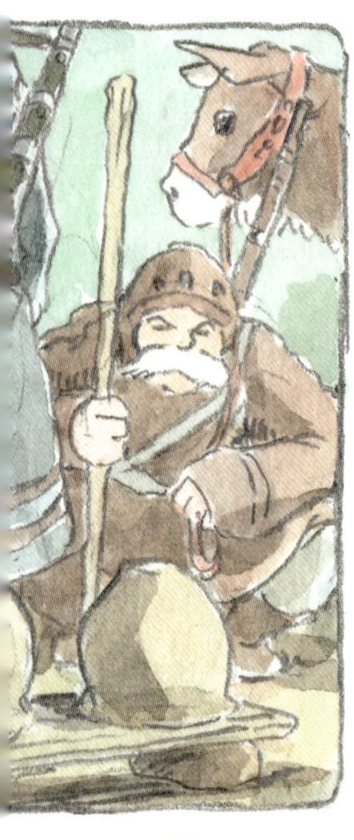

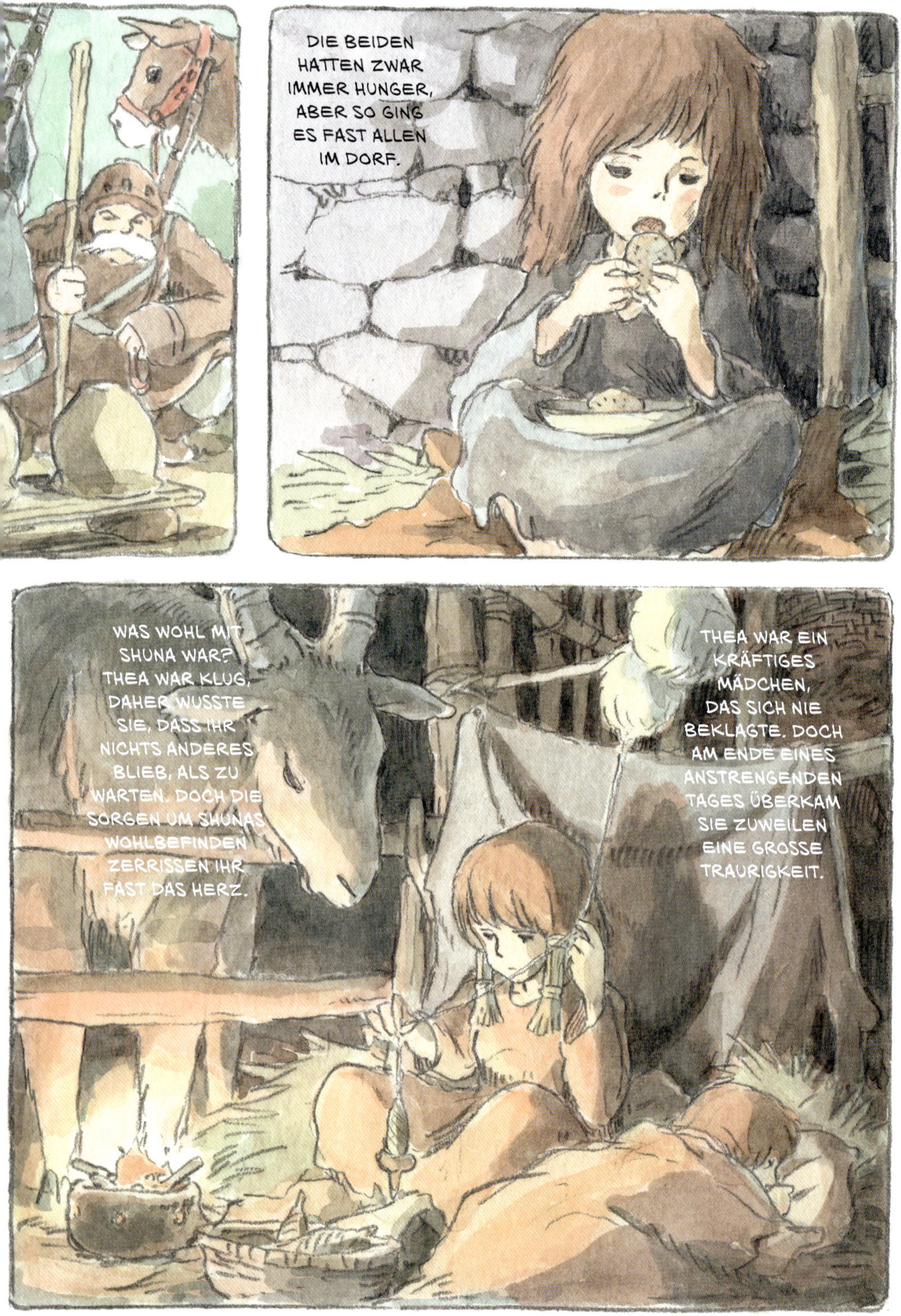

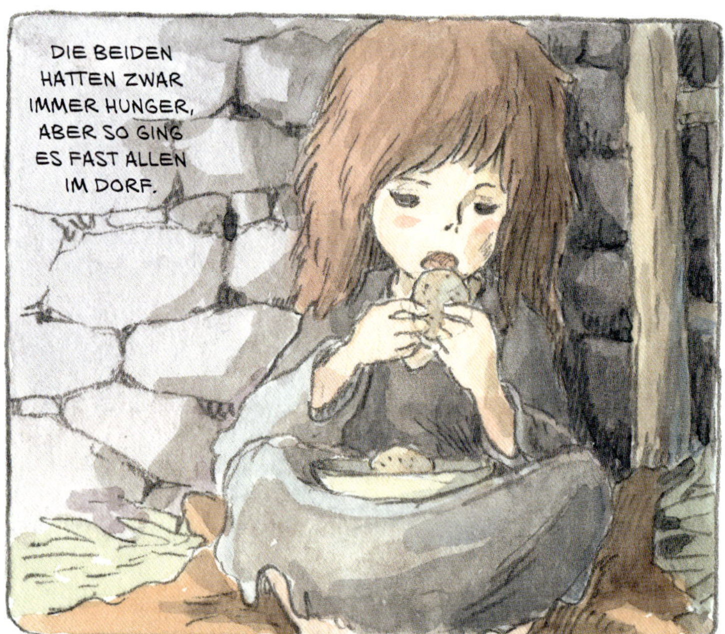

WAS WOHL MIT SHUNA WAR? THEA WAR KLUG, DAHER WUSSTE SIE, DASS IHR NICHTS ANDERES BLIEB, ALS ZU WARTEN. DOCH DIE SORGEN UM SHUNAS WOHLBEFINDEN ZERRISSEN IHR FAST DAS HERZ.

THEA WAR EIN KRÄFTIGES MÄDCHEN, DAS SICH NIE BEKLAGTE. DOCH AM ENDE EINES ANSTRENGENDEN TAGES ÜBERKAM SIE ZUWEILEN EINE GROSSE TRAURIGKEIT.

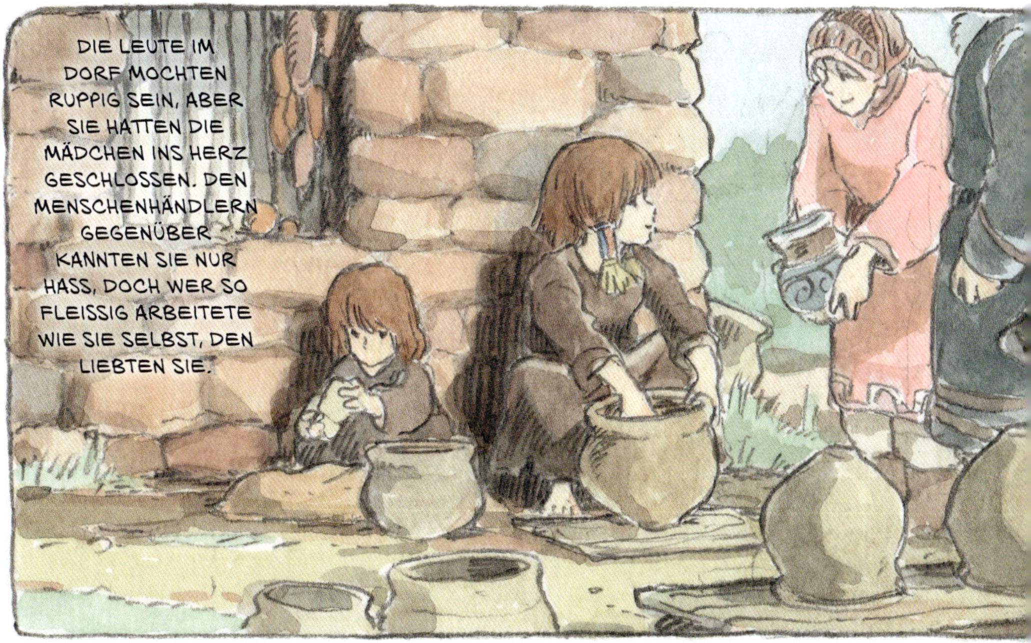

DIE LEUTE IM DORF MOCHTEN RUPPIG SEIN, ABER SIE HATTEN DIE MÄDCHEN INS HERZ GESCHLOSSEN. DEN MENSCHENHÄNDLERN GEGENÜBER KANNTEN SIE NUR HASS, DOCH WER SO FLEISSIG ARBEITETE WIE SIE SELBST, DEN LIEBTEN SIE.

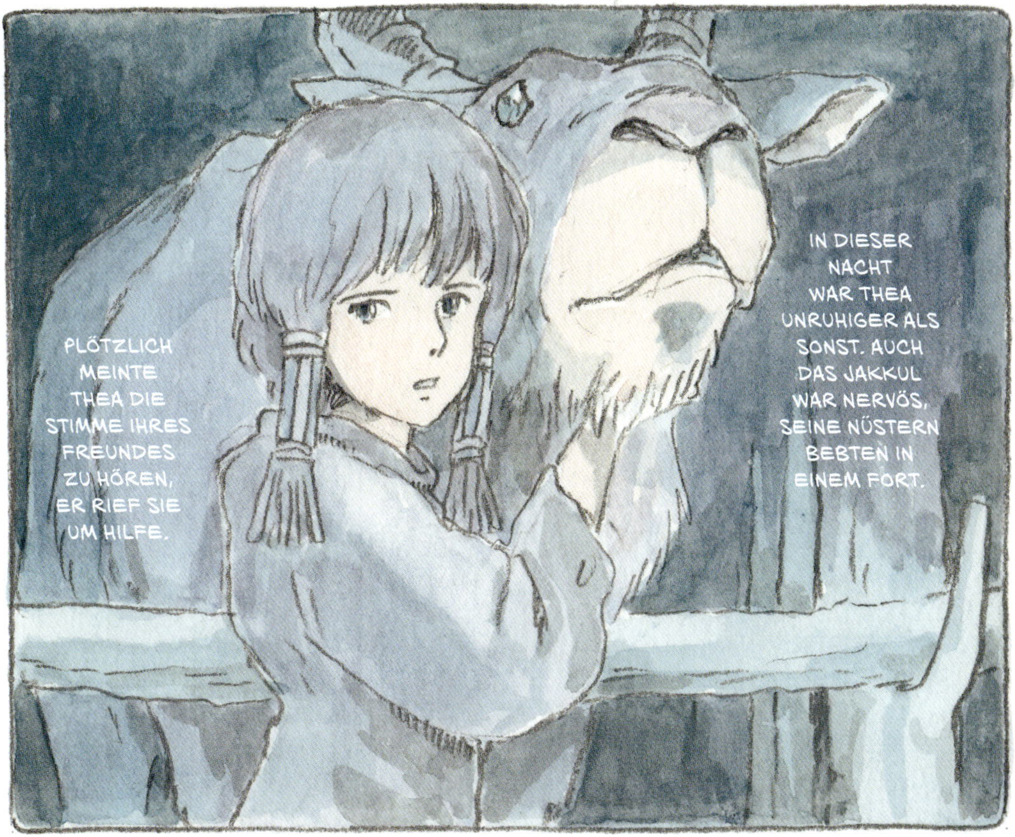

IN DIESER NACHT WAR THEA UNRUHIGER ALS SONST. AUCH DAS JAKKUL WAR NERVÖS, SEINE NÜSTERN BEBTEN IN EINEM FORT.

PLÖTZLICH MEINTE THEA DIE STIMME IHRES FREUNDES ZU HÖREN, ER RIEF SIE UM HILFE.

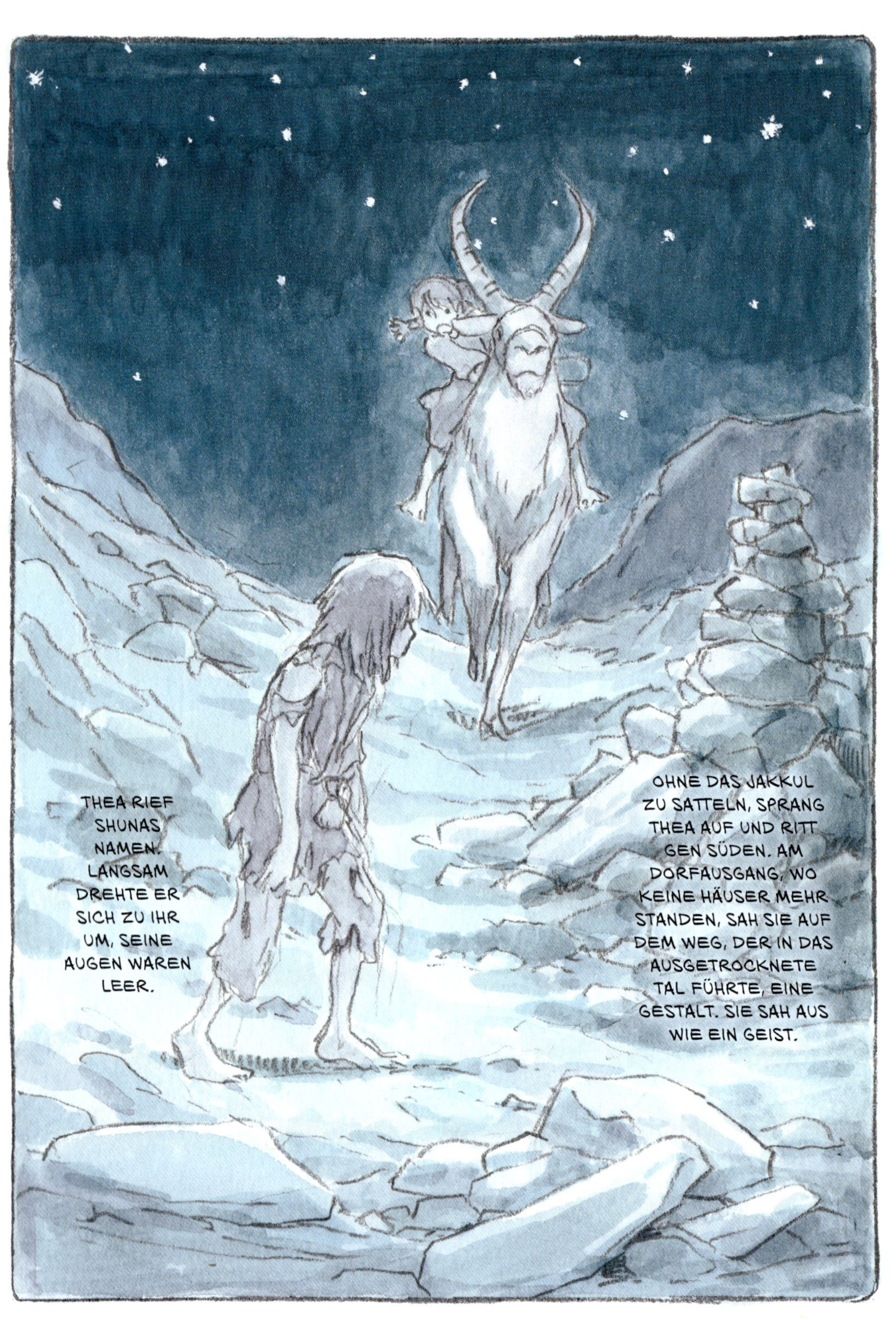
THEA RIEF SHUNAS NAMEN. LANGSAM DREHTE ER SICH ZU IHR UM, SEINE AUGEN WAREN LEER.
OHNE DAS JAKKUL ZU SATTELN, SPRANG THEA AUF UND RITT GEN SÜDEN. AM DORFAUSGANG, WO KEINE HÄUSER MEHR STANDEN, SAH SIE AUF DEM WEG, DER IN DAS AUSGETROCKNETE TAL FÜHRTE, EINE GESTALT. SIE SAH AUS WIE EIN GEIST.

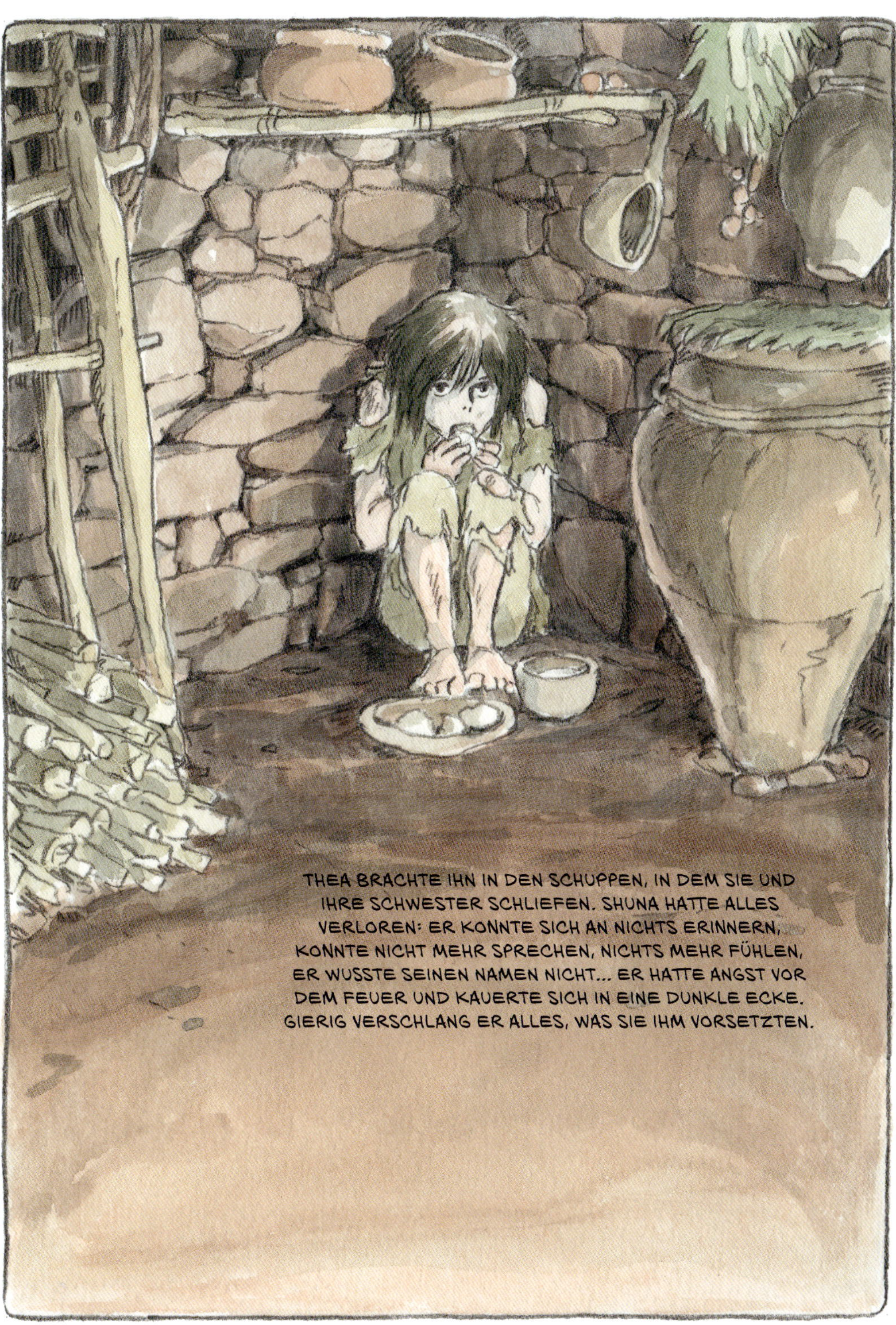
THEA BRACHTE IHN IN DEN SCHUPPEN, IN DEM SIE UND IHRE SCHWESTER SCHLIEFEN. SHUNA HATTE ALLES VERLOREN: ER KONNTE SICH AN NICHTS ERINNERN, KONNTE NICHT MEHR SPRECHEN, NICHTS MEHR FÜHLEN, ER WUSSTE SEINEN NAMEN NICHT… ER HATTE ANGST VOR DEM FEUER UND KAUERTE SICH IN EINE DUNKLE ECKE. GIERIG VERSCHLANG ER ALLES, WAS SIE IHM VORSETZTEN.

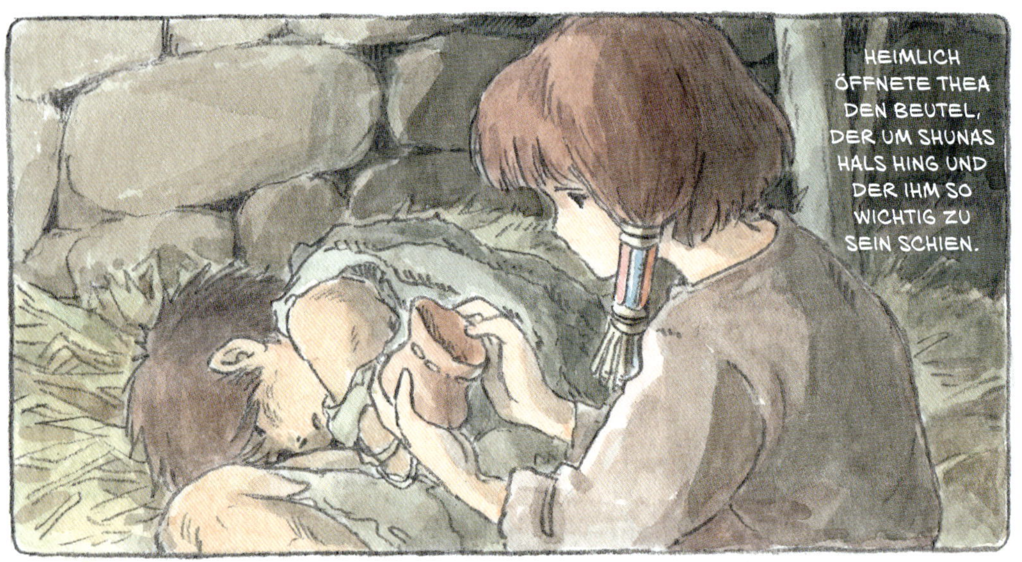

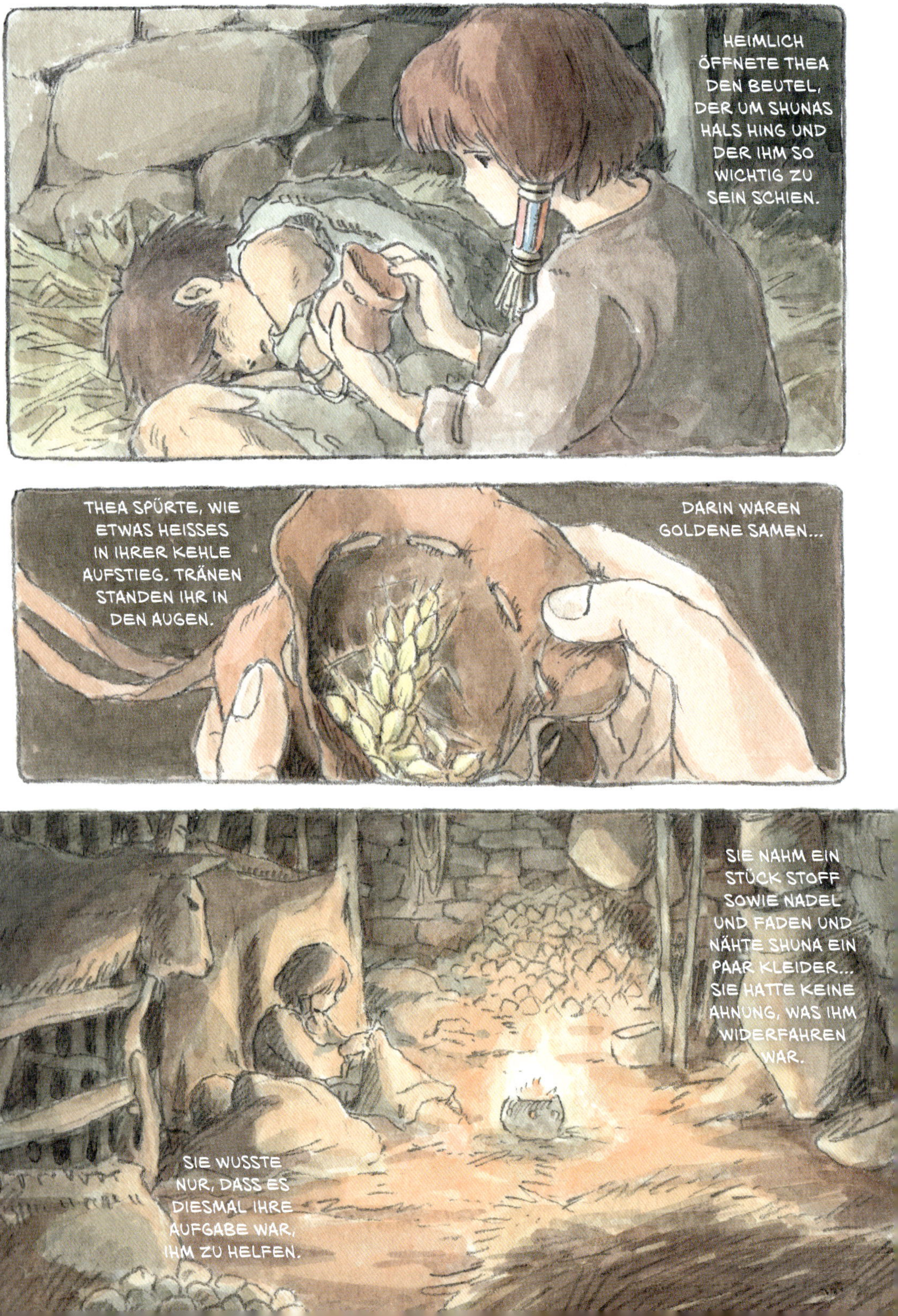

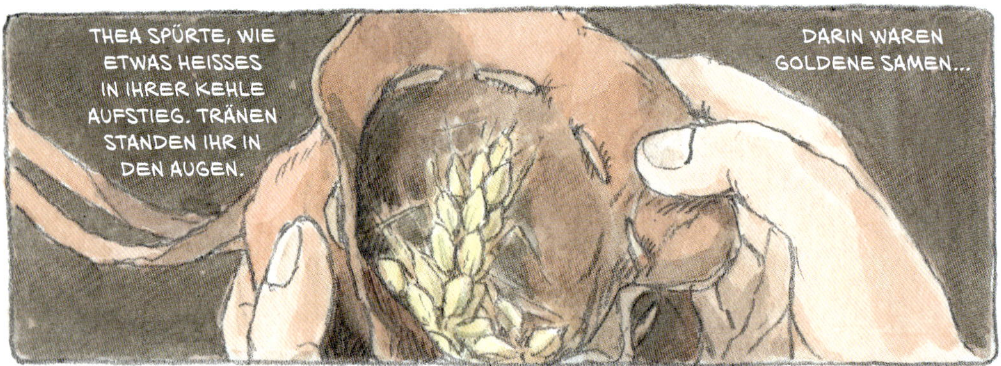

SIE NAHM EIN STÜCK STOFF SOWIE NADEL UND FADEN UND NÄHTE SHUNA EIN PAAR KLEIDER … SIE HATTE KEINE AHNUNG, WAS IHM WIDERFAHREN WAR.

SIE WUSSTE NUR, DASS ES DIESMAL IHRE AUFGABE WAR, IHM ZU HELFEN.

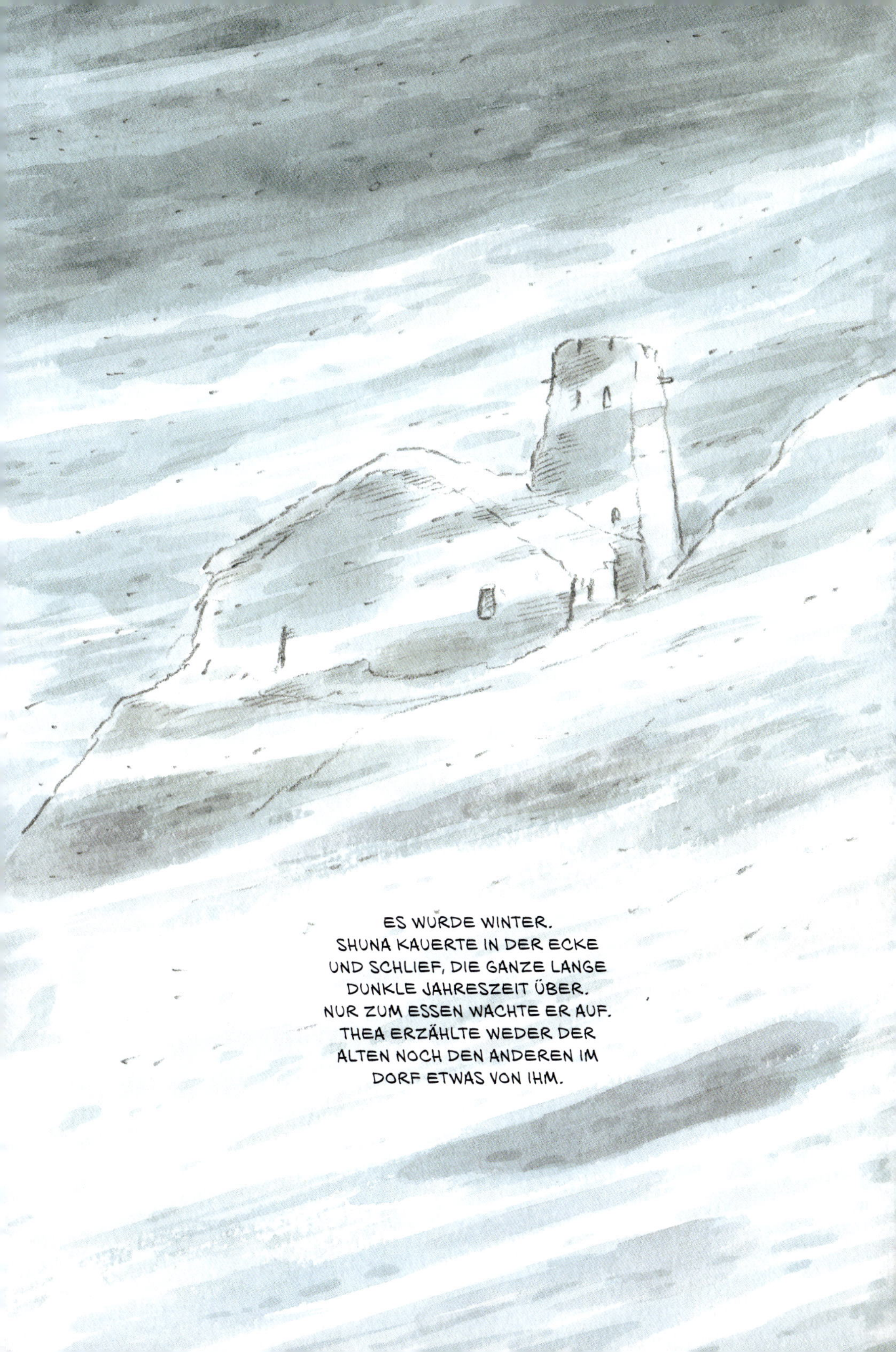
ES WURDE WINTER.
SHUNA KAUERTE IN DER ECKE
UND SCHLIEF, DIE GANZE LANGE
DUNKLE JAHRESZEIT ÜBER.
NUR ZUM ESSEN WACHTE ER AUF.
THEA ERZÄHLTE WEDER DER
ALTEN NOCH DEN ANDEREN IM
DORF ETWAS VON IHM.

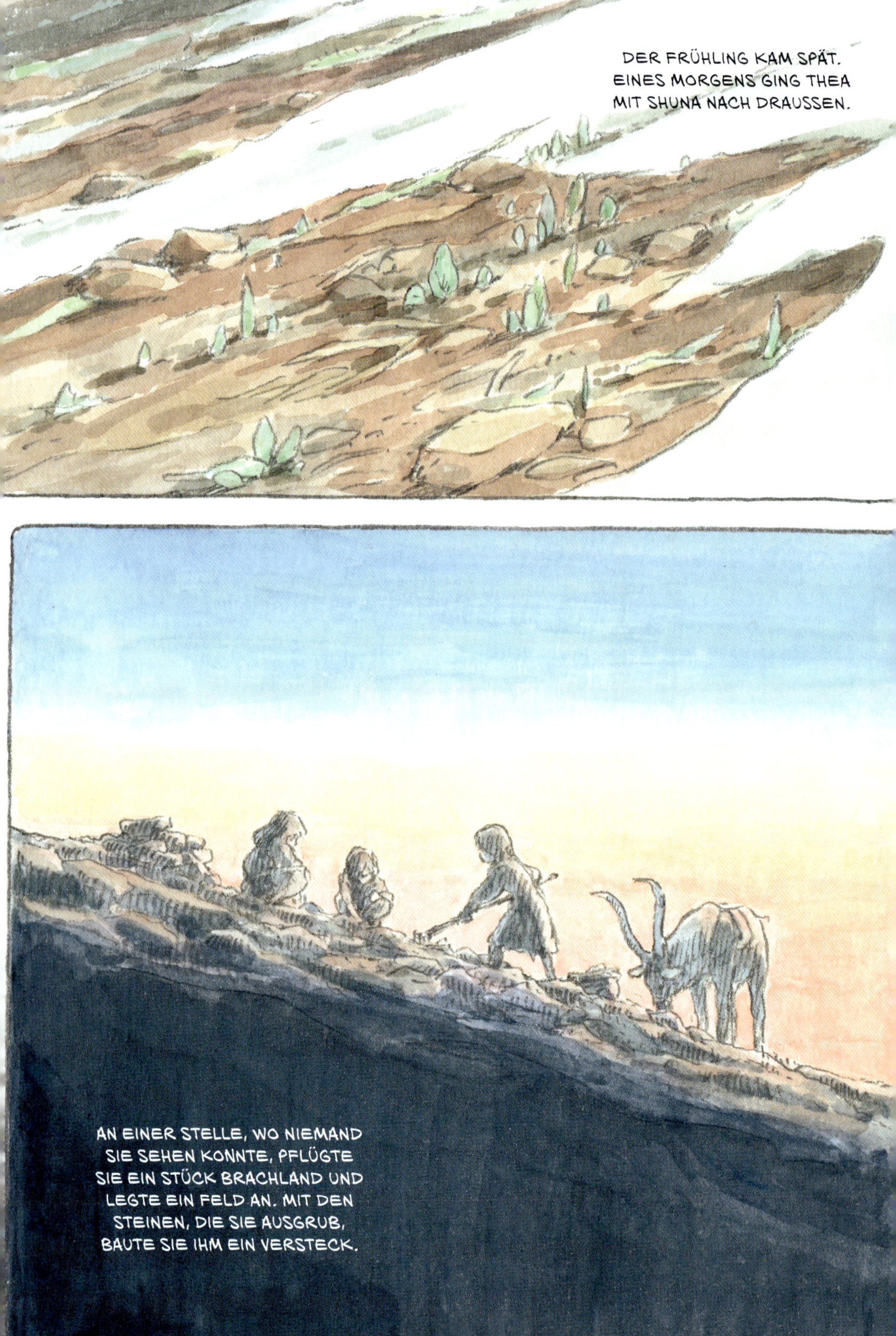
DER FRÜHLING KAM SPÄT.
EINES MORGENS GING THEA
MIT SHUNA NACH DRAUSSEN.
AN EINER STELLE, WO NIEMAND
SIE SEHEN KONNTE, PFLÜGTE
SIE EIN STÜCK BRACHLAND UND
LEGTE EIN FELD AN. MIT DEN
STEINEN, DIE SIE AUSGRUB,
BAUTE SIE IHM EIN VERSTECK.

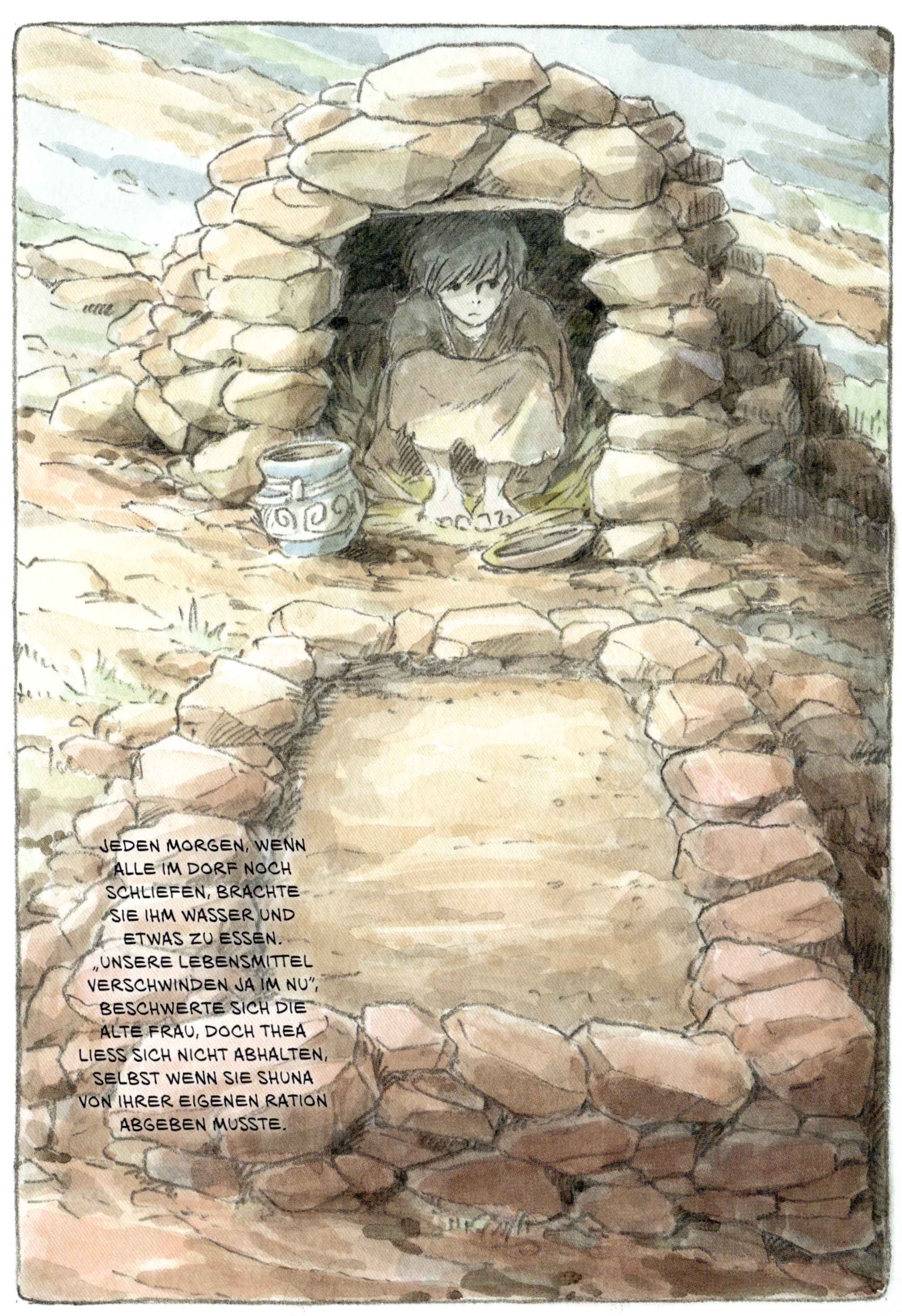
JEDEN MORGEN, WENN ALLE IM DORF NOCH SCHLIEFEN, BRACHTE SIE IHM WASSER UND ETWAS ZU ESSEN. „UNSERE LEBENSMITTEL VERSCHWINDEN JA IM NU", BESCHWERTE SICH DIE ALTE FRAU, DOCH THEA LIESS SICH NICHT ABHALTEN, SELBST WENN SIE SHUNA VON IHRER EIGENEN RATION ABGEBEN MUSSTE.

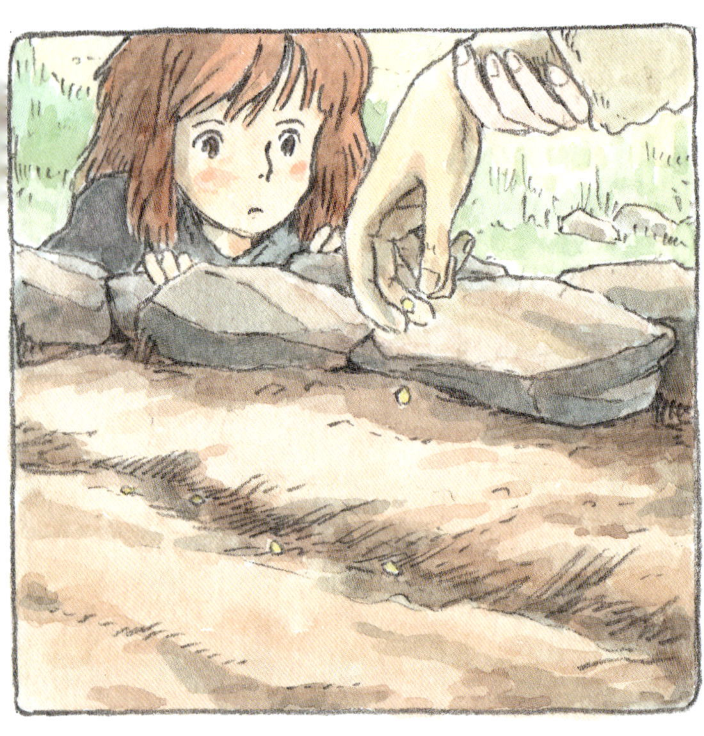

SHUNA HIELT SEINEN BEUTEL FEST IN DER HAND, ER WOLLTE DIE SAMEN NICHT SÄEN. MIT GROSSER GEDULD ZEIGTE IHM THEA, WIE ER ES MACHEN MUSSTE. DOCH NACHTS GRUB SHUNA DIE SAMEN WIEDER AUS UND LEGTE SIE IN DEN BEUTEL ZURÜCK.

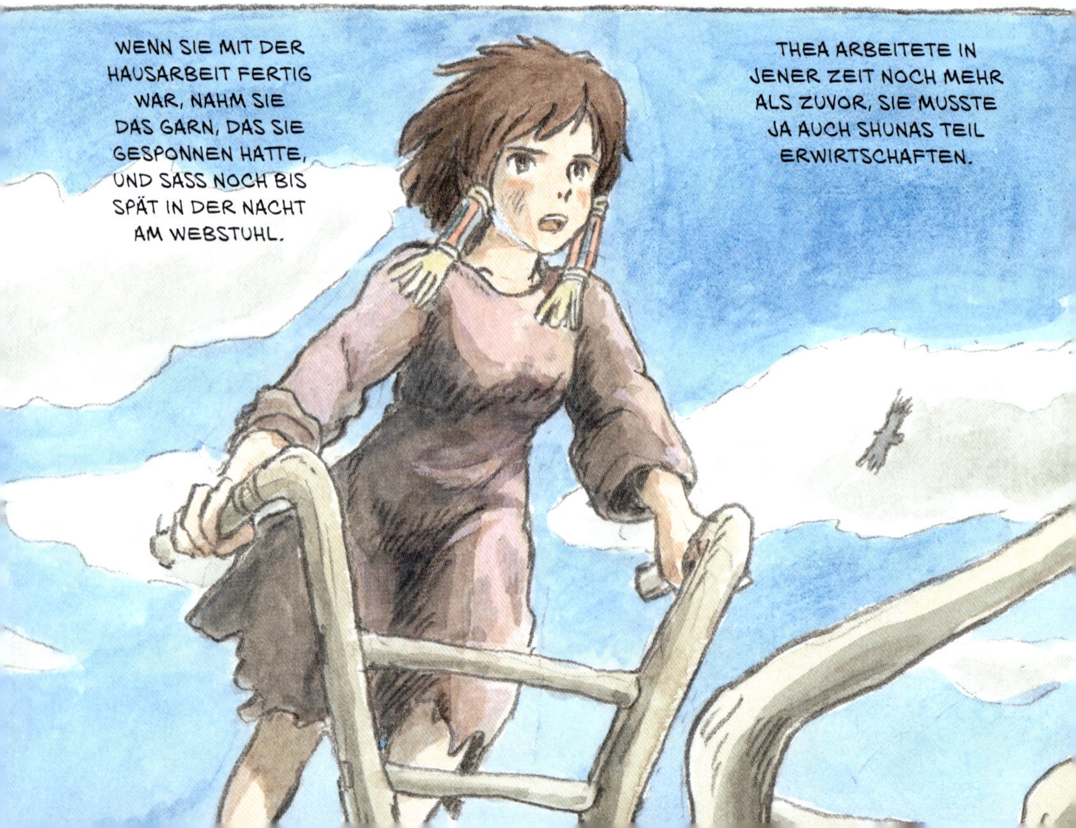

WENN SIE MIT DER HAUSARBEIT FERTIG WAR, NAHM SIE DAS GARN, DAS SIE GESPONNEN HATTE, UND SASS NOCH BIS SPÄT IN DER NACHT AM WEBSTUHL.

THEA ARBEITETE IN JENER ZEIT NOCH MEHR ALS ZUVOR, SIE MUSSTE JA AUCH SHUNAS TEIL ERWIRTSCHAFTEN.

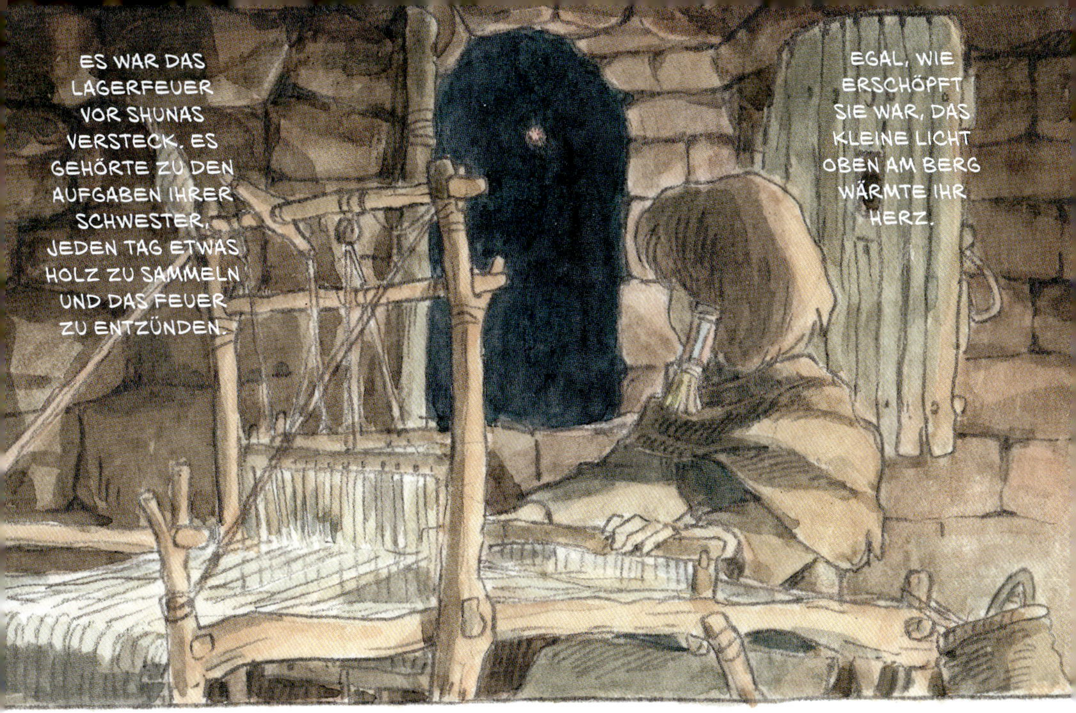

ES WAR DAS LAGERFEUER VOR SHUNAS VERSTECK. ES GEHÖRTE ZU DEN AUFGABEN IHRER SCHWESTER, JEDEN TAG ETWAS HOLZ ZU SAMMELN UND DAS FEUER ZU ENTZÜNDEN.

EGAL, WIE ERSCHÖPFT SIE WAR, DAS KLEINE LICHT OBEN AM BERG WÄRMTE IHR HERZ.

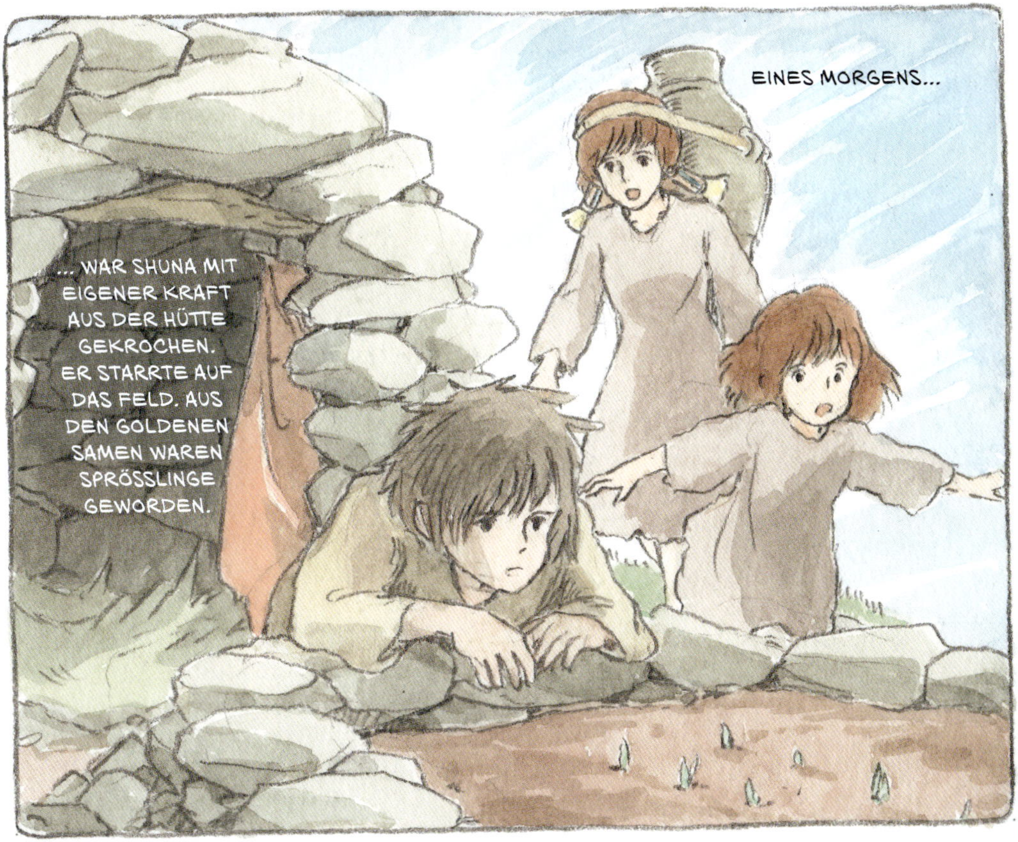

EINES MORGENS …

… WAR SHUNA MIT EIGENER KRAFT AUS DER HÜTTE GEKROCHEN. ER STARRTE AUF DAS FELD. AUS DEN GOLDENEN SAMEN WAREN SPRÖSSLINGE GEWORDEN.

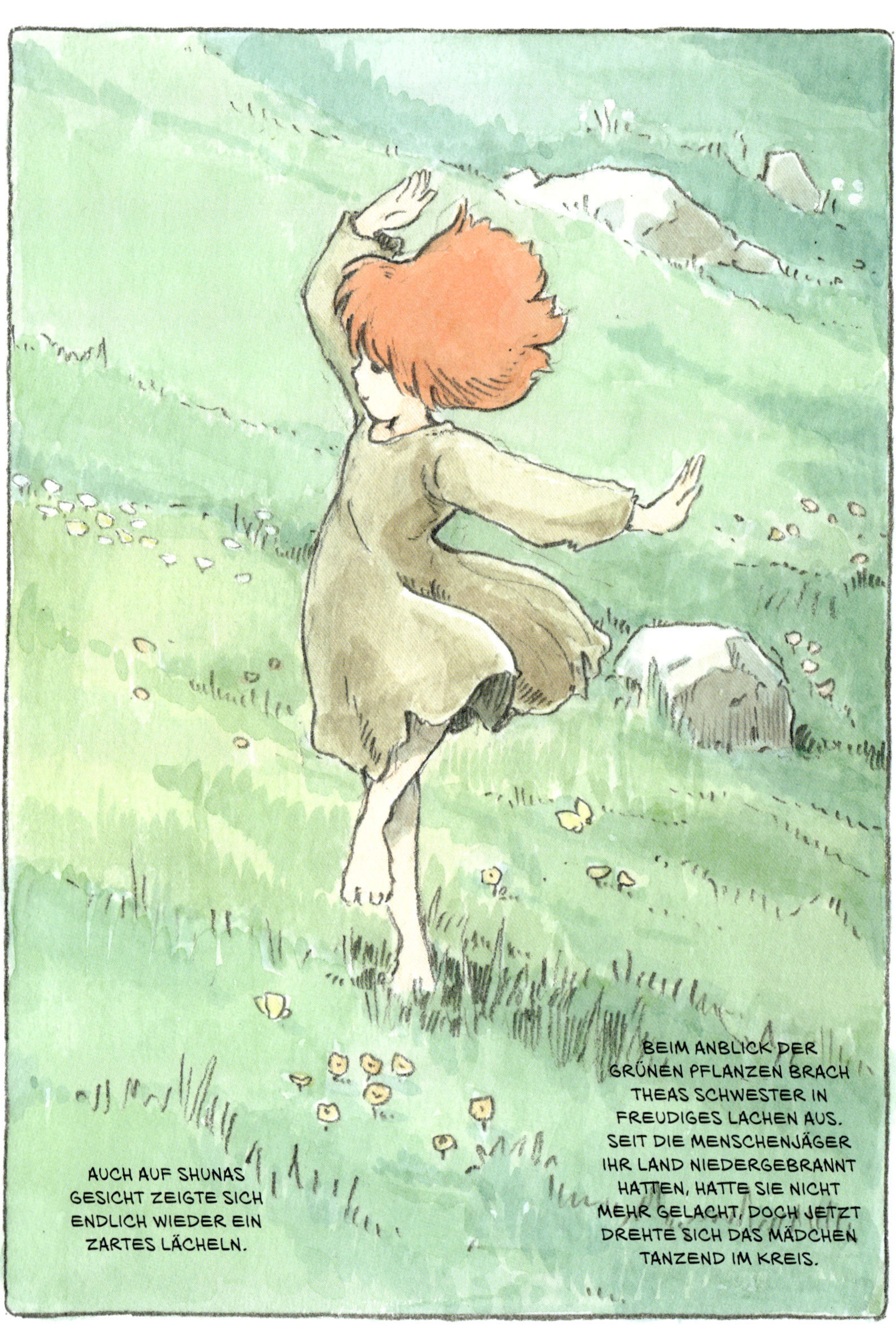
Beim Anblick der grünen Pflanzen brach Theas Schwester in freudiges Lachen aus. Seit die Menschenjäger ihr Land niedergebrannt hatten, hatte sie nicht mehr gelacht, doch jetzt drehte sich das Mädchen tanzend im Kreis.
Auch auf Shunas Gesicht zeigte sich endlich wieder ein zartes Lächeln.

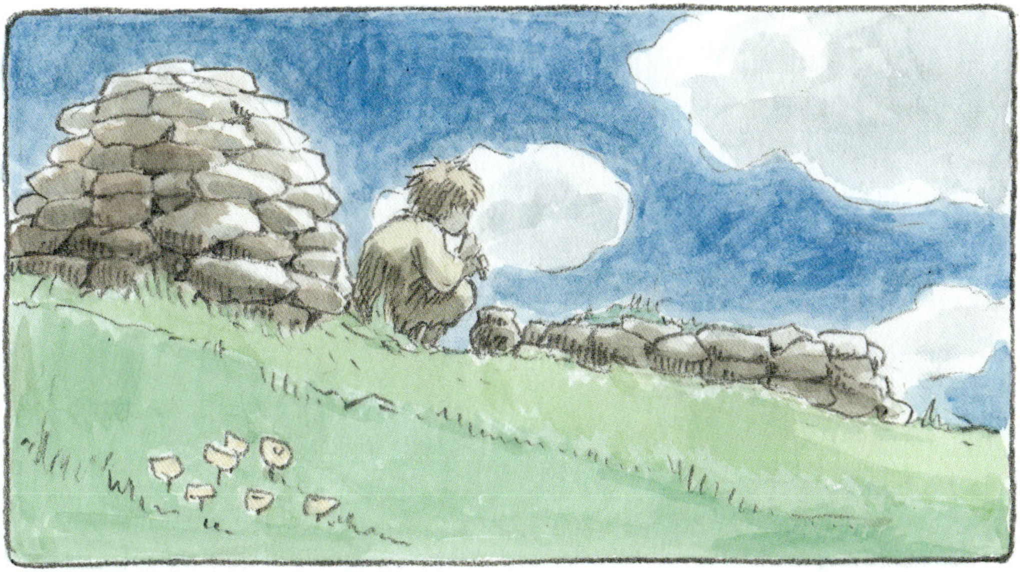

EINES TAGES, KURZ VOR DEM MITTSOMMERFEST, RIEF DIE ALTE FRAU THEA ZU SICH. „DU BIST JETZT ALT GENUG, UND ICH BRAUCHE EINEN STARKEN ARBEITER." THEA SOLLE SICH EINEN AUS DEM DORF ZUM MANN WÄHLEN. „WENN DU DAS NICHT WILLST, MUSST DU FORT VON HIER", SAGTE SIE. „DAS GEHT MIR ZU SCHNELL", ERWIDERTE THEA, ABER DIE ALTE AKZEPTIERTE IHREN EINSPRUCH NICHT. THEA NAHM DEN STOFF, DEN SIE GEWEBT HATTE, UND NÄHTE KLEIDER FÜR SHUNA. AM ABEND VOR DEM FEST WAR SIE FERTIG.

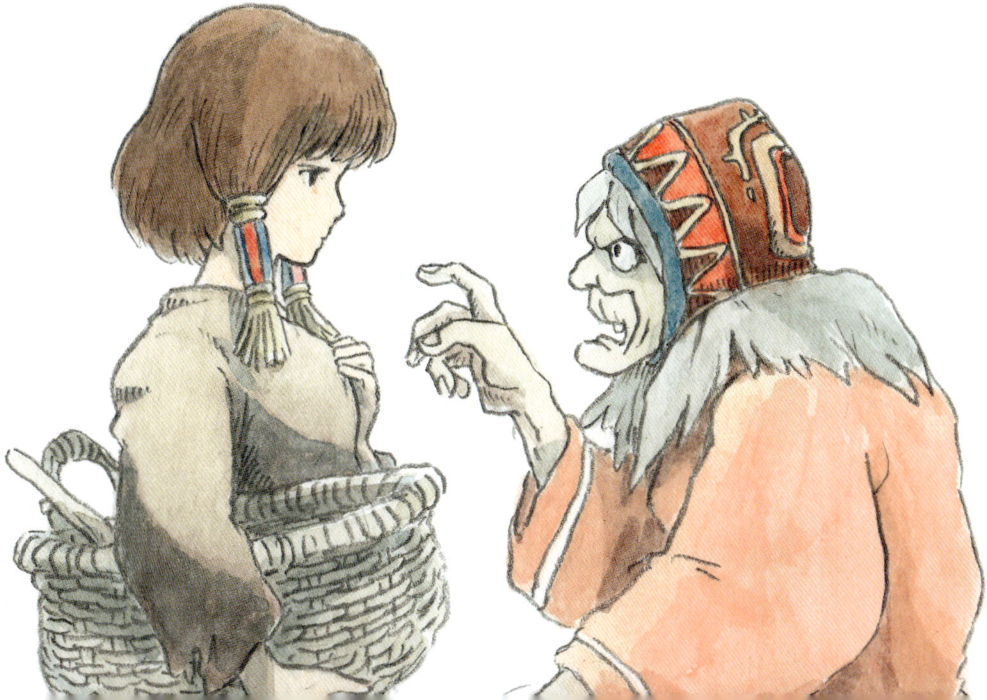

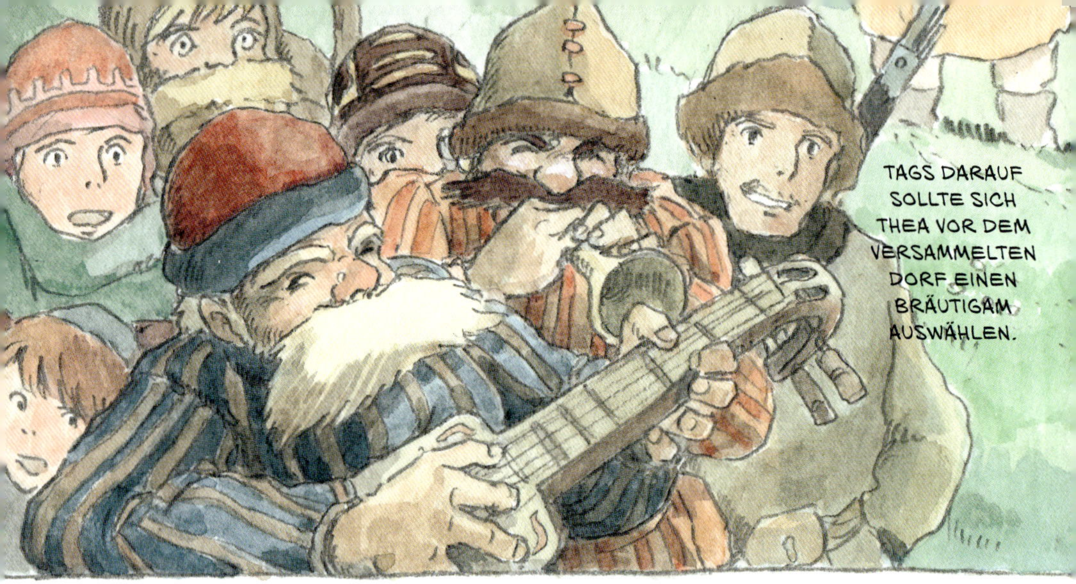

Tags darauf sollte sich Thea vor dem versammelten Dorf einen Bräutigam auswählen.

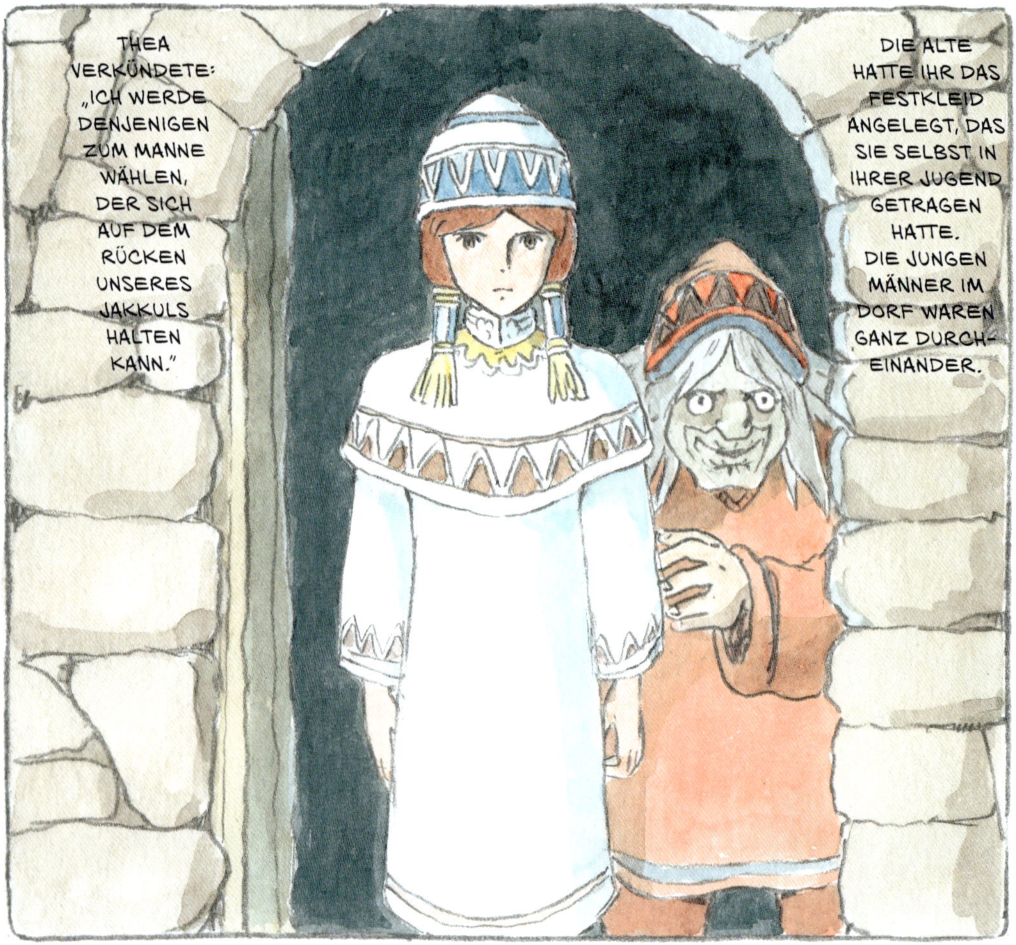

Thea verkündete: „Ich werde denjenigen zum Manne wählen, der sich auf dem Rücken unseres Jakkuls halten kann."

Die Alte hatte ihr das Festkleid angelegt, das sie selbst in ihrer Jugend getragen hatte. Die jungen Männer im Dorf waren ganz durcheinander.

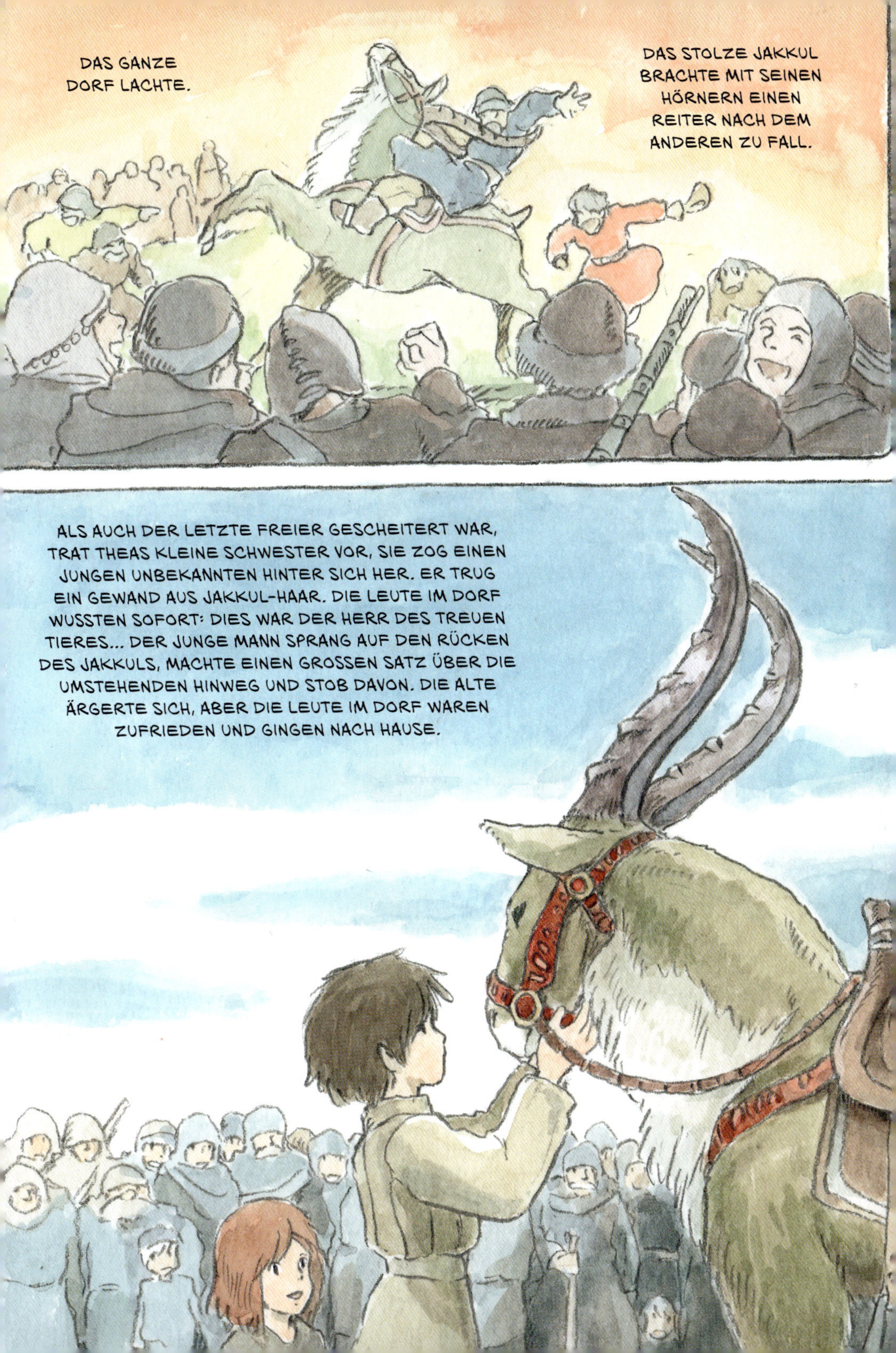

DAS GANZE DORF LACHTE.

DAS STOLZE JAKKUL BRACHTE MIT SEINEN HÖRNERN EINEN REITER NACH DEM ANDEREN ZU FALL.

ALS AUCH DER LETZTE FREIER GESCHEITERT WAR, TRAT THEAS KLEINE SCHWESTER VOR, SIE ZOG EINEN JUNGEN UNBEKANNTEN HINTER SICH HER. ER TRUG EIN GEWAND AUS JAKKUL-HAAR. DIE LEUTE IM DORF WUSSTEN SOFORT: DIES WAR DER HERR DES TREUEN TIERES... DER JUNGE MANN SPRANG AUF DEN RÜCKEN DES JAKKULS, MACHTE EINEN GROSSEN SATZ ÜBER DIE UMSTEHENDEN HINWEG UND STOB DAVON. DIE ALTE ÄRGERTE SICH, ABER DIE LEUTE IM DORF WAREN ZUFRIEDEN UND GINGEN NACH HAUSE.

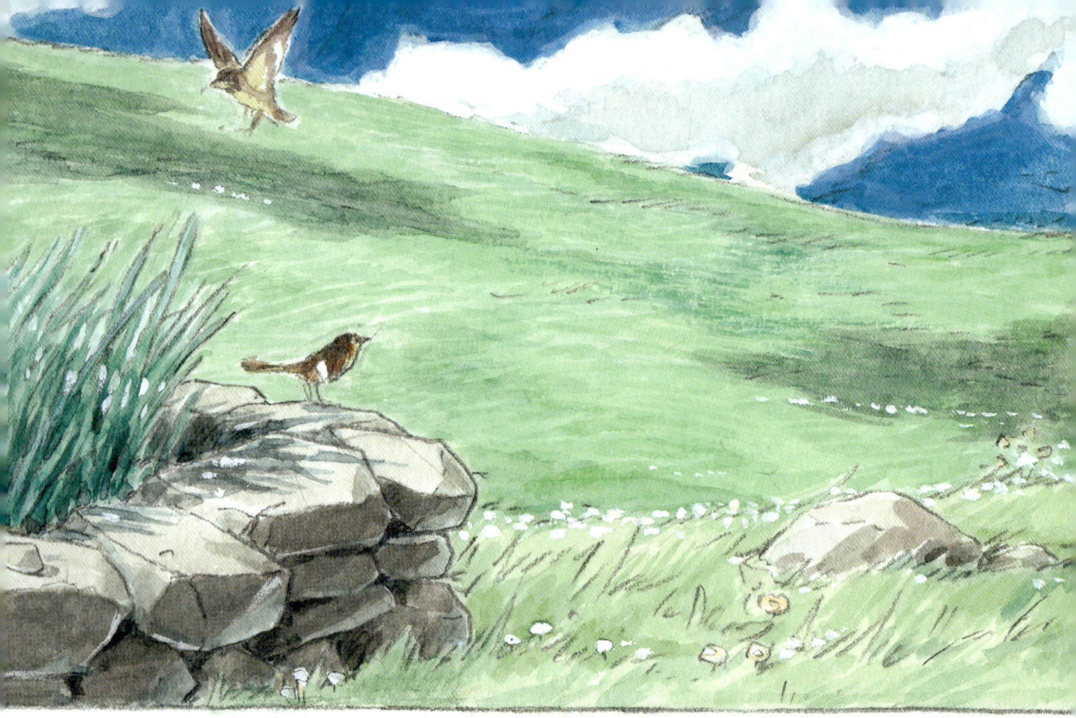

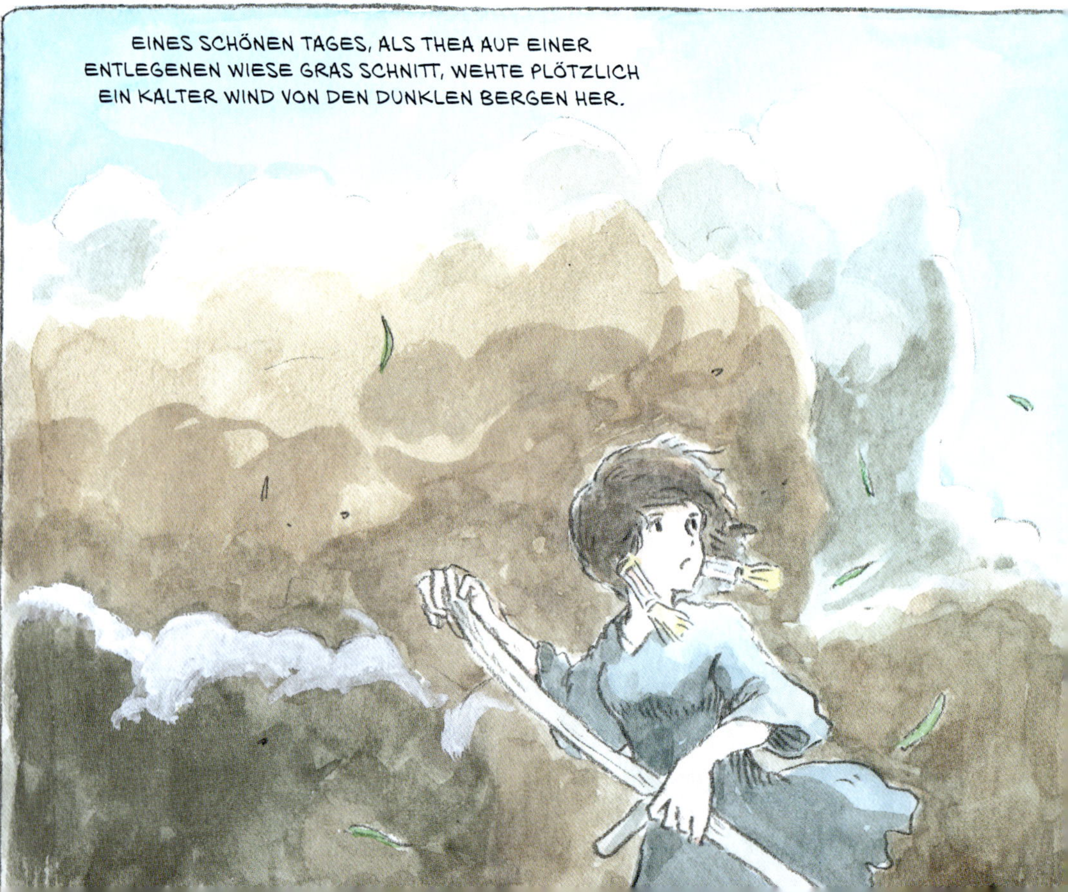

EINES SCHÖNEN TAGES, ALS THEA AUF EINER ENTLEGENEN WIESE GRAS SCHNITT, WEHTE PLÖTZLICH EIN KALTER WIND VON DEN DUNKLEN BERGEN HER.

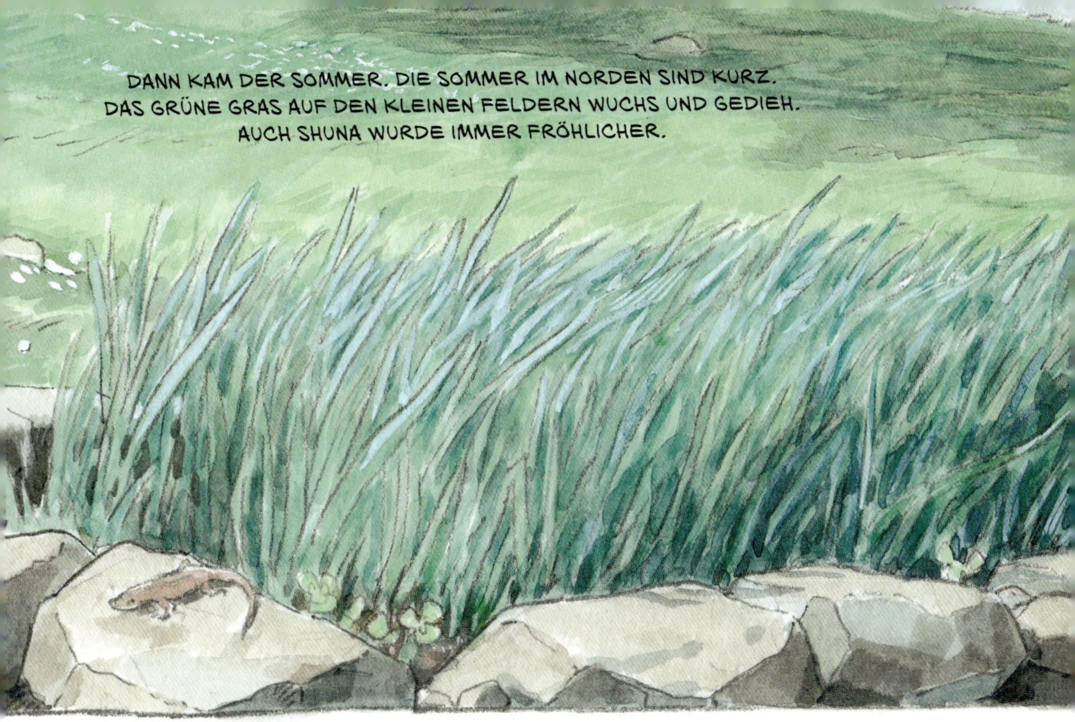

DANN KAM DER SOMMER. DIE SOMMER IM NORDEN SIND KURZ.
DAS GRÜNE GRAS AUF DEN KLEINEN FELDERN WUCHS UND GEDIEH.
AUCH SHUNA WURDE IMMER FRÖHLICHER.

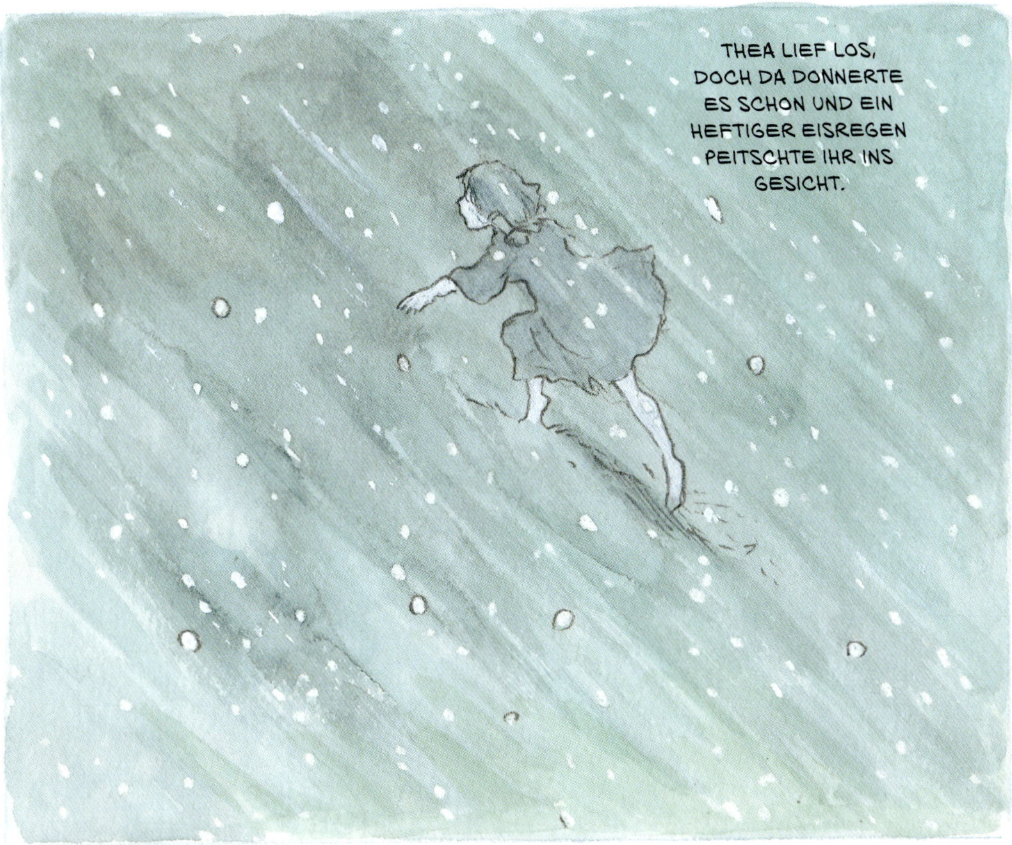

THEA LIEF LOS,
DOCH DA DONNERTE
ES SCHON UND EIN
HEFTIGER EISREGEN
PEITSCHTE IHR INS
GESICHT.

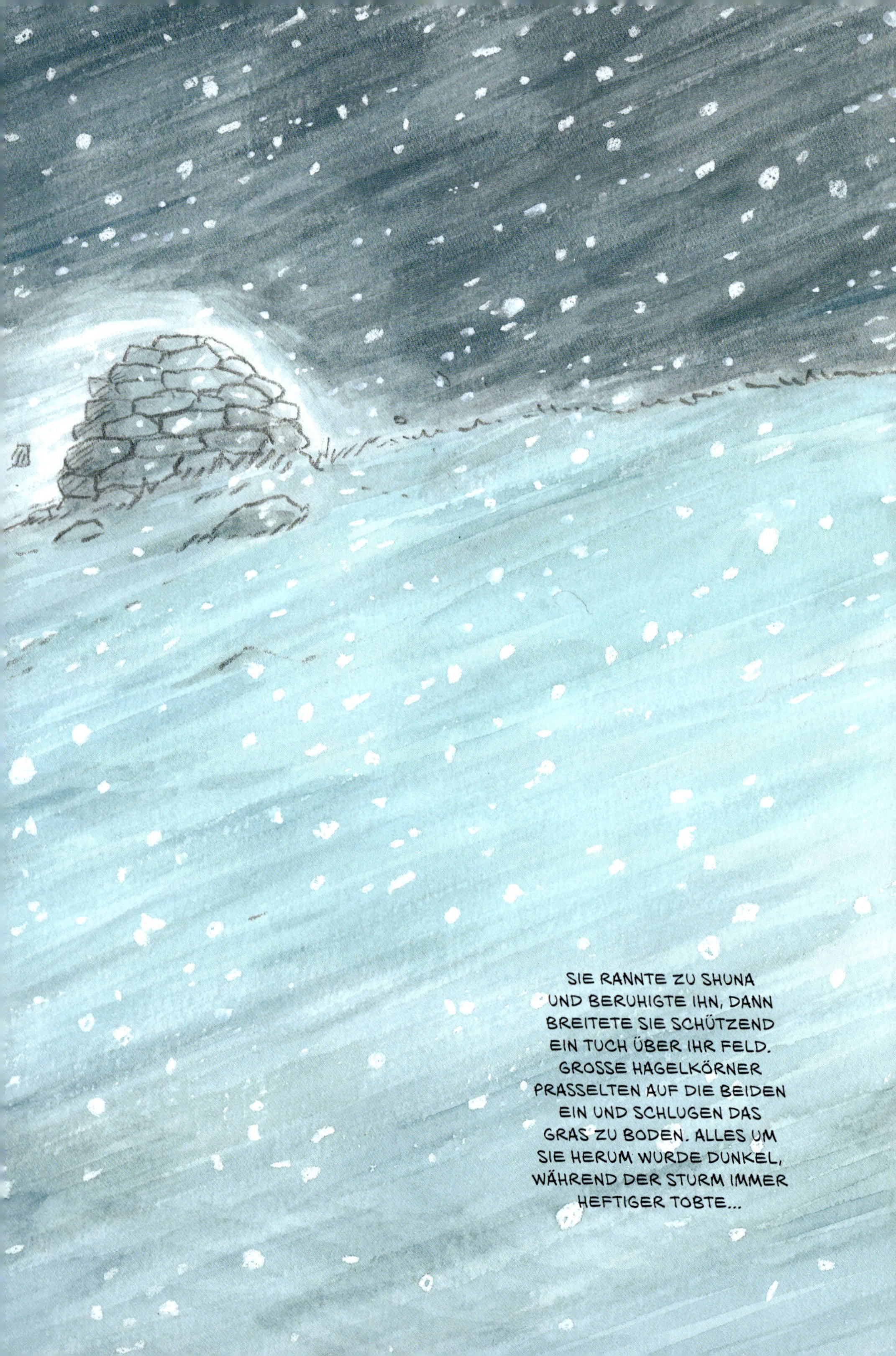
SIE RANNTE ZU SHUNA UND BERUHIGTE IHN, DANN BREITETE SIE SCHÜTZEND EIN TUCH ÜBER IHR FELD. GROSSE HAGELKÖRNER PRASSELTEN AUF DIE BEIDEN EIN UND SCHLUGEN DAS GRAS ZU BODEN. ALLES UM SIE HERUM WURDE DUNKEL, WÄHREND DER STURM IMMER HEFTIGER TOBTE...

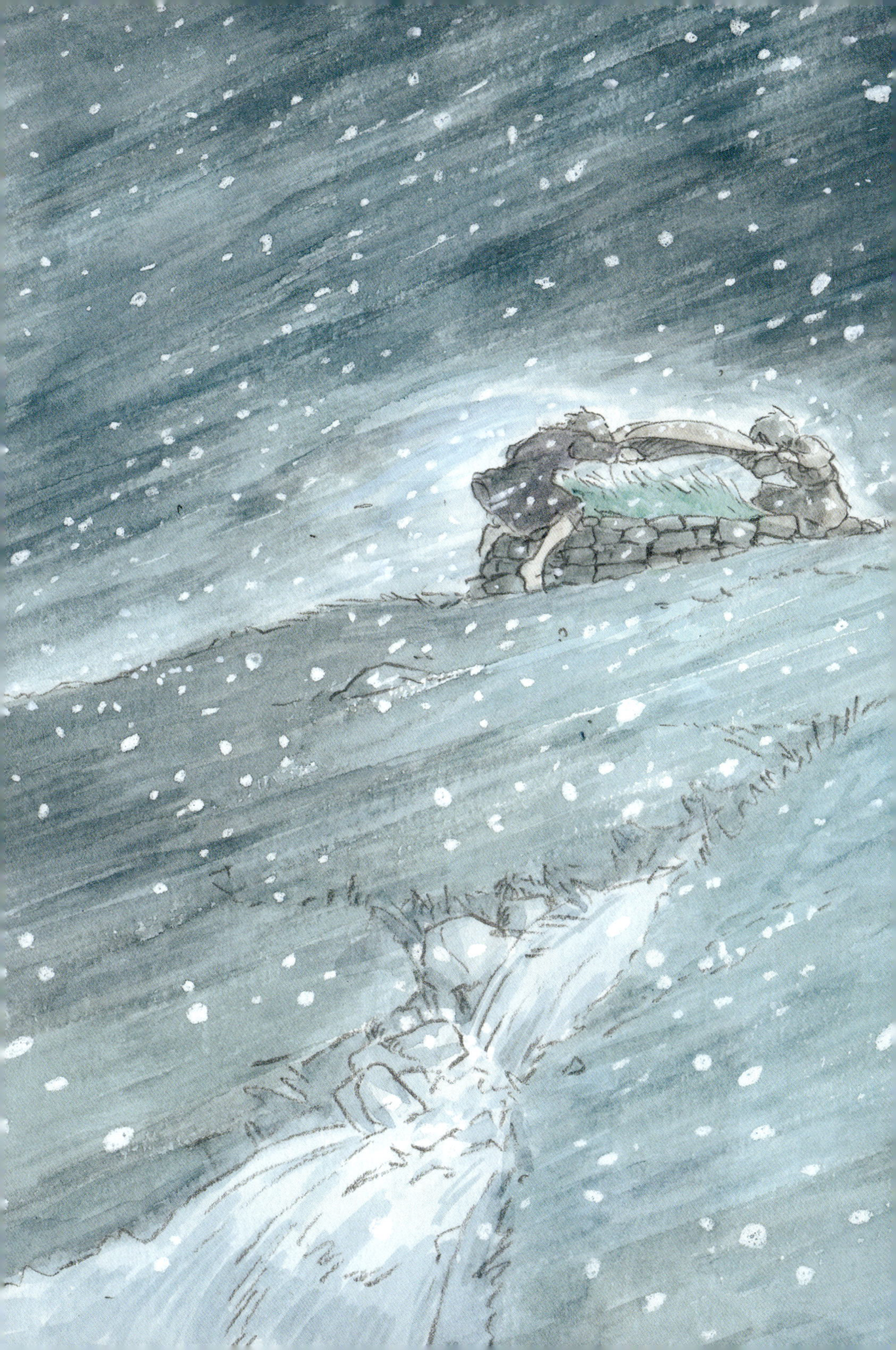

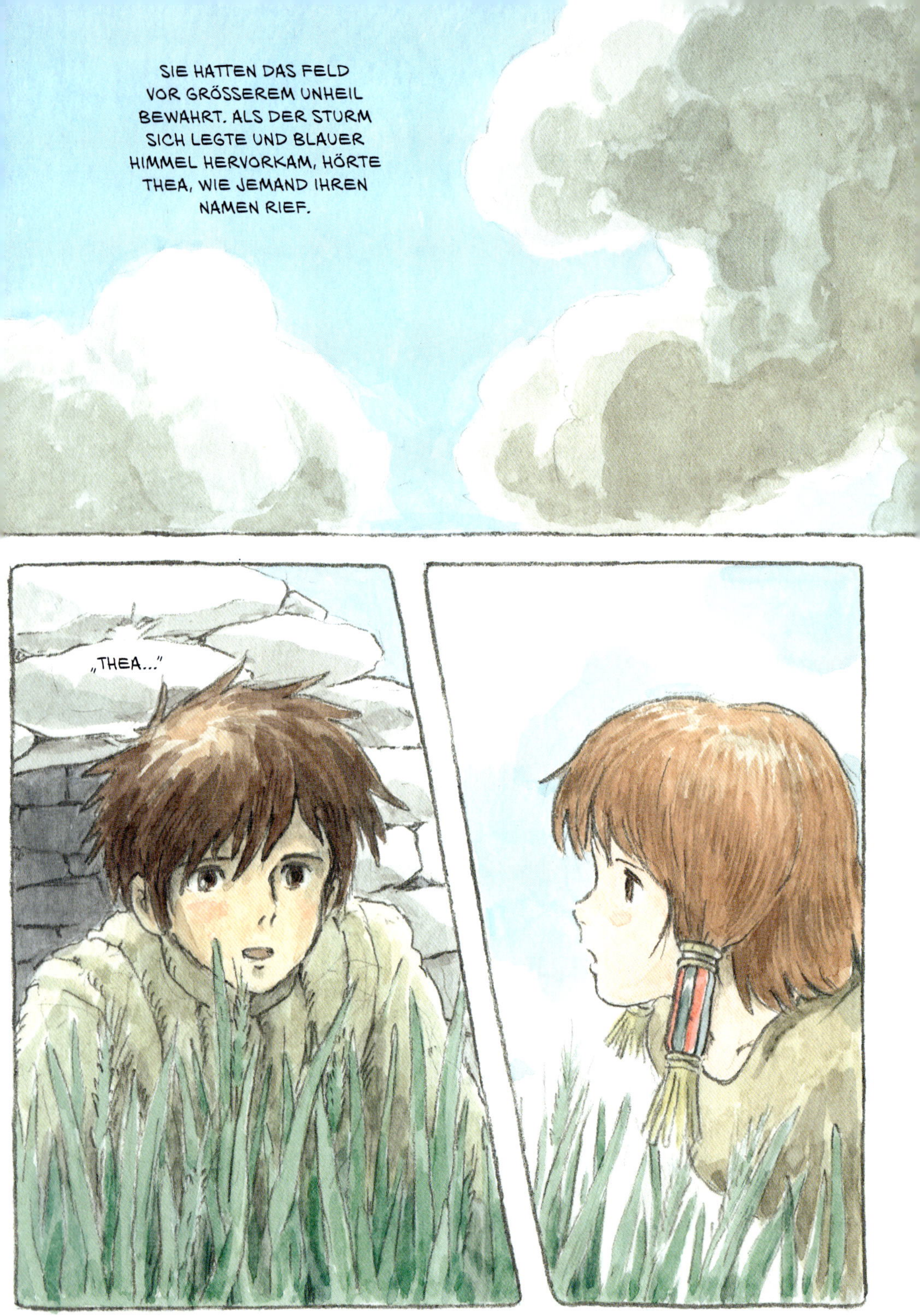

SIE HATTEN DAS FELD VOR GRÖSSEREM UNHEIL BEWAHRT. ALS DER STURM SICH LEGTE UND BLAUER HIMMEL HERVORKAM, HÖRTE THEA, WIE JEMAND IHREN NAMEN RIEF.

„THEA..."

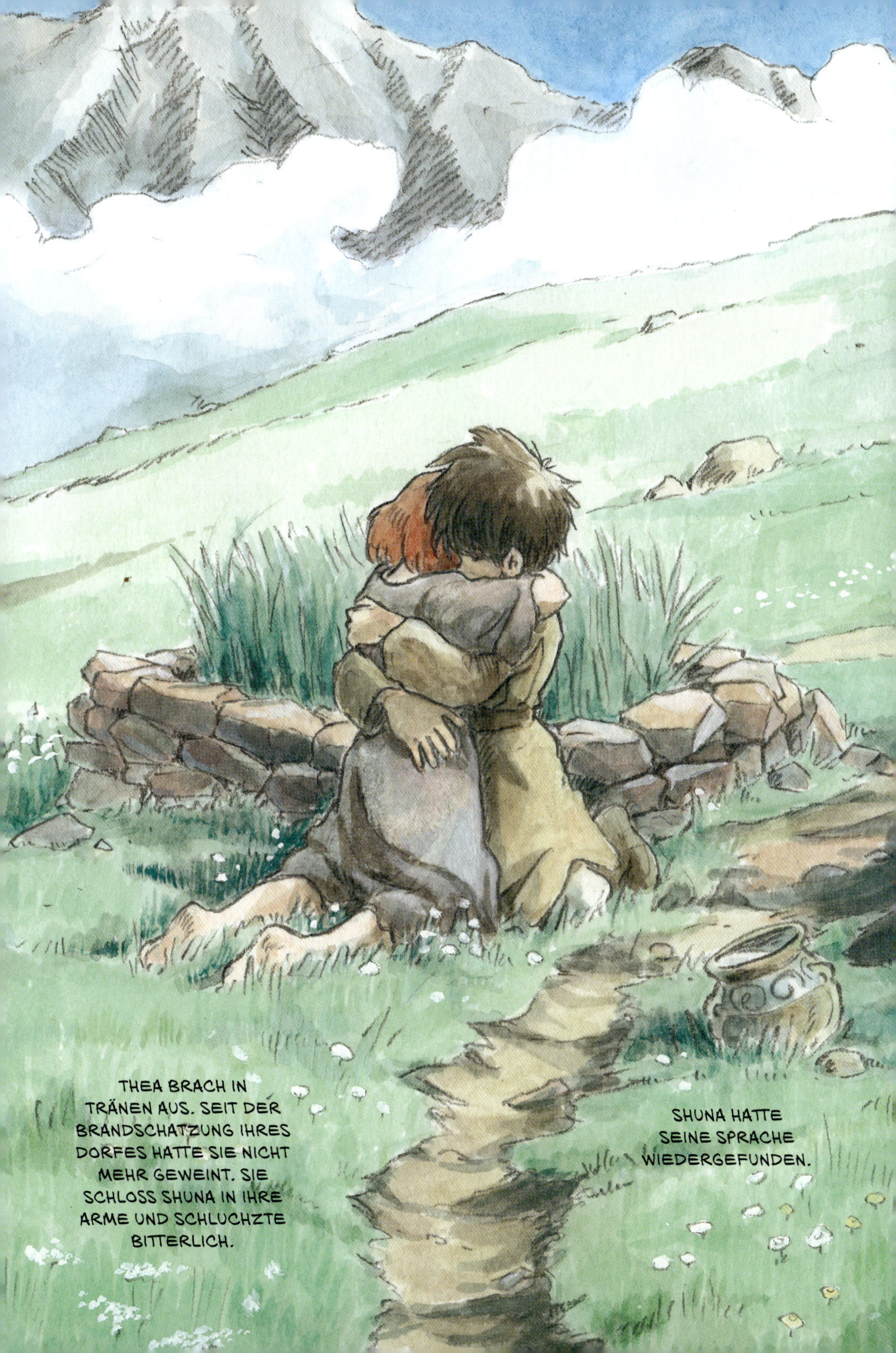
THEA BRACH IN TRÄNEN AUS. SEIT DER BRANDSCHATZUNG IHRES DORFES HATTE SIE NICHT MEHR GEWEINT. SIE SCHLOSS SHUNA IN IHRE ARME UND SCHLUCHZTE BITTERLICH.
SHUNA HATTE SEINE SPRACHE WIEDERGEFUNDEN.

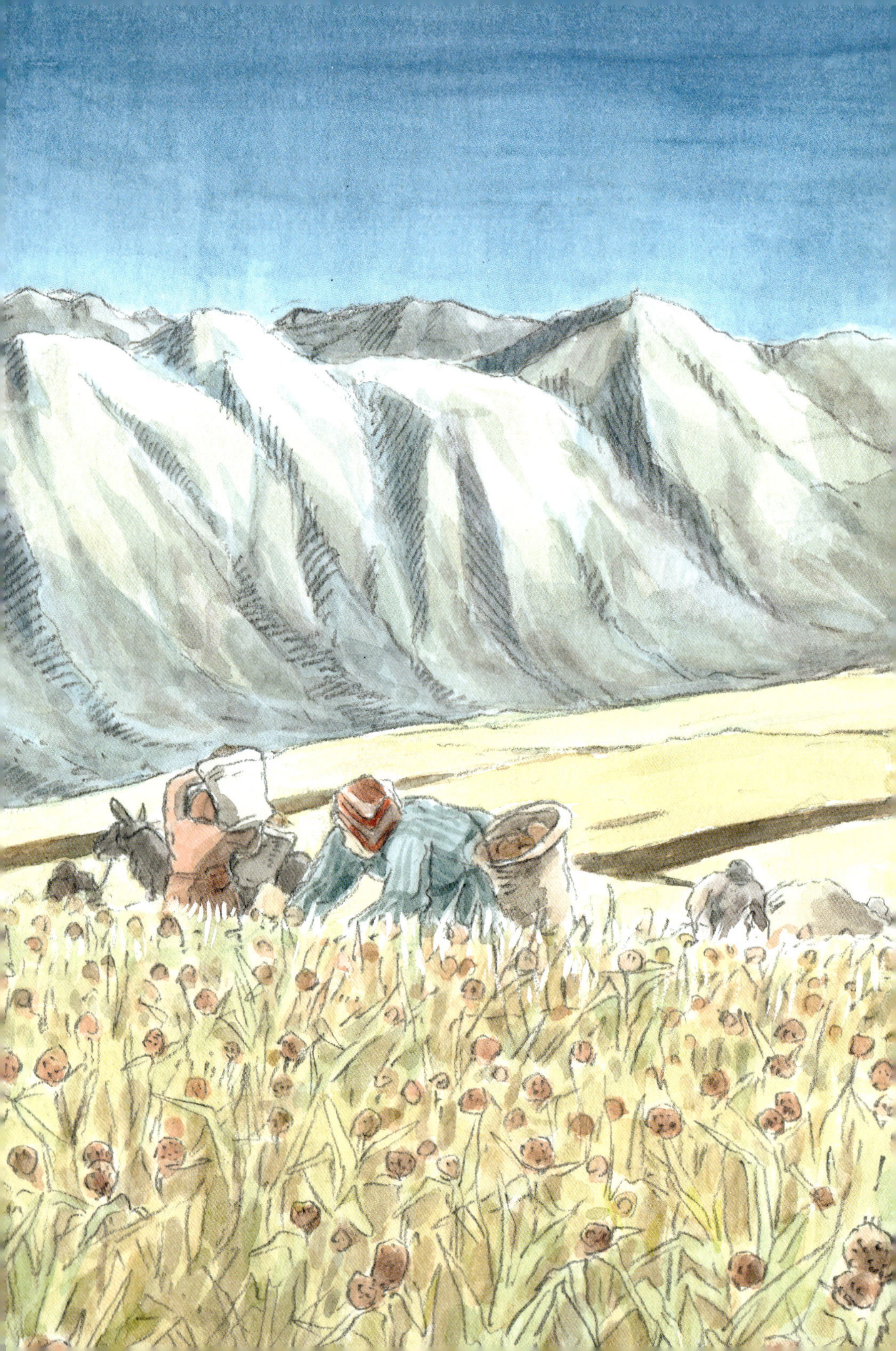

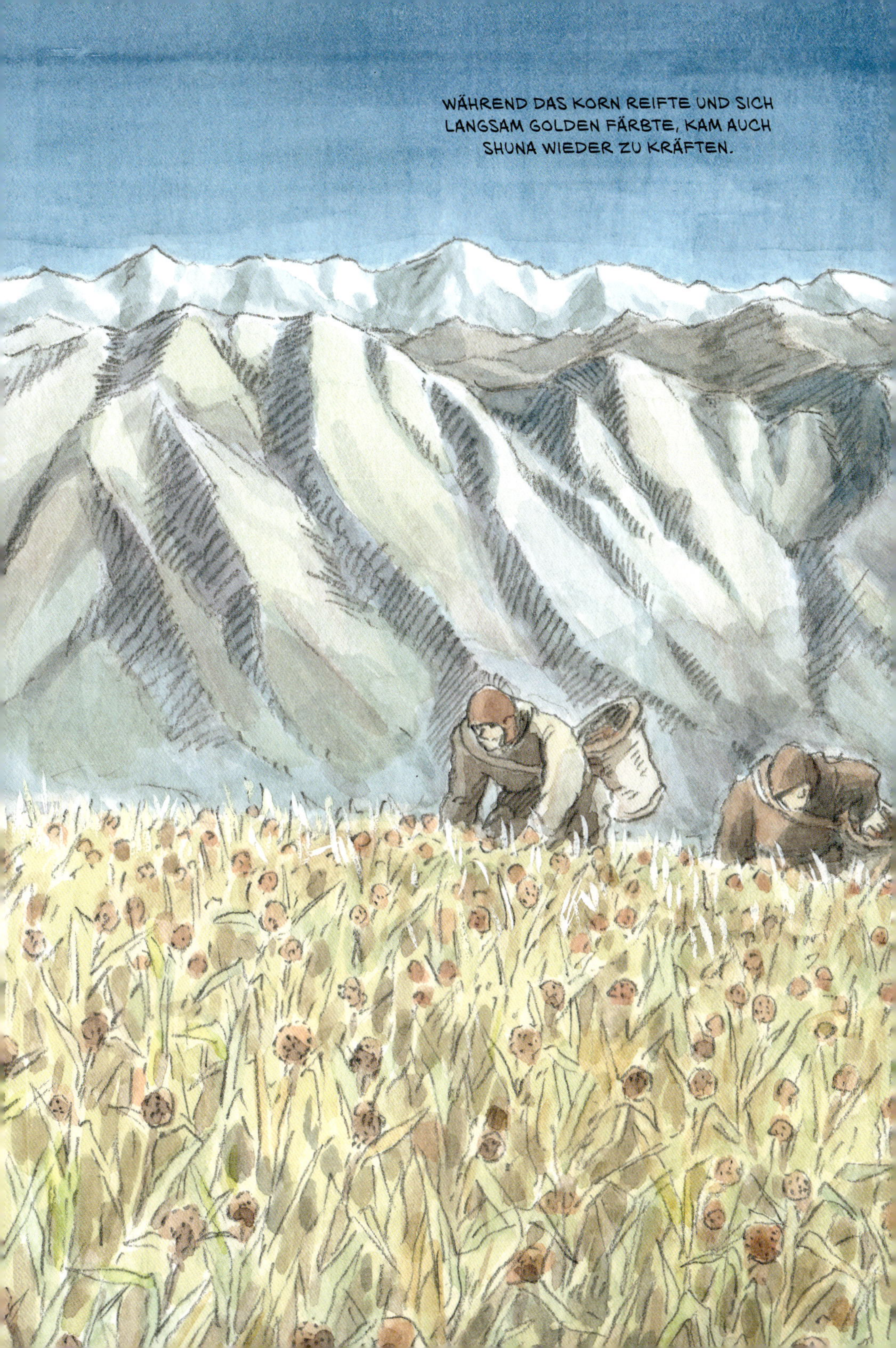
WÄHREND DAS KORN REIFTE UND SICH
LANGSAM GOLDEN FÄRBTE, KAM AUCH
SHUNA WIEDER ZU KRÄFTEN.

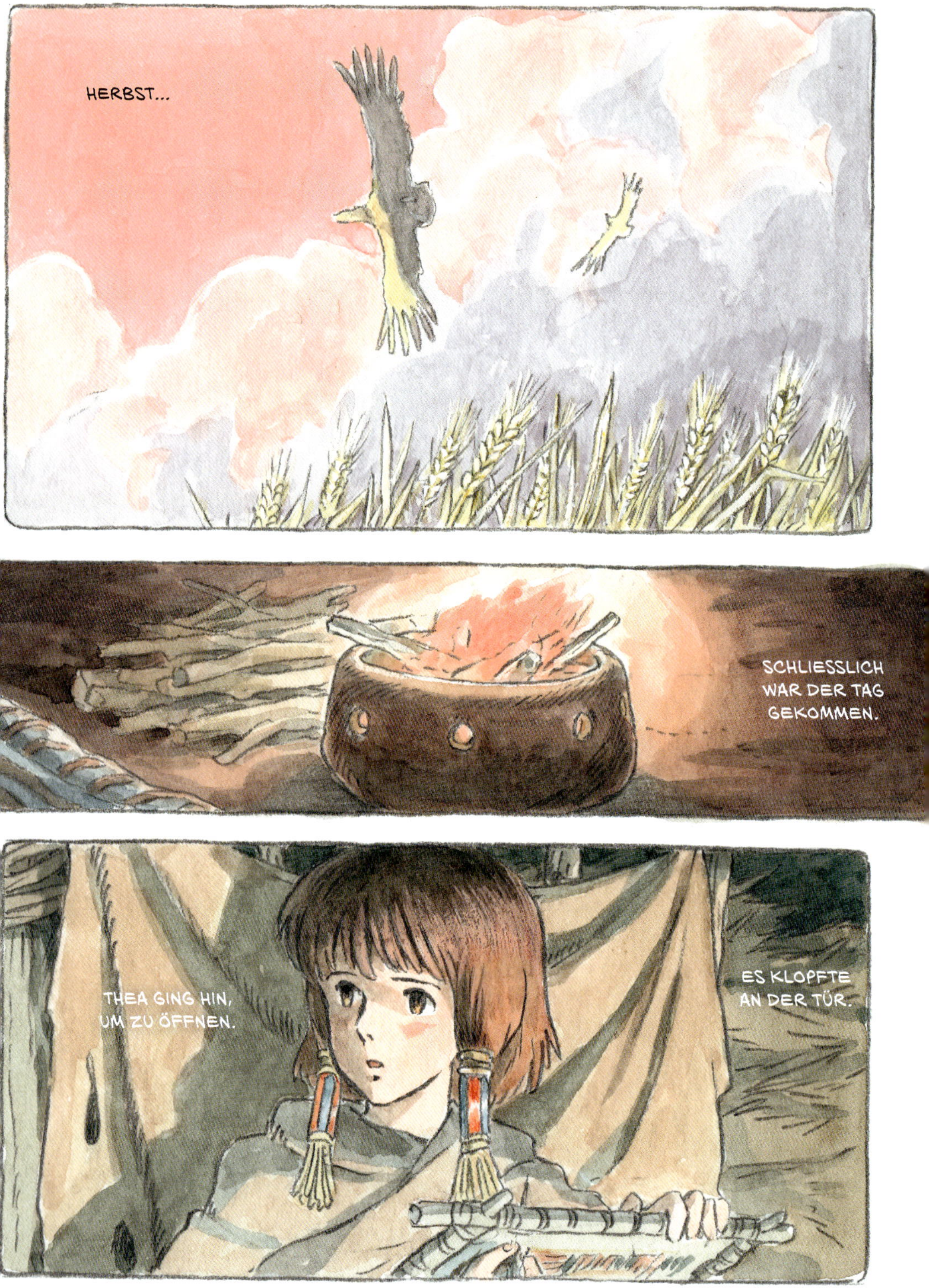

HERBST...

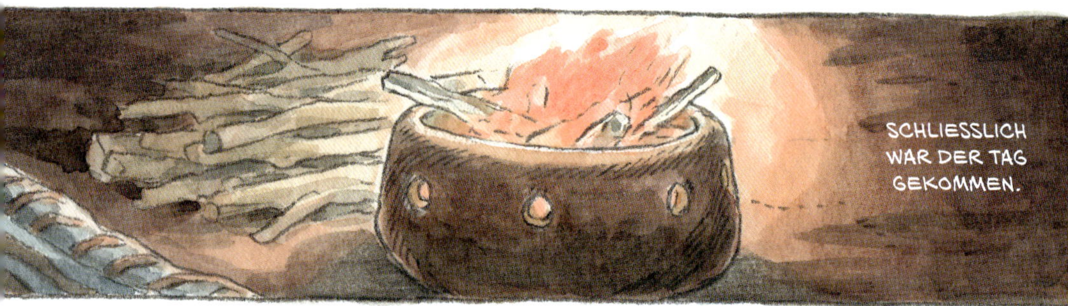
SCHLIESSLICH
WAR DER TAG
GEKOMMEN.

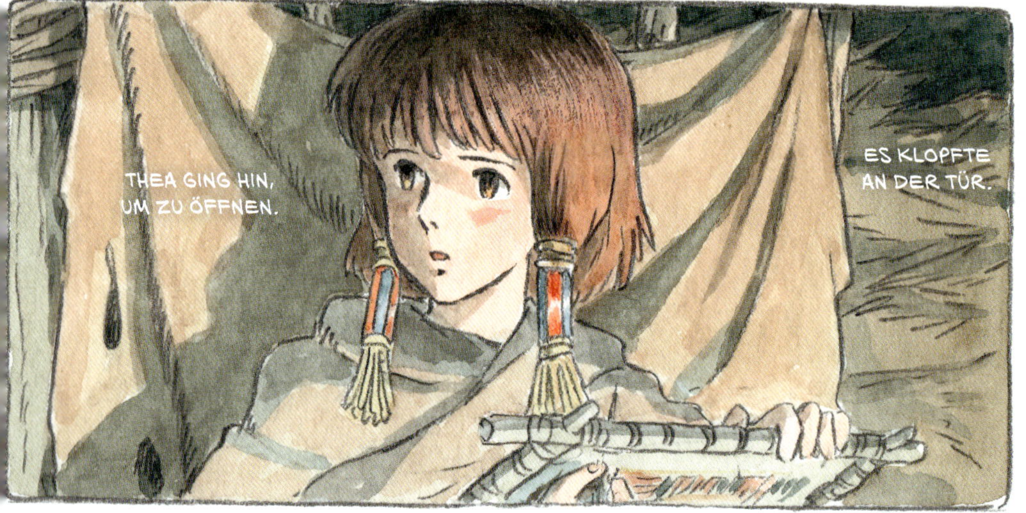
ES KLOPFTE
AN DER TÜR.
THEA GING HIN,
UM ZU ÖFFNEN.

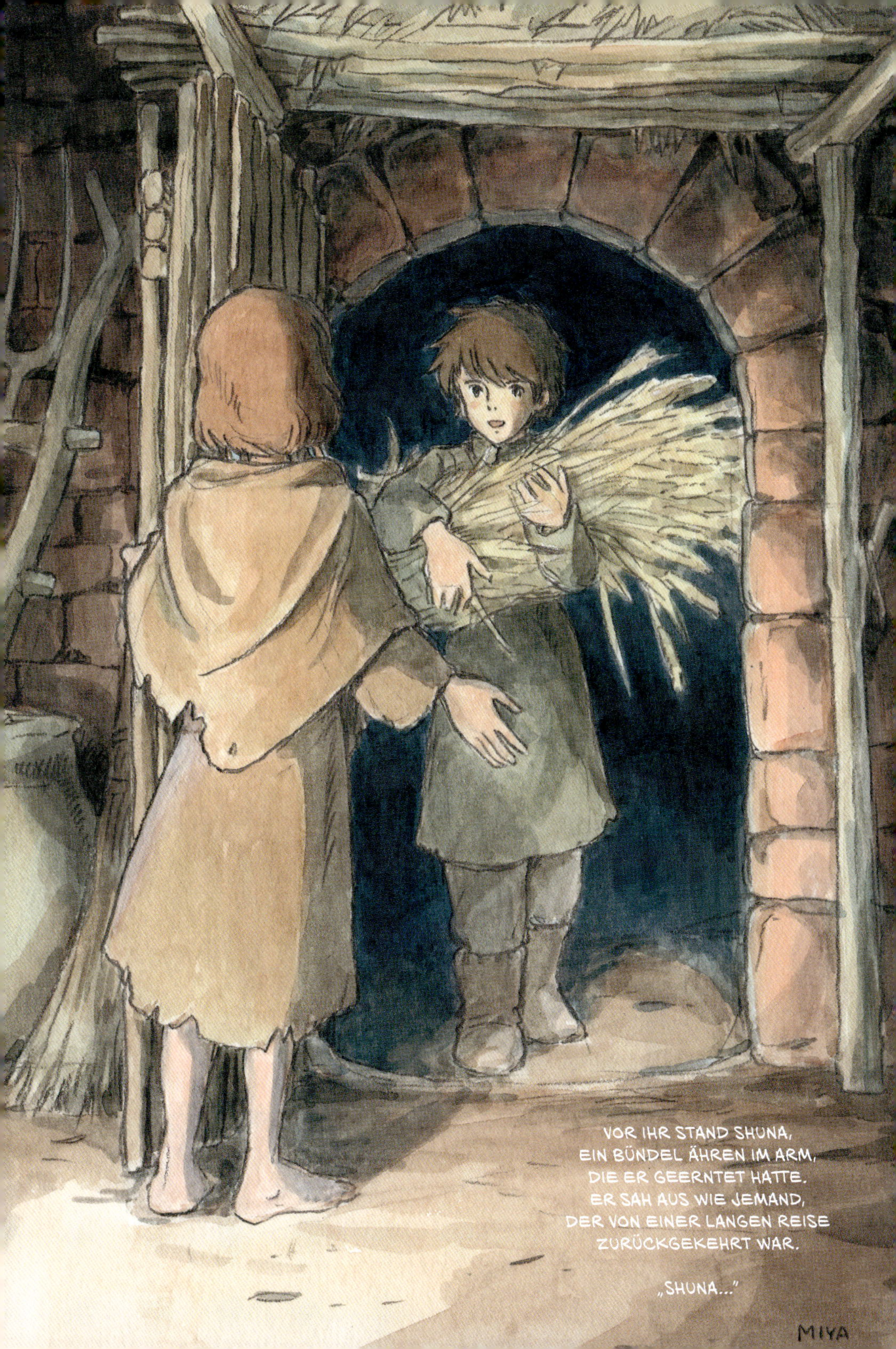
VOR IHR STAND SHUNA,
EIN BÜNDEL ÄHREN IM ARM,
DIE ER GEERNTET HATTE.
ER SAH AUS WIE JEMAND,
DER VON EINER LANGEN REISE
ZURÜCKGEKEHRT WAR.
„SHUNA…"
MIYA

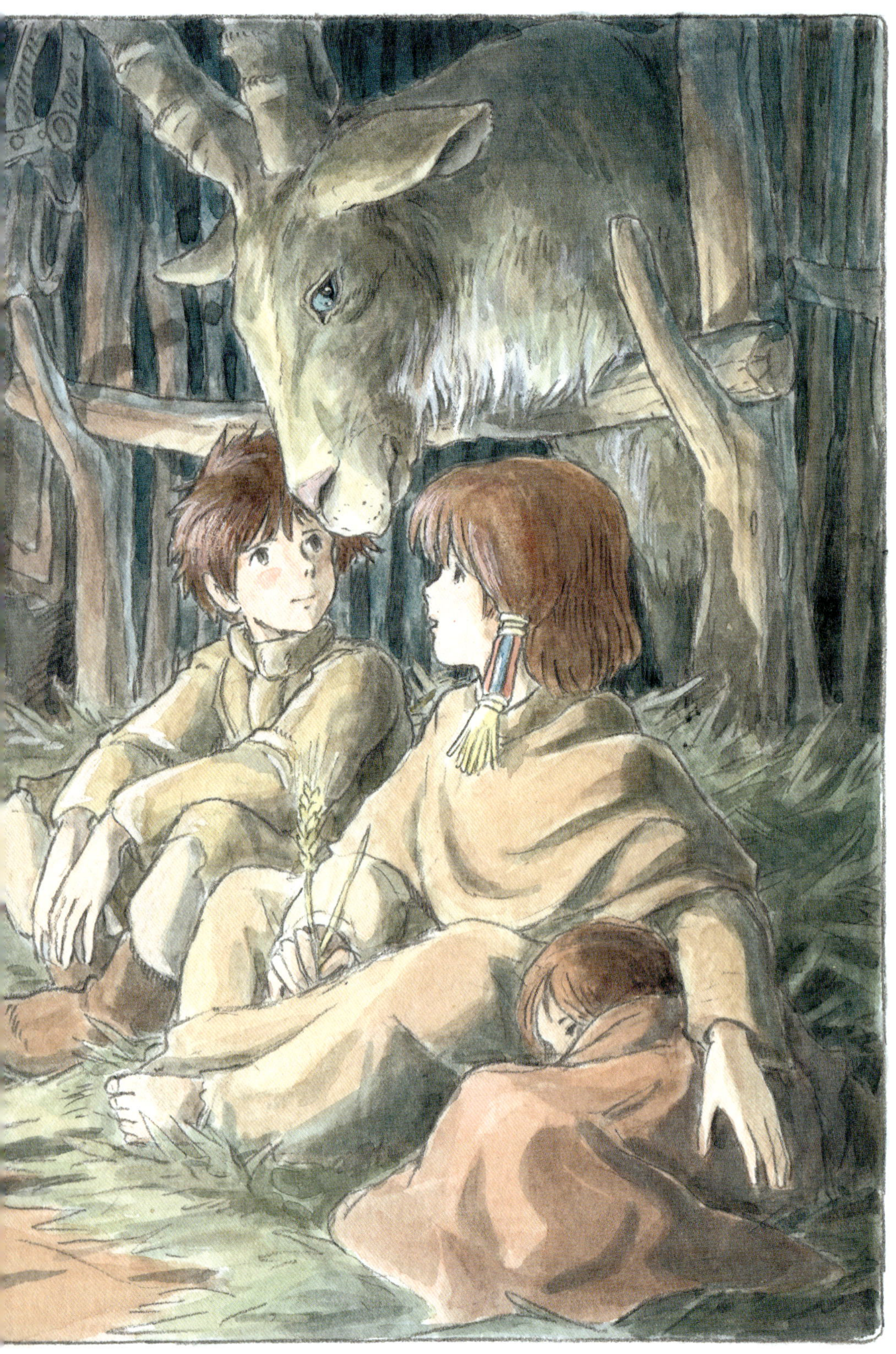

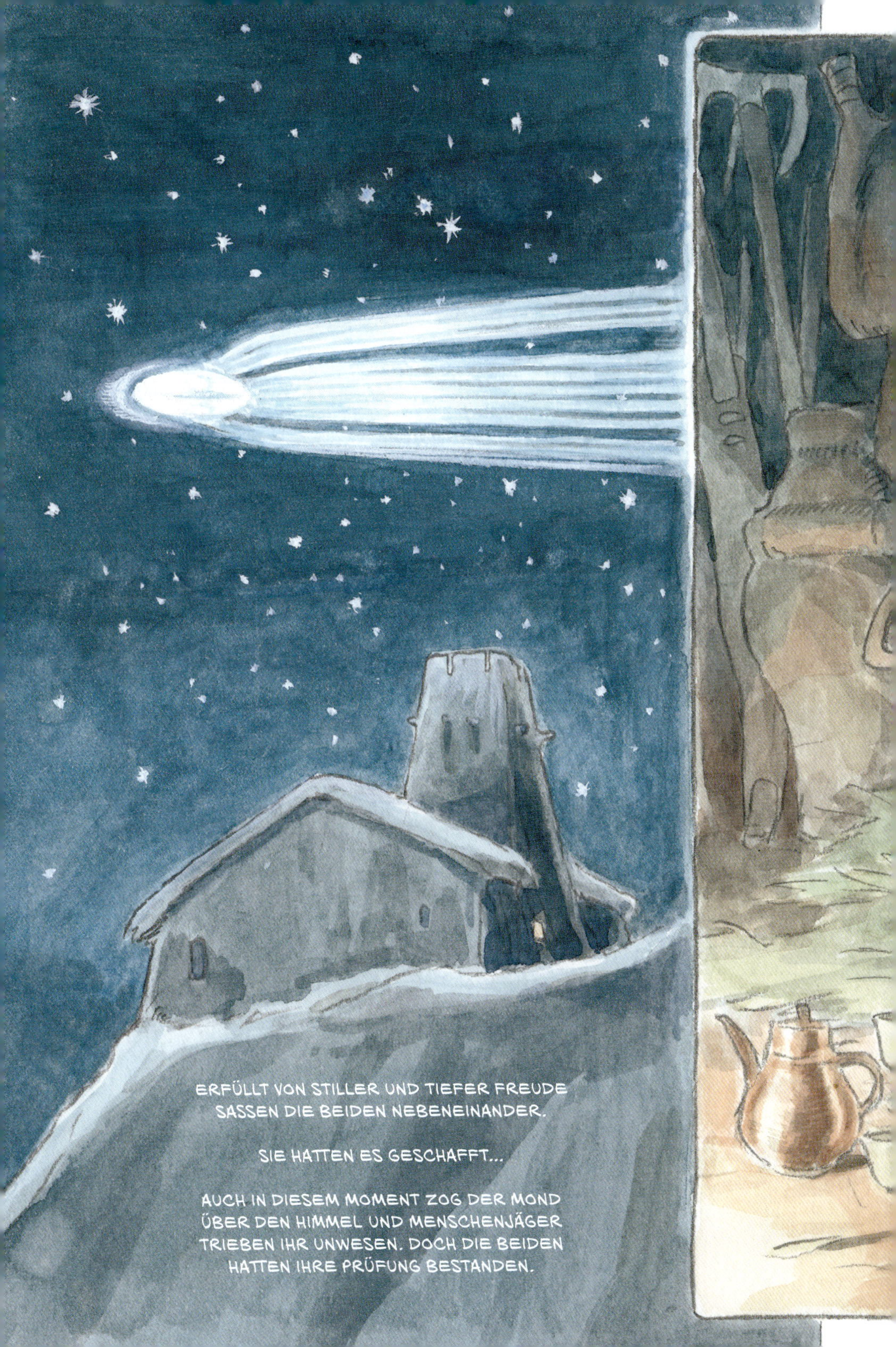
ERFÜLLT VON STILLER UND TIEFER FREUDE
SASSEN DIE BEIDEN NEBENEINANDER.
SIE HATTEN ES GESCHAFFT...
AUCH IN DIESEM MOMENT ZOG DER MOND
ÜBER DEN HIMMEL UND MENSCHENJÄGER
TRIEBEN IHR UNWESEN. DOCH DIE BEIDEN
HATTEN IHRE PRÜFUNG BESTANDEN.

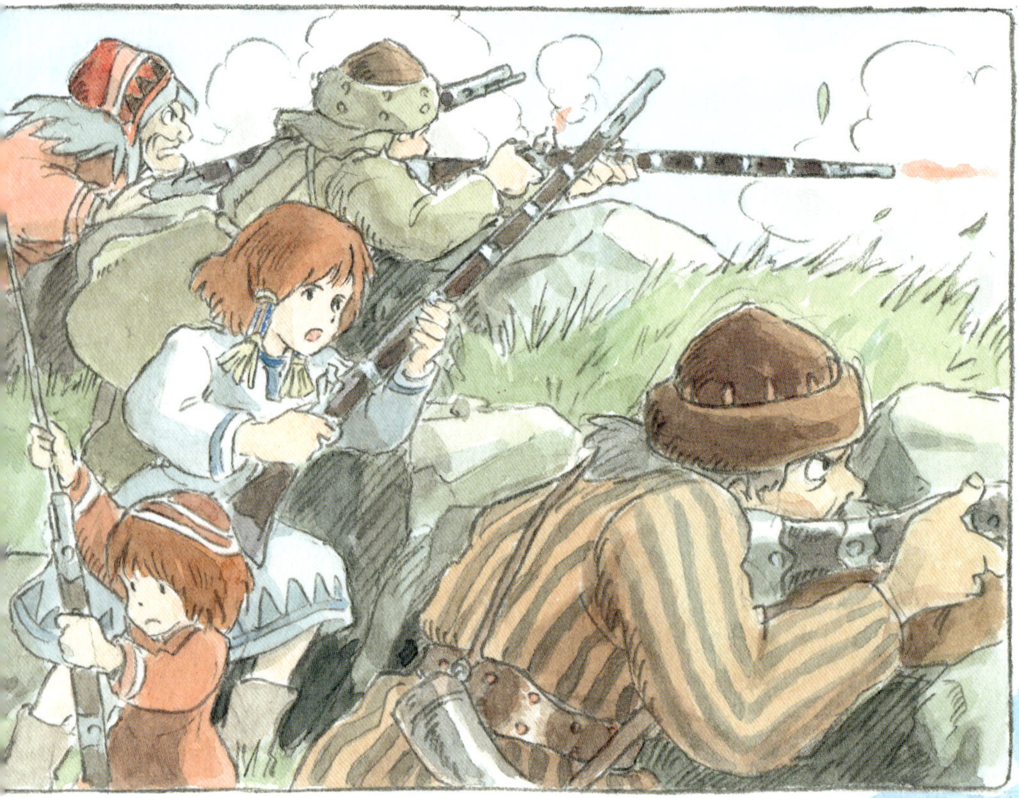

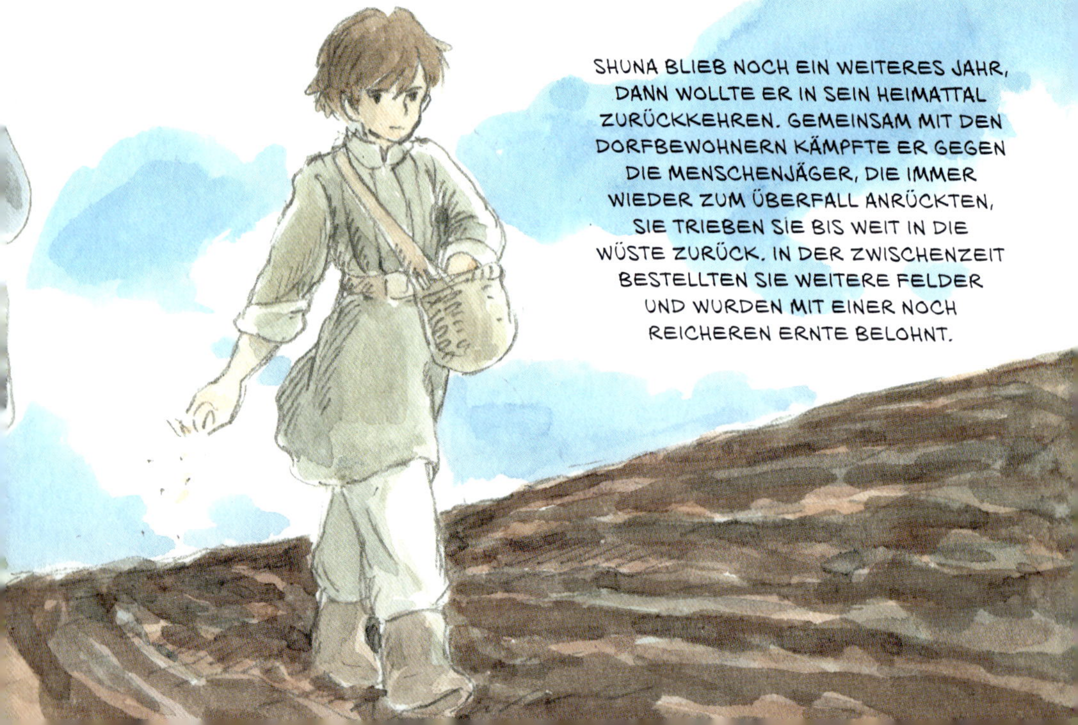

SHUNA BLIEB NOCH EIN WEITERES JAHR, DANN WOLLTE ER IN SEIN HEIMATTAL ZURÜCKKEHREN. GEMEINSAM MIT DEN DORFBEWOHNERN KÄMPFTE ER GEGEN DIE MENSCHENJÄGER, DIE IMMER WIEDER ZUM ÜBERFALL ANRÜCKTEN, SIE TRIEBEN SIE BIS WEIT IN DIE WÜSTE ZURÜCK. IN DER ZWISCHENZEIT BESTELLTEN SIE WEITERE FELDER UND WURDEN MIT EINER NOCH REICHEREN ERNTE BELOHNT.

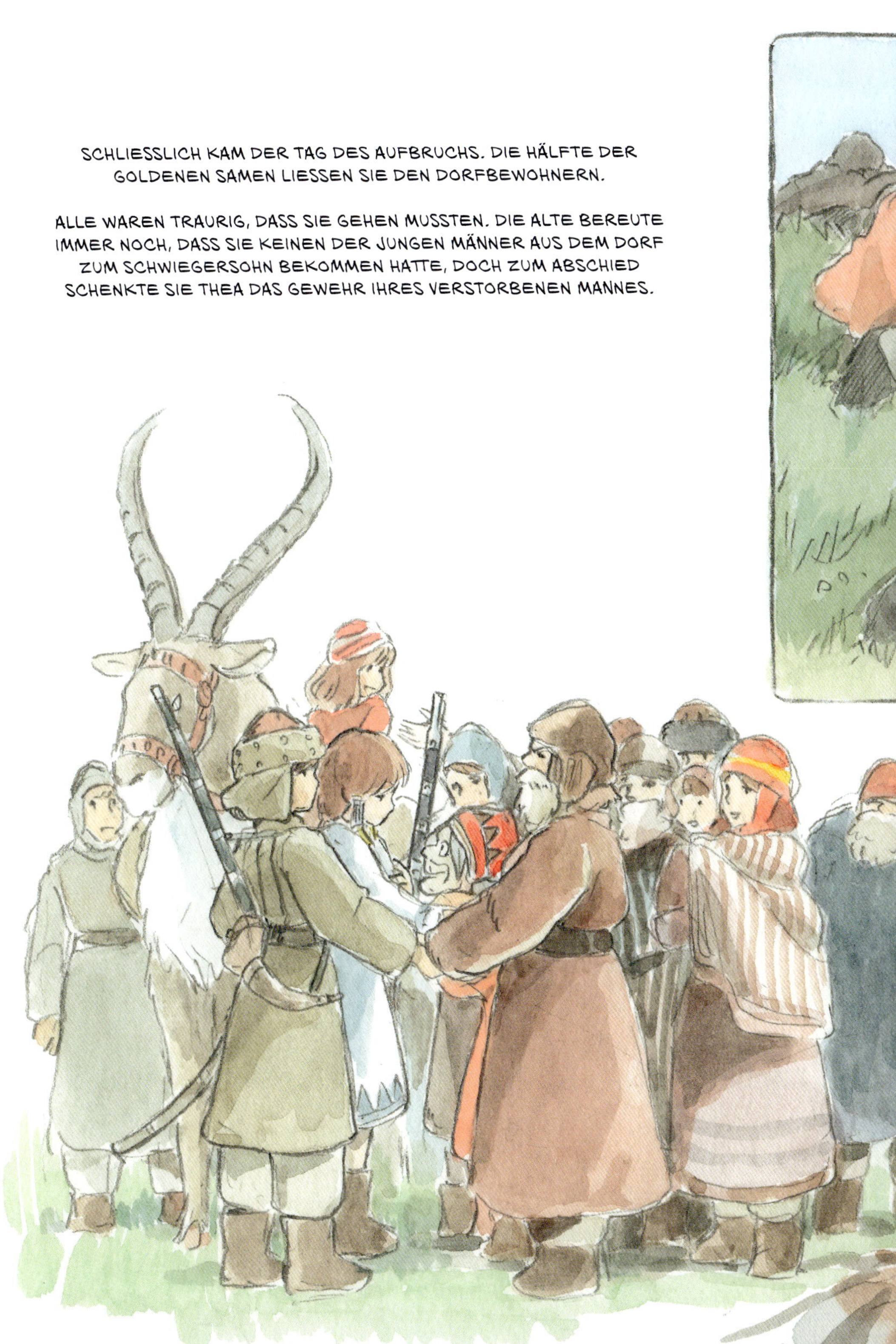
SCHLIESSLICH KAM DER TAG DES AUFBRUCHS. DIE HÄLFTE DER GOLDENEN SAMEN LIESSEN SIE DEN DORFBEWOHNERN.
ALLE WAREN TRAURIG, DASS SIE GEHEN MUSSTEN. DIE ALTE BEREUTE IMMER NOCH, DASS SIE KEINEN DER JUNGEN MÄNNER AUS DEM DORF ZUM SCHWIEGERSOHN BEKOMMEN HATTE, DOCH ZUM ABSCHIED SCHENKTE SIE THEA DAS GEWEHR IHRES VERSTORBENEN MANNES.

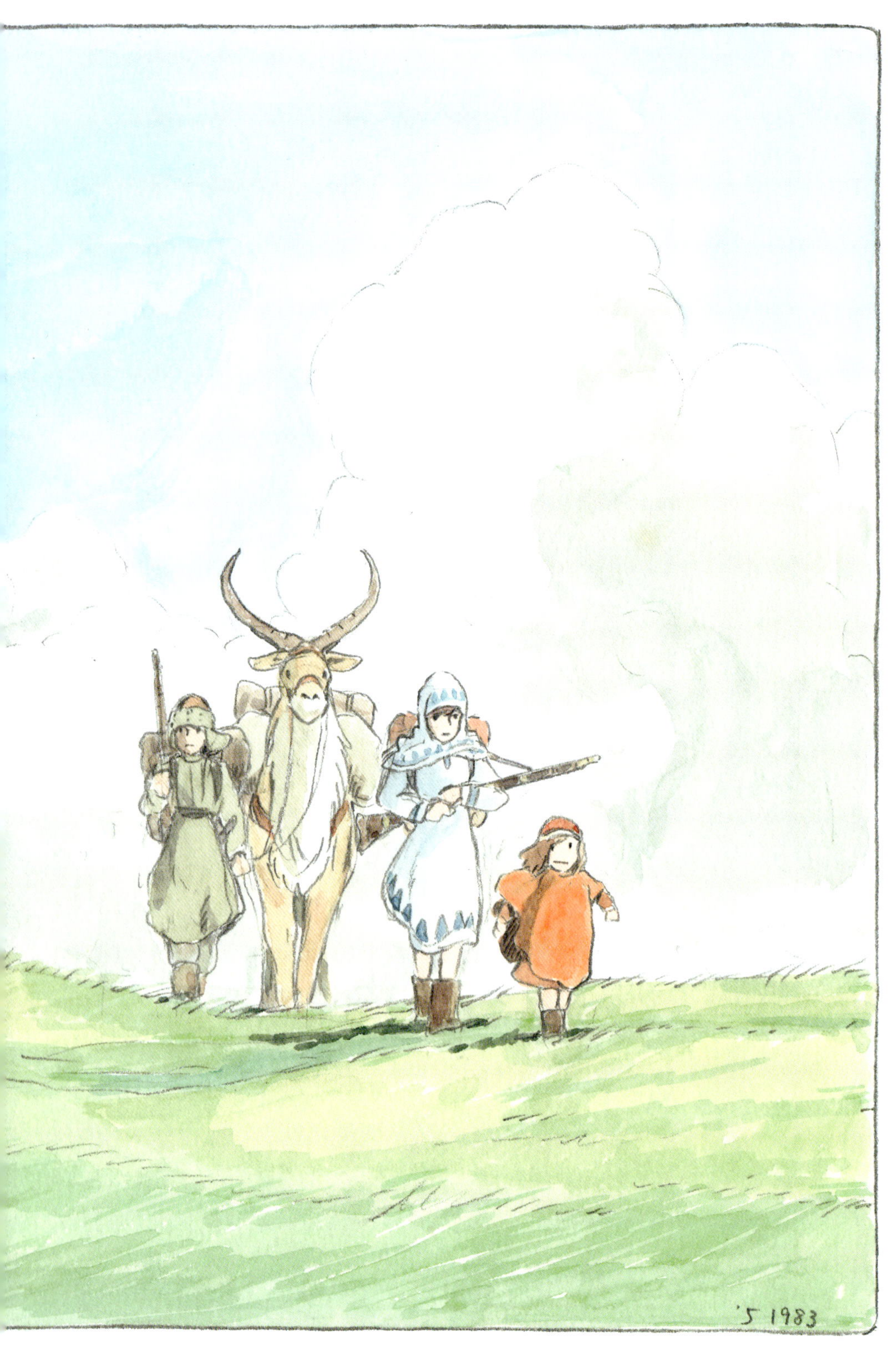
'5 1983

NOCH WAR SHUNAS REISE NICHT ZU ENDE. DER WEG INS TAL WAR WEIT, UND SICHER WÜRDE ES WEITERE HÜRDEN ZU ÜBERWINDEN GEBEN. ABER DAS IST EINE ANDERE GESCHICHTE, DIE EIN ANDERES MAL ERZÄHLT WERDEN SOLL.

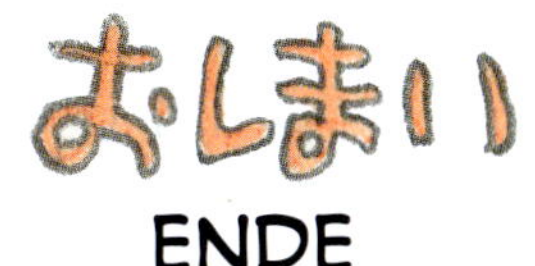

ENDE

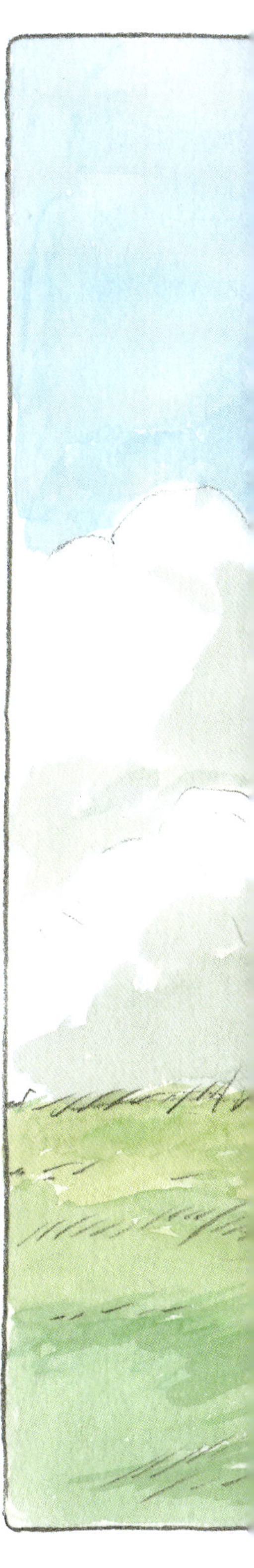

NACHWORT

Die hier erzählte Geschichte beruht auf dem tibetischen Volksmärchen *Der Prinz, der sich in einen Hund verwandelte*. Darin begibt sich der Prinz eines Landes, der sich um sein armes Volk sorgt, weil es kein Korn zum Anbau und Essen hat, auf eine beschwerliche Reise. Am Ende seiner Reise stiehlt er Gerstensamen von einem Schlangenkönig und wird zur Strafe durch magische Kräfte in einen Hund verwandelt. Schließlich rettet ihn die Liebe eines Mädchens, und er kehrt mit dem Korn in seine Heimat zurück.

Tibet ist das einzige Land der Welt, in dem Gerste ein Hauptnahrungsmittel ist. Sie wurde früher von den Feldern Westasiens in die ganze Welt exportiert. Wenn sich der Prinz auf seiner Reise gen Westen aufmacht, stimmt dies also mit den historischen Fakten überein. Die fantastische Geschichte erzählt jedoch weniger von wahren Ereignissen, als dass sie vielmehr der Dankbarkeit der Tibeter für die Früchte des Feldes Ausdruck verleiht.

Seit ich dieses Märchen vor zehn Jahren zum ersten Mal gelesen habe, träumte ich davon, einen Zeichentrickfilm daraus zu machen. Doch in Japan schien es unmöglich, selbst ein so bescheidenes Projekt zu realisieren. Auch in China ließ sich mein Vorhaben nicht umsetzen. Schließlich bot mir der Tokuma Verlag die Möglichkeit, auf meine Art Bilder für das Märchen zu finden.

HAYAO MIYAZAKI
Dienstag, 10. Mai 1983
Aus dem Japanischen von Nora Bierich

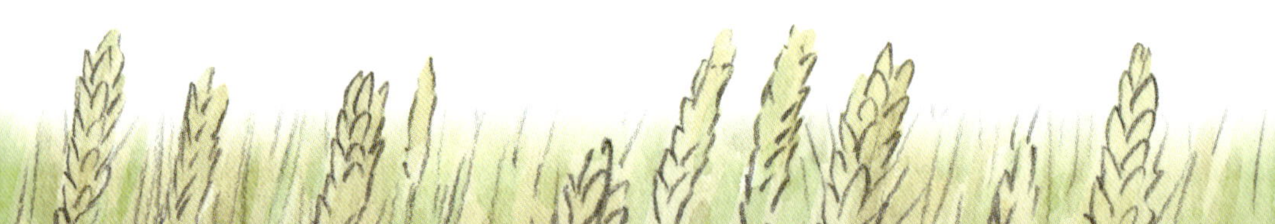

HAYAO MIYAZAKI

HAYAO MIYAZAKI wurde 1941 in Tokyo geboren.

Er ist Regisseur und Drehbuchautor vieler berühmter Animationsfilme, Mangaka, Grafiker und Filmproduzent. Seine anfangs nur von Hand gezeichneten Filme besitzen einen feinen, poetischen Stil. 2015 wurde ihm der Ehrenoscar für sein Lebenswerk als Regisseur verliehen.

1985 gründete er zusammen mit dem Regisseur und Produzenten Isao Takahata das Studio Ghibli, mit dem er seine, aber auch die Filme anderer und jüngerer Regisseure produziert. Seit 2001 gibt es in Tokyo auch das von Hayao Miyazaki gestaltete Ghibli Museum, Mitaka, in dem die Hintergründe des Zeichentrickfilms und einiger vom Studio Ghibli produzierten Filme beleuchtet werden.

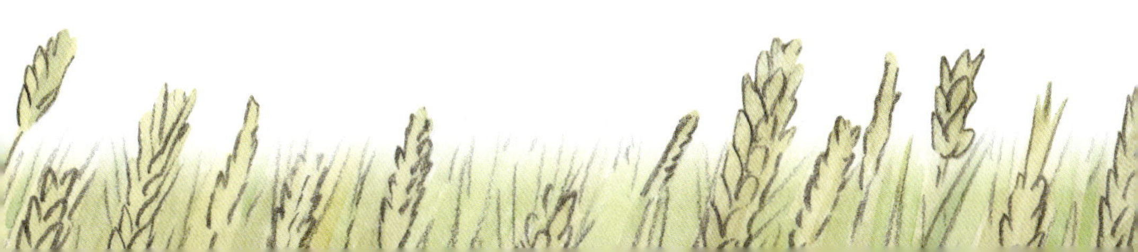

NACHWORT VON ALEX DUDOK DE WIT

Hayao Miyazakis Vorliebe für die europäischen Settings seiner Filme, wie beispielsweise die Adria-Region in *Porco Rosso* (1992) oder das Pseudo-Schweden in *Kikis kleiner Lieferservice* (1989), wurde des Öfteren angesprochen. Seltener wird erwähnt, dass er seinen Blick auch auf für ihn näher im Westen gelegene Länder gerichtet hat, auf die Kulturen und Landschaften Asiens. Wie sehr ihn dieser Kontinent beeinflusste, wird besonders in drei Büchern aus der ersten Hälfte seiner Schaffenszeit deutlich. Zunächst in dem frühen Manga *Sabaku no tami* (*Wüstenvölker*, 1969–1970), in dem es um die kriegerischen Auseinandersetzungen zwischen verschiedenen Volksstämmen an der Seidenstraße geht. Der Einfluss ist auch in *Nausicaä aus dem Tal der Winde* (1982–1994) zu spüren, seinem großem Manga-Werk, dessen überbordende Welt von indischen, chinesischen und zentralasiatischen Landschaften und Zivilisationen geprägt ist. Am stärksten aber zeigt sich seine Verbindung nach Asien in *Shunas Reise*, einer Geschichte, die, wie Miyazaki in seinem Nachwort schreibt, auf einer tibetischen Legende beruht.

Shunas Reise wurde im Juni 1983 in Japan veröffentlicht, zwei Jahre vor Gründung des Studio Ghibli, mit dem Miyazaki und seine Zeichentrickfilme weltweit berühmt wurden. *Shunas Reise* ist kein Manga im engeren Sinne, denn der Autor arbeitet eher mit Bildunterschriften als mit Sprechblasen, eher mit flächigen Aquarellzeichnungen als mit Panels. Das Buch entspricht mehr dem, was man auf Japanisch eine *emonogatari* nennt, eine Bildergeschichte. Obwohl sich das Buch in Japan bis heute gut verkauft, wurde es in anderen Teilen der Welt von Miyazaki-Fans und -Forschern eher übersehen. Das liegt zweifelsohne auch daran, dass es bisher nie übersetzt wurde, was bedauerlich ist, denn der schmale Band beeindruckt mit vielen Ideen, die sich auch in Miyazakis Filmen und Manga finden. Zugleich ist das Buch ein Unikum: Nie wieder hat der Künstler eine für sich allein stehende Bildergeschichte verfasst. Und nie hat er, soweit ich weiß, eine in ihrer Fremdheit so betörende Geschichte erzählt. Miyazaki orientierte sich für *Shunas Reise* an einer Legende, die vorwiegend in einer Region in Tibet spielt, die heute »Autonomer Bezirk Ngawa der Tibeter und Qiang« heißt und im Norden der chinesischen Provinz Sichuan liegt. Darin wird der Mythos von Tibets erster Begegnung mit der Hirse erzählt, welche bis heute noch das Grundnahrungsmittel des Landes ist. In der japanischen Übersetzung *Inu ni natta ôji* (*Der Prinz, der sich in einen Hund verwandelte*), die Miyazaki vorlag, stiehlt der junge Prinz Acho goldene Samen aus der Höhle des Schlangenkönigs, in der Hoffnung, so seinem verarmten Volk Nahrung bringen zu können. Doch der König erwischt ihn und verwandelt ihn zur Strafe in einen Hund. Acho flieht (mit den Samen) gen Osten und gelangt in ein Dorf, in dem er auf das wunderschöne Mädchen Goman trifft, die voller Liebe für alle Lebewesen ist. Sie ist dem Hund sehr zugetan. Als sie bald darauf in einer Zeremonie ihren zukünftigen Ehemann wählen soll, sagt Goman aus Versehen, dass sie den Hund heiraten möchte, woraufhin sie ausgelacht und des Landes verwiesen wird. Da spricht der Hund sie an und erklärt, dass er ihr vorangehen und Samen säen werde. Goman folgt der Spur der Körner und erreicht schließlich Achos Heimat, wo sie ihn in einen Menschen zurückverwandelt vorfindet. Die beiden heiraten und leben fortan glücklich in einem Land, das reich an Korn ist.

Shunas Reise behält die Grundstruktur der Geschichte bei. Prinz Shuna zieht gen Westen, um die goldenen Samen zu finden, von denen er durch Gerüchte gehört hat, und kommt dabei durch Gegenden, die ikonischen Stätten Zentralasiens ähneln, wie die Stadt Xiva an der Seidenstraße oder die Buddhas von Bamiyan (die später von den Taliban zerstört wurden). Schließlich gelangt er in ein Land, in dem geheimnisvolle »Göttermenschen« das goldene Korn anbauen, und er stiehlt davon. Für sein Vergehen muss er jedoch büßen, er verliert den Verstand und seine Erinnerung, aber Thea, eine junge Frau in einem Bergdorf, pflegt ihn gesund. Am Ende schaffen sie es, aus den Samen Korn zu gewinnen, doch wir erfahren nicht, ob Shuna jemals in seine Heimat zurückkehrt.

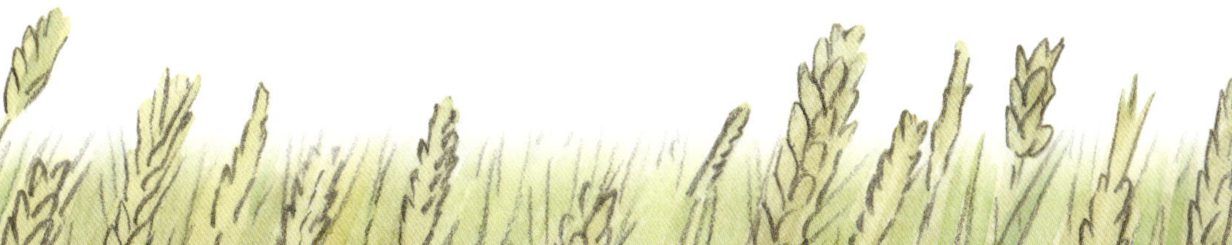

Trotz der Ähnlichkeiten entfernt sich Miyazaki zugleich von der Vorlage. Er fügt Dinge hinzu, die den Ton und Subtext der Geschichte radikal verändern. So wird Shunas Suche nach den Samen in ein größeres Narrativ zur Sklaverei eingebettet. Wir erfahren, dass Schmuggler den Göttermenschen Menschen ausliefern und im Gegenzug Korn erhalten. Es sind geschälte, unfruchtbare Graupen, welche die Schmuggler den Menschen weitergeben, die davon leben, anstatt selbst Korn anzubauen. Es bleibt unklar, wie dieser Handel genau vonstattengeht und wie er überhaupt zustande kam, doch er sagt etwas aus über die Gefahren unserer modernen, globalisierten Welt. Die Gesellschaft der Göttermenschen basiert auf der Arbeit fremder Sklaven, sie ist den reichen Staaten heute nicht unähnlich, die überall auf der Welt Ausbeuterbetriebe unter Vertrag haben, um die materiellen Bedürfnisse der Menschen zu befriedigen. Die Bewohner jener Länder aber arbeiten nun nicht mehr auf ihren Feldern - ob freiwillig oder nicht - und sind auf den Import von Nahrungsmitteln angewiesen. (Es wurde auch schon angemerkt, dass sich hier eine Parallele zum heutigen Japan zeigt.) Wie auch in sonstigen Werken Miyazakis ist der Eindruck, der am Ende bleibt, dass Menschen ein der Natur entfremdetes Leben führen, in einer von Gier regierten Welt.

Mit dem Sklaven-Narrativ kommt es auch zu Miyazakis zweiter großen Neuerung: Thea. Die junge Frau, die später Shunas Leben rettet, wird zunächst von ihm befreit, denn bei ihrer ersten Begegnung ist sie in Ketten gefesselt und soll als Sklavin verkauft werden. Indem Miyazaki die Figur schon früh in die Geschichte einführt, legt er den Grundstock für einen emotional befriedigenden Höhepunkt. Als Shuna in Theas Bergdorf eintrifft, markiert das eine Wiedervereinigung, nicht nur ein bloßes Wiedersehen, und es kommt zu einer bemerkenswerten Verkehrung der Rollen. Im Unterschied zu dem Hund in der Volkssage ist Shuna dem Wahnsinn nahe, und Thea tut alles, um ihn zu heilen, sie baut selbst die Hirse an. Sie leistet viel mehr als das Mädchen Goman in der Sage. Hier haben wir es mit einer typischen Miyazaki-Heldin zu tun: eine kluge und energische Frau, die mit ihrem beherzten Eingreifen die Menschheit vom Wahnsinn erlöst.

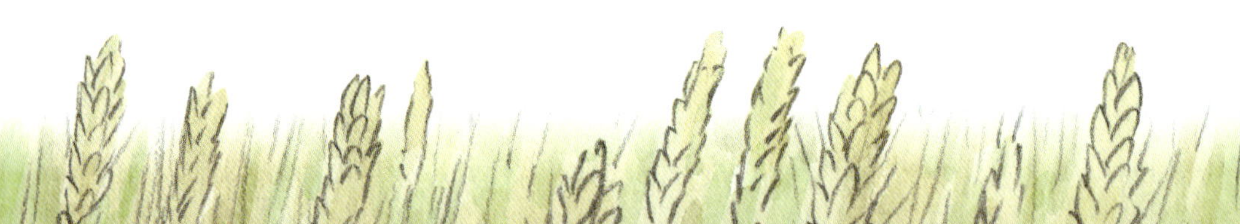

Sie ist eine Wahlverwandte Sophies in *Das wandelnde Schloss* (2004) oder von San in *Prinzessin Mononoke* und natürlich auch von Nausicaä.

Shuna befindet sich tatsächlich in einer Art Wahnzustand, seine Figur ist psychologisch ausgefeilter als die Achos. Shuna ist edel, denn er möchte den Menschen in seiner Nähe helfen, doch er verfolgt seine Mission mit so viel Stolz und Starrsinn, dass sie fast obsessive Züge annimmt. Interessanterweise ist seine Reise aber nicht durch eine Krise veranlasst. Die Menschen in seinem Land haben es zwar schwer, aber sie haben genug, um zu leben. Trotzdem wird Shuna durch das verführerische Versprechen der Samen geködert – durch das Versprechen von Frieden und Reichtum, und vielleicht auch durch die Möglichkeit, sich als zukünftiger König zu beweisen.

In diesem Sinne unterscheidet er sich von den meisten auf der Suche befindlichen Helden in Miyazakis Geschichten. Nausicaä, Sophie, Chihiro aus *Chihiros Reise ins Zauberland* (2001), Ashitaka in *Prinzessin Mononoke* und Conan in *Future Boy Conan* (1978) sind alle einer akuten Bedrohung ausgesetzt, doch sie werden auf ihrem Weg von den Menschen ermutigt, die ihnen am nächsten stehen. Als Shuna aber sein Land verlässt, widersetzt er sich damit seinem Vater und den Ältesten der Gemeinschaft. Später wird er eine Warnung vor dem Besuch bei den Göttermenschen missachten und er wird eine Stimme ignorieren, die ihn davon abzuhalten versucht, das goldene Korn zu stehlen. Er wird für seine Überheblichkeit bestraft – wobei unklar ist, ob die Strafe von au-ßen oder aus seinem Innern kommt – und erst dann errettet, als er sich demütig dem (Wieder)Erlernen des Ackerbaus fügt.

Sein Instinkt, anderen zu helfen, führt zu keinem höheren, pazifistischen Ideal, wie wir es bei Nausicaä oder Ashitaka sehen. Grüblerisch und einsam, ehrlich und kühn, ist Shuna der passende Held in dieser düstersten von Miyazakis Geschichten.

Toshio Suzuki zufolge, dem früheren Redakteur des einflussreichen Animation-Magazins *Animage* und späteren Produzenten Miyazakis,

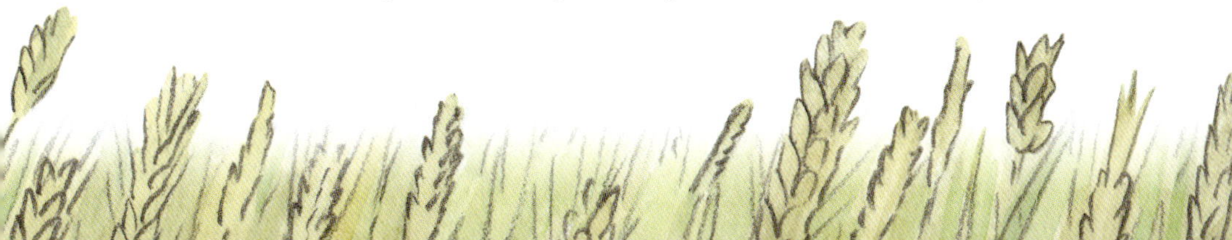

begann dieser im Jahr 1980 mit der Arbeit an *Shunas Reise*. Zuvor war *Lupin III, das Schloss des Cagliostro* – Miyazakis Debüt als Regisseur von 1979 – an den Kinokassen gefloppt, sein Start als Animationsfilmer zog sich also hin. Miyazaki nutzte die Zeit für ein extrem kreatives Brainstorming, er entwickelte visuelle und narrative Konzepte für mehrere Filme, die er dann wieder fallen ließ, manchmal mündeten sie noch nicht einmal in ein Projekt. Einmal wollte er Richard Corbens Underground-Comic *Rowlf* verfilmen – in der Geschichte wird eine Prinzessin von einem Hundegefährten gerettet, der ihr treu zur Seite steht. Hier zeigen sich gewisse Ähnlichkeiten zu *Der Prinz, der sich in einen Hund verwandelte*. Eine andere Geschichte basierte auf den *Erdsee*-Romanen von Ursula Le Guin, doch als man ihm die Rechte für die Filmadaption verweigerte, brach Miyazaki das Projekt umgehend ab. Jahrzehnte später griff er es noch einmal auf und verwob es mit *Shunas Reise*.

In diesem Gemisch aus Ideen gehören die Welten von *Nausicaä aus dem Tal der Winde* und *Shunas Reise* gewissermaßen zusammen. Miyazaki begann mit den Zeichnungen für *Nausicaä aus dem Tal der Winde* im September 1981, ein halbes Jahr später startete mit der Februar-Ausgabe des *Animage*-Magazins die Mangaserie, im gleichen Zeitraum entwickelte er *Shunas Reise*. Im November 1982 kündigte er seinen Job bei dem Trickfilmstudio Telecom Animation Film. Gleich darauf kam die Anfrage, ob er vielleicht etwas unter dem neu gegründeten Imprint Animage Bunko veröffentlichen wolle, das von den Redakteuren des Magazins betreut wurde. Auf einmal nahm *Shunas Reise* die Gestalt eines Buchs an. Miyazaki stellte es im Mai 1983 fertig – mehrere Monate später als geplant –, als die Vorarbeiten für die Spielfilmadaption von *Nausicaä aus dem Tal der Winde* schon im Gange waren. Es ist also nicht verwunderlich, dass *Nausicaä aus dem Tal der Winde* (sowohl der Manga als auch der Film) und *Shunas Reise* viele Motive und Inhalte teilen: die Wüstenlandschaften, die an Grabsteine erinnernden riesigen Strukturen, die schwindenden Rohstoffe und die Figur des Königs, der ein kleines, windgepeitschtes Land zu verteidigen sucht. Einige Seiten in *Shunas Reise* sind kaum zu unterscheiden von der konzeptuellen Kunst, wie

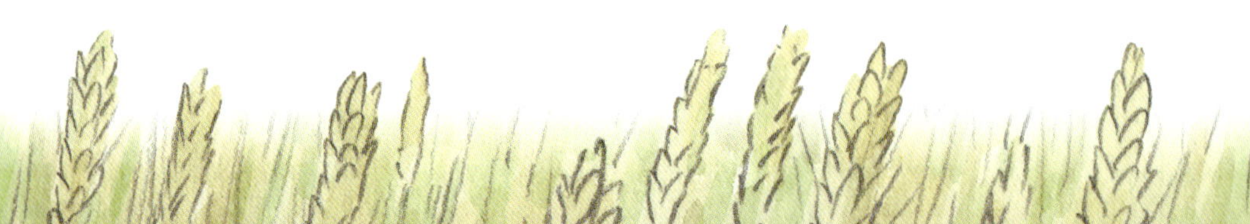

sie sich im Buch *Nausicaä aus dem Tal der Winde: Aquarell-Impressionen* offenbart.

Darüber hinaus kündigen sich in *Shunas Reise* bereits Elemente an, die für die späteren Ghibli-Filme typisch sind. Zudem soll die Geschichte die *Erzählungen von der Erdsee* inspiriert haben, einer im Jahr 2006 erfolgten Verfilmung der Romane von Ursula Le Guin, bei der Miyazakis Sohn Goro Regie führte. Dabei wurden mehrere Szenen aus *Shunas Reise* in modifizierter Form eingearbeitet, zum Beispiel, als der Protagonist auf ein unheimliches, gestrandetes Schiff stößt. Doch der Film weist auch Ähnlichkeiten in der Erzählstruktur auf: So befreit ein Junge ein Mädchen aus der Sklaverei und wird später selbst von ihm aus den Fängen dunkler magischer Kräfte gerettet. Goros Anleihen bei *Shunas Reise* sind durchaus verständlich, wenn man bedenkt, dass sein Vater sicherlich die *Erdsee*-Romane im Kopf hatte, als er an dem Buch arbeitete. Shuna selbst wirkt wie eine Mischung aus dem hochmütigen Ged aus *Der Magier der Erdsee* (Teil 1 des *Erdsee*-Zyklus) und dem melancholischen Arren aus *Das ferne Ufer* (Teil 3). Die späteren Folgen des Romans wiederum handeln, so wie *Shunas Reise*, von wachsenden gesellschaftlichen Turbulenzen und einem spirituellen Unbehagen. (Interessanterweise erinnert das letzte Kapitel aus *Shunas Reise* in Bezug auf Plot und Setting stark an den vierten Teil des *Erdsee*-Zyklus, *Tehanu*, der 1990 publiziert wurde, also mehrere Jahre, nachdem Miyazakis Buch erschienen war. Hier teilten wohl zwei Seelen einen Gedanken...)

Die Handlung und das Ambiente von *Shunas Reise* spiegeln sich auch in *Prinzessin Mononoke* wider, einem weiteren Projekt aus der Zeit von Miyazakis äußerst kreativem Entwicklungsprozess Anfang der 1980er-Jahre. Dort wird Ashitaka, der Prinz eines abgeschiedenen Dorfs, von einem Dämon verflucht, und so macht er sich auf gen Westen, um nach Heilung zu suchen, doch die Welt, in die er gerät, wird von einer ökologischen Katastrophe heimgesucht. Auf seinem Weg trifft er einen alten Mann an einem Lagerfeuer, der ihn in ein Land von Geistern schickt, die den Menschen eher feindselig gesinnt sind. Shuna erlebt auf seiner Reise Ähnliches. Auch eine Version von Jakkul, Ashitakas

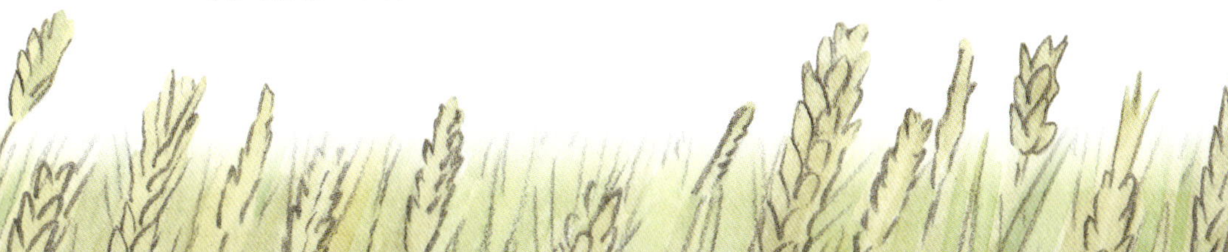

antilopenähnlichem Ross taucht in *Shunas Reise* auf, allerdings bezeichnet »Jakkul« hier eine Gattung und nicht ein individuelles Tier. Scharfsinnige Leser:innen werden auch frühe Inkarnationen einer Kreatur entdecken, die manchmal als *minonohashi* bezeichnet wird und sowohl in *Prinzessin Mononoke* als auch in *Das Schloss in den Wolken* (1986) vorkommt.

Fast vierzig Jahre nach der Veröffentlichung von *Shunas Reise* sehen wir, dass dort bereits die Grundlagen für Figuren, Motive und Themen geschaffen wurden, die in späteren Werken zur Reife gelangten. Doch zuallererst lesen wir das Buch, weil es eine wunderschöne Geschichte ist, egal, welche historische Bedeutung ihm zukommt. Ich habe *Shunas Reise* mit *Nausicaä aus dem Tal der Winde* verglichen, doch in ganz wesentlichen Aspekten unterscheiden sich die beiden Werke. Während *Nausicaä aus dem Tal der Winde* episch, dicht gezeichnet und grafisch angelegt ist, dazu vollgepackt mit Dialogen, ist *Shunas Reise* knapp, sparsam und klar erzählt. Es ist in seiner Thematik eins der erwachsensten Werke Miyazakis, auch wenn seine Sprache einfach ist wie die einer Fabel. Gleichzeitig spüren die Fans denselben kräftigen, ambivalenten Puls, den sie aus anderen Werken Miyazakis kennen und der hier viel stärker schlägt als in der gradlinig erzählten Legende, die ihn zu dem Buch inspiriert hat.

ALEX DUDOK DE WIT
Montag, 14. Februar 2022
Aus dem Englischen von Nora Bierich

ALEX DUDOK DE WIT ist Journalist und Übersetzer mit Spezialisierung auf Animationsfilme. Er ist Autor einer Studie über Studio Ghiblis *Die letzten Glühwürmchen* und übersetzte *Shuna no Tabi (Shunas Reise)* ins Englische. Für die BBC schrieb und kommentierte er eine Dokumentation über britische Stop-Motion-Animation und arbeitete für eine Reihe englisch- und französischsprachiger Zeitschriften, darunter *Sight & Sound, Blink Blank, Time Out* und *Vulture*. Er ist ehemaliger stellvertretender Chefredakteur von *Cartoon Brew*, einer Nachrichten-Webseite für Animationsfilme. Alex Dudok de Wit lebt und arbeitet in London.

REPRODUKT bedankt sich herzlich bei
Studio Ghibli und Sylvain Coissard für ihre Hilfe
und Unterstützung bei der Realisierung
dieses Projekts.

Aus dem Japanischen von Nora Bierich
Redaktion: Aranka Schindler
Korrektur: Gustav Mechlenburg
Lettering: Alex Chauvel
Herstellung: Alexandra Rügler, Anna Weißmann
Mit Dank an Minou Zaribaf

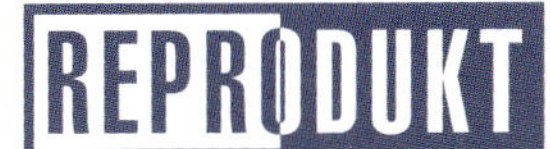

Reprodukt GmbH
Gottschedstr. 4 / Aufgang 1
13357 Berlin

First published in Japan by Tokuma Shoten Co., Ltd.
Contract arranged through Sylvain Coissard Agency, France

Herausgeber: Dirk Rehm
ISBN 978-3-95640-395-8
Druck: BALTO Print, Vilnius, Litauen
Vierte Auflage: Januar 2025

info@reprodukt.com
www.reprodukt.com

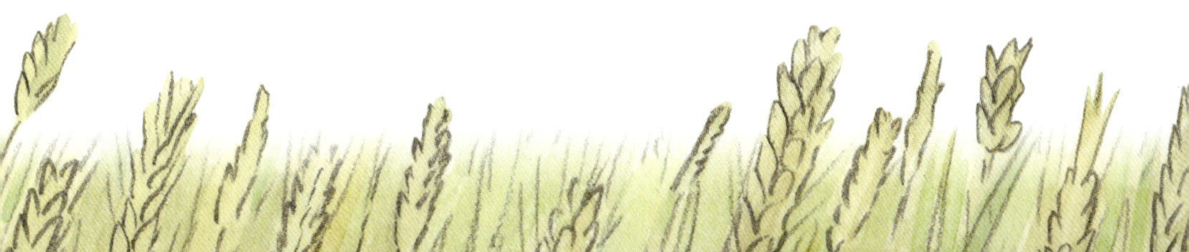

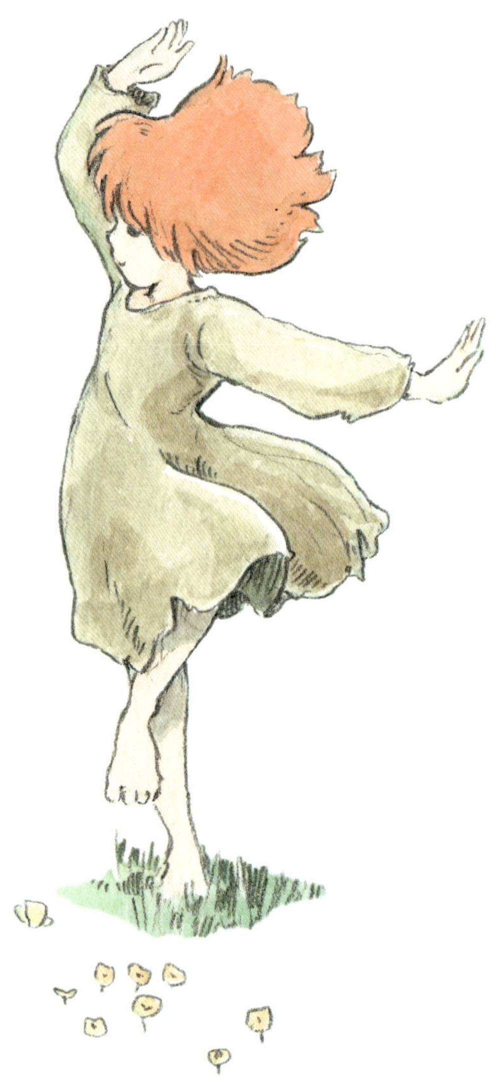

HALT!

SHUNAS REISE ist ein Manga in japanischer Leserichtung.
Da in Japan von hinten nach vorn und von rechts nach
links gelesen wird, beginnt dieses Buch hinten und endet hier.
Die Bilder und Sprechblasen werden von rechts oben
nach links unten gelesen.

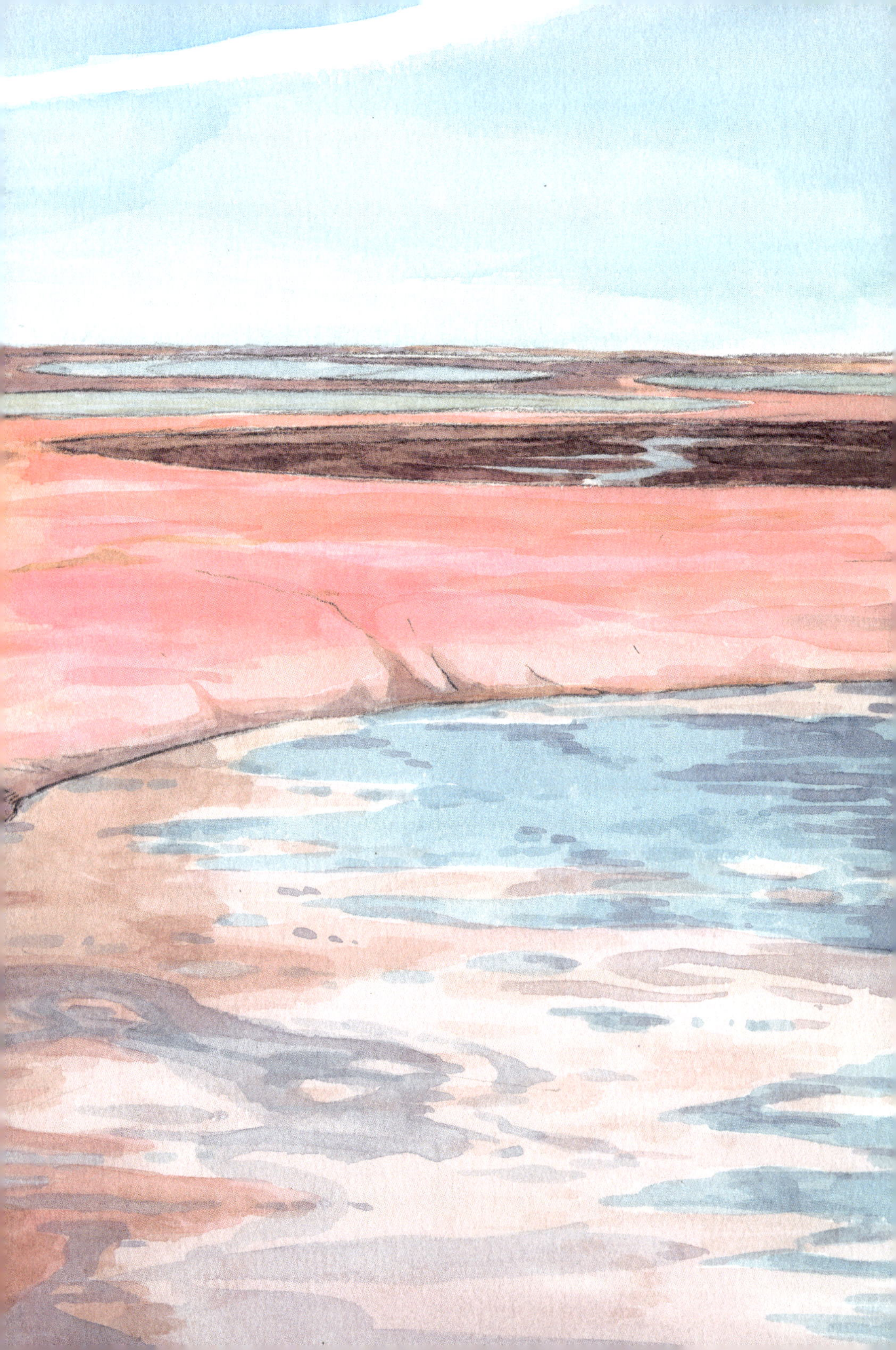